les Sept merveilles

LE SOUFFLE DES MOTS

JEAN CLAUDE BOLOGNE

les Sept merveilles

LES EXPRESSIONS CHIFFRÉES

JAMAIS DEUX SANS TROIS,
LES NEUF MUSES,
FAIRE LA UNE...

LAROUSSE

17, RUE DU MONTPARNASSE. 75298 PARIS CEDEX 06

Collection dirigée par Claude Kannas
assistée de Janine Faure

Secrétariat d'édition : Christophe Andreau

Mise en page : Jean-Pierre Fressinet

Maquette et réalisation P.A.O. : SG Production

Fabrication : Martine Toudert

Distributeur exclusif au Canada : les Éditions Françaises Inc.

ISBN 2-03-330032-3

Le péché du roi David fut de dénombrer son peuple, et l'ange exterminateur le lui rappela en y prélevant sa dîme... Pourtant, la Bible, comme l'histoire, est remplie de recensements ; dès que l'homme a appris à compter, il s'est compté. Et peut-être, paradoxalement, pour mieux affirmer son unité. Écrire qu'Israël nourrit 800 000 hommes et Juda 500 000, c'est affirmer la puissance d'un royaume et d'un peuple, dont la force multiple garantit l'intégrité. Dénombrer et regrouper - l'analyse et la synthèse - sont les deux pôles entre lesquels évolue constamment la pensée humaine.

C'est dans ce paradoxe que s'est également conçu ce dictionnaire. Moins que les nombres en soi et que les spéculations qu'ils ont engendrées, ce sont les groupes qui m'ont fasciné, les mots collectifs qui semblent considérer comme une unité supérieure un ensemble au départ disparate. Les neuf Muses sont plus qu'une troupe de nymphes folâtrant sur le Parnasse : elles incarnent l'Art, en mettant l'accent sur une qualité fondamentale (l'inspiration divine) qui le distingue des autres activités humaines, en en faisant un ensemble fini moins effrayant, plus facile à appréhender. Les sept collines de Rome forment une confédération sacrée, à tel point qu'au fur et à mesure de l'agrandissement de la ville on a regroupé certaines hauteurs pour en accueillir de nouvelles sans modifier le nombre primitif. Le collectif, le groupe fini, rassure par son unité en même temps que par sa finitude.

J'ai donc voulu répertorier les expressions qui désignent un ensemble stable dont les éléments sont nettement distingués et identifiés. On y trouvera les deux sexes, les trois mousquetaires, les quatre éléments, le club des cinq, le groupe des Six, les Sept Merveilles du monde, les huit béatitudes, les neuf Muses, les dix commandements... Mais je ne développerai pas les sept vaches grasses et les sept vaches maigres (qui ne sont pas identifiées), ni les cinquante Néréides (qui ne sont pas nommées) et je ne parlerai pas des nymphes ou des Argonautes (dont le nombre n'est pas défini). Tous les collectifs retenus dans le corps de ce dictionnaire ont en commun d'être désignés par un terme ou une expression et de compter un nombre fixe de composants clairement identifiés. Il pourra s'agir de personnages (les neuf Preux), d'objets (les Sept Merveilles du monde), de concepts (les trois fonctions indo-européennes), de mots collectifs (la bande des Quatre, la Trinité)...

Tous les groupes ainsi définis ont pu varier au cours de l'histoire, ou désigner primitivement des ensembles imprécis. Les Muses ne sont dénombrées qu'à partir d'Hésiode, Homère n'en parlant que comme d'un groupe mal défini. Longtemps, elles furent trois, quatre, sept, neuf, avant de se figer dans ce dernier nombre. Avant la découverte de l'Amérique, on ne comptait que trois parties du monde. Les âges de la vie en revanche étaient quatre, et le « troisième âge » était celui de l'adulte dans toute sa puissance. Dans le classement adopté, c'est toujours le nombre actuel que j'ai choisi.

Certains groupes ne sont d'ailleurs plus ressentis comme des collectifs, mais comme des ensembles indéfinis. Les Furies, les Sirènes, les Cyclopes ne sont plus guère dénombrés - sait-on encore qu'ils avaient des noms ? Je les ai néanmoins conservés. Certaines expressions même sont tout à fait entrées dans le vocabulaire : quand on dit de quelqu'un qu'il évolue dans une sphère élevée, on ne fait plus référence aux huit sphères célestes, et, quand on fait jouer la corde sensible, on ne pense plus aux sept cordes de la lyre et aux développements qu'elles ont suscités.

Le pouvoir des nombres

Je n'ai pas voulu entrer dans la symbolique, et encore moins dans la mystique des nombres, sauf lorsqu'elles s'imposaient à moi comme éléments constitutifs ou formateurs de l'expression retenue. Certains nombres ont fasciné les peuples et nécessairement influencé les collectifs. C'est pour se rapprocher du mythique septénaire que les six œuvres de miséricorde pêchées dans saint Matthieu et les six dons de l'Esprit empruntés à Isaïe sont devenus sept. Et saint Augustin voulut, pour les rapprocher de ces dons, réduire à sept les huit béatitudes du Sermon sur la montagne. Les scientifiques même sont sensibles à la beauté du nombre : on considère que l'indigo a rejoint les couleurs de l'arc-en-ciel pour qu'elles ne restent pas six. Très souvent, dans la constitution de ces groupes, l'attrait de tel ou tel nombre porteur d'un symbolisme particulier a manifestement joué. Aussi n'ai-je pas cru inutile de rappeler brièvement, et sans entrer moi-même dans le débat, le symbolisme de chaque nombre avant d'étudier les expressions qu'il a formées.

À l'intérieur des collectifs mêmes, d'autres regroupements apparaissaient, manifestant la même volonté d'un resserrement extrême dont le terme serait l'unité. En faisant des neuf Muses trois groupes de trois, Augustin les ramène à une Trinité qui manifeste un Dieu unique. De même, en peignant trois par trois les douze apôtres, Léonard de Vinci, dans sa Cène, isole au centre la personne du Christ. On trouve très souvent ce phénomène de condensation. Le sept est l'addition de deux nombres au symbolisme complémentaire, le trois et le quatre : les sept arts, les sept archanges, les sept ordres, les sept vertus seront ainsi scindés. Les neuf Preux, les neuf chœurs des anges seront regroupés eux aussi trois par trois. Les signes du zodiaque constituent quatre groupes de trois, et les grains du chapelet, trois groupes de cinq... On parviendra même à identifier les dix séphiroth aux sept branches du chandelier, sinon à les réduire à l'unité dans ce dessin de la lettre aleph qui les contient toutes les dix, représentant symboliquement l'union du monde divin et du monde terrestre.

L'unité, tel est le terme ultime de cette quête, symbolisée par des signes simples : le trèfle marque l'unité de la Trinité ; la croix, celle des quatre points cardinaux. Retrouver l'unité dans la dualité est le but de tous les mysticismes, et les expressions collectives rassemblées ici participent peu ou prou à la même démarche. Dans cette tension entre le multiple et l'unique contenue dans l'expression, le quêteur d'absolu sera du côté de la réduction.

À l'inverse, l'achèvement, contraire à notre sens du progrès et du dépassement continu, effraiera notre part d'humanité, qui sera plutôt du côté de la transgression. L'unité surnuméraire revient trop constamment dans ces expressions collectives pour ne pas être significative. Que la beauté du monde se résume à sept merveilles a quelque chose de scandaleux, ou au moins d'inacceptable. Aussi parlera-t-on plus volontiers de la « huitième merveille du monde », comme on saluera la beauté sous le nom de quatrième Grâce, le talent sous celui de dixième Muse et le courage grâce à un dixième Preux. Ces ajouts à leur tour se figeront et s'aggloméreront parfois à la liste, comme Jeanne d'Arc à celle des Preuses et du Guesclin à celle des Preux. La tentation est ancienne, puisqu'on la trouve déjà dans l'Anthologie : « Il y a quatre Grâces, deux Vénus, et dix Muses ; Dercylis est une Muse, une Grâce, une Vénus. » Elle ne se contentera pas toujours de l'unité, puisqu'on trouvera un huitième, puis un neuvième et parfois un dixième art ! Certaines de ces unités surnuméraires sont entrées dans le vocabulaire, comme la quatrième dimension ou le sixième sens.

On trouvera à foison, au fil de ce dictionnaire, le troisième sexe et la troisième colonne du Temple, le quatrième mousquetaire ou le quatrième pouvoir, le cinquième élément (devenu quintessence) ou le sixième commandement de l'Église, la onzième séphirah ou le treizième apôtre, jusqu'à la quinzième station du chemin de croix ou la vingt-cinquième heure... Certaines unités surnuméraires laissent la place à une perfection humaine ou présente dans une liste divine ou passée (la dixième Muse, la huitième merveille). Il s'agit d'une heureuse ouverture d'une liste close. Et l'on songe à la sagesse des Grecs qui prévoyaient un autel au « dieu inconnu », comme à celle de la pension Vauquer, ouverte aux deux sexes et autres. Il y a dans le surnuméraire un sain refus de l'achèvement, une prudente expectative de l'inconnu.

D'autres font du dépassement une sorte de superlatif : les mille et une nuits semblent infiniment plus nombreuses que si elles s'étaient arrêtées à mille. L'amour absolu est celui qui dure « l'éternité plus un jour », le trèfle à quatre feuilles devient un rare porte-bonheur. On reconstitue alors une unité supérieure au-delà du collectif, un peu comme dans la plaisanterie : « Qu'y a-t-il de plus fort qu'un Turc ? Deux Turcs. » Il n'y a plus dépassement, éclatement du groupe, mais transcendance vers un autre degré de réalité. « Mais les pisteurs, à la fois troisième œil, troisième oreille et sixième sens de son corps en état de chasse, part irremplaçable de lui-même, veillent », écrit Daniel Herniot pour nous faire sentir l'attention extrême nécessaire à la chasse au lion (*la Danse du lion*, La Table Ronde, 1993, p. 143). Cette transcendance peut même prendre une signification eschatologique : pour les musulmans, le centième nom de Dieu n'est révélé qu'au ciel, après la mort ; pour les théologiens médiévaux, le dixième chœur des anges sera constitué par les hommes, après le Jugement dernier pour remplacer celui des anges rebelles. La cour céleste formée par les neuf légions traditionnelles sera ainsi transcendée à la fin des temps, et une nouvelle perfection atteinte. Dans cette tentative de dépasser l'absolu, c'est un peu, aussi, la part divine de l'homme qui s'exprime.

Nombres et religion

Un conte plaisant, qui circulait par *canards* au XIXe siècle, évoque un soldat appelé devant son officier pour avoir paru à l'église avec un jeu de cartes qu'il regardait aussi dévotement qu'un livre de prières. Il n'y avait pourtant pas de scandale, explique le brave soldat, trop pauvre pour s'acheter un livre pieux. Toute la religion chrétienne est enclose dans le jeu de cartes. L'as lui rappelle qu'il n'y a qu'un Dieu ; le deux évoque les deux larrons ; le trois, la Trinité ; le quatre, les évangélistes ; le cinq, les Vierges sages ; le six, les jours de la Création ; le sept, le jour de repos ; le huit, les Béatitudes ; le neuf, le nombre de lépreux guéris par le Christ et qui ne l'ont pas remercié ; le valet rappelle ceux de Pilate, qui crachent au visage du Christ ; la dame est la reine de Saba et le roi, un des mages. Bien plus, le nombre de points d'un jeu de cartes est égal au nombre de jours de l'année (365), et le nombre de cartes, à celui des semaines (52). Son livre d'heures lui sert en même temps d'almanach.

Sans doute la richesse symbolique des nombres est-elle une des raisons pour lesquelles toutes les religions ont eu recours aux collectifs. Mais des institutions remontant partout à des civilisations fidèles à la transmission orale ne pouvaient que favoriser ces regroupements plus faciles à mémoriser. Les catéchismes et les credo du pauvre, à la fin du Moyen Âge, multiplient à l'envi ces séries mnémotechniques : les douze articles de foi, les sept sacrements, les dix commandements, les sept demandes du Pater, les sept vices, les trois vertus théologales et les quatre cardinales… Certaines séries s'organisent elles-mêmes en sous-séries, comme des tables gigognes. Ainsi les onze groupes de bienfaits, dans le bouddhisme, comprennent-ils : un homme entré dans la Voie, les deux Vérités, les trois Portes de la Délivrance, les quatre Vérités de la Loi correcte, les cinq Facultés, les six Pouvoirs, les sept Membres de l'Illumination, les huit Membres du Chemin, les neuf Demeures des Êtres, les dix Forces du Réalisé, les onze Délivrances du Cœur plein d'amour (Jean Éracle, *Paroles du Bouddha*, Seuil, Points Sagesse, p. 219-220).

J'en ai recueilli un certain nombre dans la tradition catholique, qui a, qu'on le déplore ou non, façonné la mentalité occidentale, et dont les traces demeurent souvent dans notre vocabulaire («laid comme les sept péchés »…). Je suis loin d'avoir épuisé les regroupements des théologiens. Les trois parties de la philosophie, les trois piliers de la sagesse, les trois substances, les quatre manières de prophétiser, les six espèces de démons, les huit degrés de la vérité... n'ont guère plus qu'un intérêt historique.

Pour les autres religions, je me suis tenu à quelques groupes connus - les cinq piliers de l'islam, les huit chemins du bouddhisme, les dix séphiroth de la kabbale juive... Je ne pouvais me permettre d'être exhaustif. Dans le *Dictionnaire du bouddhisme* (Éd. du Rocher, 1991), on trouve ainsi trois entrées à 2, quarante à 3, trente-sept à 4, trente-sept à 5, vingt à 6, six à 7, dix à 8, cinq à 9, vingt-six à 10... jusqu'aux quatre-vingt-quatre mille enseignements. Je n'ai pu non plus prendre en compte les innombrables collectifs inventés par les mystiques et qui, en général, n'ont pas eu d'autre descendance : les sept degrés d'amour pour Béatrice de Nazareth, les sept états de l'âme de Marguerite Porète, les neuf règles du Pèlerinage, les douze heures innommées de Hadewijch, les sept clôtures de Ruusbroec... Il s'agit souvent, dans ce cas, de retrouver dans les comportements terrestres la perfection de l'ordre céleste, à travers les quelques nombres sacrés qu'on croit en connaître - le plus souvent, la trinité et ses multiples (3, 9, 12), et l'incontournable septénaire.

Les collectifs finissent par devenir le moule dans lequel prend forme le raisonnement. Les manuels de confesseur et les réflexions des théologiens sur la pénitence, à partir du XIe siècle, ont appris au fidèle à examiner sa conscience selon les dix commandements et les sept péchés capitaux. Ainsi le meurtre était-il classé parmi les conséquences de la colère (même s'il était commis de sang-froid), et tous les interdits sexuels parmi les infractions au sixième commandement (même s'ils n'étaient pas commis en cours d'adultère). Pour combattre la vogue des tournois, Jacques de Vitry, au XIIIe siècle, démontre ainsi qu'ils incitent à commettre les sept péchés capitaux : l'orgueil, puisqu'ils naissent du désir de gloire, la colère, puisqu'on finit par haïr son adversaire, la paresse, pour les vaincus qui perdent tout courage (voir F. Cardini, dans *l'Homme médiéval*, Seuil, 1989, p. 114). Le nouveau catéchisme publié en 1992 a gardé cette forme de raisonnement. La première partie est structurée par les douze articles du Credo ; la deuxième, par les sept sacrements ; la troisième, par les dix commandements ; la quatrième, par les sept demandes du Notre Père. Ainsi quatre collectifs semblent-ils résumer la totalité de la doctrine catholique.

Les temps modernes, qui n'ont pas renié, bien au contraire, la mystique des nombres, ont été peu producteurs de séries. Encore est-ce dans le domaine du conte (les trois petits cochons, les sept nains...), dérivé des mythes primitifs, qu'on les rencontre le plus nettement. La mode récente des sigles a engendré un nouveau type de collectifs, souvent éphémères, et sans grande signification symbolique, où le procédé mnémotechnique apparaît plus nettement encore : le regroupement de mots commençant par les mêmes lettres. On a ainsi parlé des trois H de la philosophie allemande (Hegel, Heidegger, Husserl), des quatre D détestés pendant l'Occupation (Darnand, Déat, Degrelle, Doriot), des quatre H chez lesquels s'est d'abord développé le sida (homosexuels, héroïnomanes, Haïtiens, hémophiles, auxquels les Américains ajoutent *hookers*, « putains »), les trois S du renouveau musical au XXe siècle (Schönberg, Stravinski, Satie), les trois P des normes culturelles induisant un comportement (permission, proscription, prescription)... S'ils sortent du cadre de ce dictionnaire et manquent encore de stabilité pour être répertoriés, ils manifestent la permanence d'une manière de penser et de structurer le monde issue du fond des âges.

BIBLIOGRAPHIE ET ABRÉVIATIONS

AASS : *Acta sanctorum* publiés par les bollandistes, 1643 ss.

Amadou (R.), *les Nombres de L.C. de Saint-Martin*, 1983.

Argot : J.-P. Colin, J.-P. Mével, *Dictionnaire de l'argot*, Larousse, 1990.

Brunet Latin : *li Livres dou tresor* (XIIIe s.), éd. P. Chabaille, Paris, Imprimerie Nationale, 1863.

CEC : *Catéchisme de l'Église catholique*, Paris, Plon, 1992.

CAH : Père Ch. Cahier, *Caractéristique des saints dans l'art populaire*, 1867.

CHA : G. de Champeaux, dom S. Sterckx, *Introduction au monde des symboles*, Zodiaque, 1989.

CHE : J. Chevalier, A. Gheerbrant, *Dictionnaire des symboles*, Laffont, 1982.

DAA : P. Robert, *Dictionnaire alphabétique et analogique de la langue française*, édition de 1985.

D.E.B. : Centre informatique et Bible (abbaye de Maredsous), *Dictionnaire encyclopédique de la Bible*, Turnhout, Brépols, 1987.

Dict. Spir. : *Dictionnaire de spiritualité*, publié sous la direction de M. Viller, Paris, Beauchesne, 1937 ss.

DS : Daremberg et Saglio, *Dictionnaire des antiquités grecques et romaines*, Paris, Hachette, 1877-1906.

DTC : *Dictionnaire de théologie catholique*, Paris, Letouzey et Ané, 1930-1946.

FEW : W. von Wartburg, *Französisches etymologisches Wörterbuch*, Tübingen, Mohr, 1922-1970.

GDF : Godefroy, *Dictionnaire de l'ancienne langue française*, Paris, Vieweg et Bouillon, 1881-1902.

GDU : P. Larousse, *Grand Dictionnaire universel du XIXe siècle.*

Hugues de Saint-Victor, *Prænotatiunculae*, ch. XV, (XIIe siècle).

Jouven (Georges), *les Nombres cachés*, Paris, Dervy-livres, 1978.

LAC : H. Lacombe de Prézel, *Dictionnaire iconologique*, Paris, Hardouin, 1779.

LAR : P. Larousse, *Fleurs historiques*, Paris, Larousse, 1860.

Mansius : G. Mansius, *Sacrorum conciliorum nova et amplissima collectio*, Florence, 1759-1798.

NAT : G. Nataf, *Symboles, signes et marques*, Berg International, 1973.

NAZ : R. Naz, *Dictionnaire de droit canonique*, Paris, Letouzey et Ané, 1935.

PL : Migne, *Patrologie latine*, Paris, 1844-1855.

Raban Maur, *De Universo*, 18, 3 (IXe siècle).

SHF : Société de l'histoire de France.

REA : L. Réau, Iconographie de l'art chrétien, Paris, P.U.F., 1958.

TLF : P. Imbs, puis B. Quémada (dir.), *Trésor de la langue française*, 1971 ss.

Autres abréviations :

A.C.N. : Avant la naissance du Christ (Ante Christum natum)
ca : circa (environ)
col. : colonne
gr. : grec
lat. : latin
s.d. : sans date
str. : strophe
s.v. : sub verbo (désigne l'entrée d'un mot dans un dictionnaire)
var. : variante

STRUCTURE DES ARTICLES

Les articles sont classés par nombres, de un à treize. Chaque nombre fait l'objet de quatre développements comprenant :

le **symbolisme** qui lui est attaché
les **collectifs**
les **mots** qui contiennent étymologiquement ce nombre
les **expressions** courantes dans lesquelles il apparaît, classées par ordre alphabétique du mot qui suit le nombre.

Au-delà de treize, je me limiterai à de brèves notices groupées en une seule annexe.

Un index réunit toutes les expressions groupées sous un terme collectif ou ayant une valeur encyclopédique. Pour les expressions de langue, le lecteur se reportera à la rubrique « Les mots et les expressions » en fin de chapitre.

MOTS EXPRIMANT DES COLLECTIFS

GROUPES	DE DIEUX	DE MUSICIENS	D'ENFANTS	DE CHEVAUX DANS LE CHAR	DE VERS
1	monade	solo			monostiche
2	dyade	duo	jumeaux	bige	distique
3	triade	trio	triplés	trige	tercet
4	tétrade	quatuor	quadruplés	quadrige	quatrain
5		quintette	quintuplés		quintil
6		sextuor	sextuplés	[*sejugis*]	sizain
7	hebdomade	septuor	[septuplés]		septain
8	octoade	octuor	[octuplés]	[*octojugis*]	huitain
9	ennéade		[nonuplés]		neuvain
10	décade		[décuplés]	[*decemjugis*]	dizain

[les formes entre crochets ne sont pas attestées en français]

LES PRÉFIXES EXPRIMANT DES NOMBRES

ORIGINE	GRECQUE		LATINE	
1	mono-	monologue	uni-	unilatéral
2	di-	dicétone	bi-	bipède
3	tri-	trinôme	tri-	triplace
4	tétra-	tétrapode	quadri-	quadrimoteur
5	penta-	pentathlon	quint-	quintidi
6	hexa-	hexamètre	sext-	sextolet
7	hebdo-	hebdomadaire	sept-	septennat
8	octo-	octaèdre	octo-	octosyllabe
9	ennéa-	ennéagone	nov-	novembre
10	déca-	décalogue	déc-	décennie
11	endéca-	endécasyllabe		
12	dodéca-	dodécaphonisme	duodécim-	duodécimain

Le Père éternel

attribué à Raphaël

Musée du Louvre

LE SYMBOLISME DU NOMBRE 1

Nombre divin par excellence, du moins dans les religions monothéistes, le Un représente l'essence fondamentale des êtres et des choses. La numérologie, à la suite de René Guénon, distingue l'Unicité représentant l'être absolu et l'un, premier d'une série et admettant la génération (CHE, s.v. « un »). Mais, au niveau humain comme au niveau divin, l'unité est garante de la cohérence, et l'Église unique, rappelle Raban Maur, répond ici-bas au Dieu unique.

Le 1 est le seul chiffre qui s'écrive de la même façon dans toutes les langues, et porte le symbolisme du trait : l'homme debout, distinct de l'animal à quatre pattes ; le phallus en érection ; l'arbre de vie ; la pierre levée ; le bâton de commandement… C'est le nombre de l'action, de la Création, de l'énergie.

La quête de l'unité est à la base de tous les mysticismes. Le septième et ultime degré d'amour, chez Ruusbroec, dépasse l'opposition entre amour et jouissance, activité et passivité ; là, il n'y a plus que « l'essence unique, c'est-à-dire la substance des Personnes divines ». L'unité primitive, celle de l'androgyne ou de l'Adam homme-et-femme, sera reconstituée à la fin des temps. « Beaucoup de premiers se feront derniers et ils seront Un », dit l'Évangile de Thomas. Dépasser la multiplicité, c'est échapper aux apparences pour rejoindre la Vérité. Peut-être cette volonté de retrouver le principe fondamental est-elle à l'origine des noms collectifs auxquels est consacré ce dictionnaire.

•

Dieu

RELIGION 1. Être suprême et unique dans les religions monothéistes. « Il est un Dieu ; devant lui je m'incline, / Pauvre et content, sans lui demander rien » (Béranger, « Le Dieu des bonnes gens »). 2. Comparaison adressée à l'homme de génie, unique dans son domaine. « One God, one Farinelli ! » : compliment adressé au chanteur Farinelli (1705-1782) lors d'une tournée en Angleterre.

□ Origine : Ancien Testament, Ex 20, 3 (« Tu n'auras pas d'autres dieux face à moi », deuxième commandement) [IXe-IVe s. A.C.N.].

La croyance en un dieu unique caractérise les trois grandes religions monothéistes (judaïsme, christianisme, islam). Foi issue d'une révélation, pour les croyants ; d'un processus historique, pour les athées. Auguste Comte distinguait, au stade religieux de la pensée humaine, le fétichisme, le polythéisme, le monothéisme. Le YHVH de la Bible, de fait, ne se pose pas d'emblée en dieu unique, mais en dieu unique *d'Israël*. En interdisant à son peuple d'adorer d'autres dieux, il en reconnaît implicitement l'existence. C'est un dieu *jaloux*, que l'on trompe avec d'autres dieux. Petit à petit, les dieux des autres peuples seront considérés comme des idoles sans pouvoir (« ils ont des yeux et ne voient pas », Ps 115, 5), ou comme des démons, anges déchus (Vulgate, Ps 95, 5). À l'intérieur même du judaïsme, le pluriel *Elohim* pour désigner Dieu peut suggérer un polythéisme primitif.

L'affirmation d'un dieu unique ayant suivi la fuite d'Égypte, Sigmund Freud s'est demandé s'il ne s'agissait pas d'un emprunt au monothéisme d'Akhenaton, qui avait remplacé par le culte du disque solaire Aton l'édifice imposant de la religion égyptienne (XIVe s. A.C.N.). Moïse aurait été un noble égyptien exilé après le rétablissement du polythéisme primitif, avec d'autres partisans d'Aton (les lévites) et l'appui des Hébreux en captivité. Par la suite, la tentation polythéiste est revenue plusieurs fois : manichéisme (croyance en un principe du Bien et un principe du Mal coéternels), hérésies sur la Trinité, culte des saints mal compris... L'affirmation de l'unicité divine a dû être maintes fois répétée. Si Dieu n'avait pas puni Lucifer, explique Hildegarde de Bingen, celui-ci aurait été son égal, ce qui aurait rompu l'intégrité divine. « Et comme il ne conviendrait pas qu'il y eût deux cœurs dans une poitrine, ainsi dans le ciel, il ne peut y avoir deux dieux » (*Scivias*, I, 2).

La quête de l'unité symbolisée par ce passage du polythéisme au monothéisme a servi de modèle à bien des démarches. C'est l'essence de tous les mysticismes, qui entendent unifier toutes les contradictions de l'homme, l'intérieur et l'extérieur, l'individu et le cosmos... Le monde des apparences étant celui d'une prolifération anarchique, l'unité est la seule alternative à l'étouffement : de même que le syncrétisme des religions égyptienne et romaine a favorisé l'éclosion des monothéismes juif et chrétien, chaque domaine a vécu la même hantise et le même rêve. L'alchimie, confrontée à la découverte d'éléments multiples, rêve à l'unité de la matière ; la politique, après l'éclatement du royaume en provinces, proclame une République une et indivisible ; la littérature, après avoir rêvé au Livre mallarméen qui annihilerait tous les autres, caresse le rêve du mot qui nous rendrait l'unité primitive du Verbe : « Trouver le mot, si fou soit-il, / Qui guide enfin vers le chemin subtil / D'où tout à coup la vue / S'éclairera d'une lumière imprévue ! » (Émile Verhaeren, « L'étude », dans *les Forces tumultueuses*). Face au pointillisme géographique actuel, nous faisons encore le rêve d'*une* île déserte... où l'on nous demande encore quel Livre unique nous voudrions emporter !

Matière

ALCHIMIE Composante fondamentale du monde sensible en général, des métaux en particulier, et dont les alchimistes postulaient l'unité. « Mais nul n'a violé l'énigme encore altière / Que la matière / Retient captive, au tréfonds de la nuit » (Émile Verhaeren, « L'étude », dans *les Forces tumultueuses*).

□ Origine : Zosime, *Œuvres*, I, 8, « Sur la vertu » (IIIe s.).

L'unité du monde répond à celle de Dieu. Elle connut elle aussi plusieurs développements. L'unité du monde spirituel semble le premier rêve en date, postulé par plusieurs philosophies antiques, et essentiellement par le stoïcisme. L'âme universelle est une, et le monde nécessairement harmonique. La vertu consiste à se soumettre à la Providence en oubliant ce qui peut sembler particulier dans notre âme. « C'est un membre amputé, celui qui retranche son âme particulière de celle des êtres raisonnables, car l'âme est une », dit Marc Aurèle (*Pensées pour moi-même*, IV, 29).

L'unité du monde matériel découle de cette vision du monde. « Une est la lumière du soleil, bien qu'elle se laisse séparer par des murs, des montagnes et mille autres obstacles. Une est la substance universelle, bien qu'elle se sépare en combien de milliers de corps particuliers. Un est le souffle vital, bien qu'il se sépare en des milliers de natures et de particulières délimitations. Une est l'âme intelligente, bien qu'elle paraisse se partager » (*ibid.* XII, 30). Mais ce rêve vague n'a été caressé de façon plus concrète que par les alchimistes. La croyance platonicienne en une matière universelle est prise au pied de la lettre. Les alchimistes sont en quête de la *materia prima* (qui nous a laissé l'expression « matière première »), la *materia confusa* (semblable à celle du chaos originel), substance sans qualités spécifiques et sans forme qui leur permettra d'engendrer toute matière, dont l'or. Cette substance en effet tendrait à la perfection (l'or) si des « maladies » ne produisaient des métaux moins nobles (argent, mercure) ou vils (étain, plomb, cuivre, fer). On cherche donc un « remède », la pierre philosophale, poudre de projection ajoutée aux métaux en fusion pour les transformer en or, leur rendant ainsi la santé. Le fameux « œuvre au noir » est la réduction des matériaux de base (plomb, etc.) en « matière première ».

Cette croyance en l'unité de la matière est exprimée dans une formule célèbre, « Hen to pan » (῝Εντὸπᾶν, « un est le tout »), inscrite, sur un manuscrit du Xe siècle, à l'intérieur d'un symbole tout aussi célèbre : l'ouroboros, le serpent qui se mord la queue, représentant l'éternel retour et l'unité profonde des choses. Le rond (serpent) évoque donc l'unité du monde, comme le carré (les quatre points cardinaux) symbolise la totalité du monde [→ 4 Points]. Le rond symbolise dès lors le divin (l'unité, le ciel, le paradis originel, le compas dans les symboliques ésotériques) et le carré, l'humain (la multiplicité, la terre, la Jérusalem céleste, l'équerre dans les symboliques ésotériques).

Cette quête (que la science moderne a revivifiée avec la découverte des particules élémentaires !) a plutôt aujourd'hui une dimension politique. Le rêve d'unité est celui d'un empire mondial, sinon universel, qui nourrit les films de science-fiction et les romans d'anticipation. « Cela fait, il revint chez lui, le cœur soulagé, suspendit dans sa chambre à coucher le symbole de l'Unité des Mondes. Puis il s'endormit d'un profond sommeil pour se reposer de ces journées mémorables… », évoque Hermann Hesse, dans son « Curieux message d'une autre planète » (*Contes merveilleux*, Calmann-Lévy, 1992). Plus modestement, on se contente d'affirmer une autre unité : celle de la République.

République

POLITIQUE « une et indivisible », forme d'organisation politique où l'État constitue un tout n'admettant aucune division.

□ Origine : Acte constitutionnel du 24 juin 1793, Art. 1. « La République française est une et indivisible. ».

Le célèbre article premier de la Première République est à rapprocher de la Constitution du 3 septembre 1791 : « Le Royaume est un et indivisible : son territoire est distribué en quatre-vingt-trois départements, chaque département en districts, chaque district en cantons. » Les Constitutions de 1814 et de 1830 le remplaceront symptomatiquement par : « La personne du roi est inviolable et sacrée. » Le roi s'identifie au royaume comme la nation à l'État. Dans une optique que la royauté avait elle-même empruntée à l'Église, la nation devient un « corps » dont chaque citoyen est un membre. L'optique centralisatrice du royaume, puis de la république, tranche sur les Constitutions des autres pays d'Europe, qui commencent par citer les provinces ou les comtés qui constituent l'État. Le rêve d'une République universelle (ou, plus modestement, chrétienne) était d'ailleurs caressé par Henri IV au lendemain de l'édit de Nantes : en 1602, Sully note le souhait du roi « que de tous les états et les peuples de la Chrétienté d'Europe l'on pût former une seule République ». C'est la vision des temps modernes qui éclôt après la féodalité, et qui mettra encore deux siècles à prendre forme.

Ce principe unitaire, rappelé pour la première fois dans une Constitution écrite en 1791, est inspiré par les doctrines de l'Antiquité grecque remises à la mode par les philosophes des Lumières. À l'indivisibilité territoriale de l'État correspond l'indivisibilité sociale de la nation, corps unique formé des citoyens regroupés en une sorte de communion. Ce corps mystique s'oppose cette fois aux nombreux corps de l'Ancien Régime (trois états, corporations de métiers, pays...). L'évolution est sensible de Montesquieu, qui voyait dans la division du peuple en classes la condition de la durée et de la prospérité des démocraties (*De l'esprit des lois*, II, 2), à Rousseau, qui prône une « souveraineté » indivisible (*Contrat social*, II, 2). Les révolutionnaires rousseauistes ont retenu cette conception d'un « corps » social qu'on « dépèce » en le divisant en factions. C'est, pour Rousseau, ouvrir la démocratie à la brigue et à l'erreur d'appréciation par le regroupement des suffrages : seule la multiplicité des opinions permet d'approcher, statistiquement, de la vérité. C'est tout cela qui constitue l'unité territoriale, sociale et morale de la République. Et les développements de la « particratie » expliquent peut-être que l'unité de la République, pieusement conservée par les Constitutions de 1795, 1799 et 1848, ait disparu en 1946. La Ve République reste néanmoins « indivisible, laïque, démocratique et sociale. »

Les mots et les expressions

chacun : « chaque un ».

unanime (et ses dérivés) : qui se fait « d'une seule âme » *(una anima)*.

unifier (et ses dérivés) : « faire un ».

unique (et ses dérivés) : en un seul exemplaire.

unir (et ses dérivés) : faire un seul ensemble avec plusieurs choses.

unité (et ses dérivés).

univers (et ses dérivés) : ensemble tourné *(versus)* de manière à former un tout *(unus)*.

Ne pas en avoir un (var. **être sans un**) : être désargenté.

L'ennemi (public) numéro un : l'homme le plus dangereux, premier sur la liste de ceux à rechercher (ou à abattre...). « L'Obstiné me répondit avec des mots qui allaient faire de lui, dès les premiers pénibles instants de sa présence, l'ennemi numéro un de mon interrogation existentielle. » (Pedro Zarraluki, *l'Abbaye des grenouilles*, Belfond, 1993, p. 98.)

Il est moins une (moins deux, moins cinq...) : c'est la dernière limite.

Plutôt deux fois qu'une : avec le plus grand plaisir.

Et d'une ! : interjection marquant le défi, comme si on s'apprêtait à énumérer des objections. « Ceux qui ne sont pas de la compagnie n'ont qu'à la boucler et d'une » (R. Dorgelès, *les Croix de bois*, X, cité dans D.A.A.).

Ne faire qu'un : être identique, être confondu.

C'est tout un : c'est égal.

Faire la une : être en première page des journaux, et, par extension, être très important.

Comme pas un : sans rival.

Un sans-un (argot) : un miséreux.

Y aller d'une (argot) : payer à boire.

Une-deux : terme technique dans différents sports (une attaque en escrime, un coup en boxe, une passe au football...).

Un an et un jour : délai légal à partir duquel on entre en possession d'un objet trouvé si celui-ci n'a pas été réclamé par son propriétaire.

Une fois n'est pas coutume : cas exceptionnel qui ne remet pas en question l'usage habituel.

Une fois pour toutes : d'une manière définitive, de façon à ne plus y revenir.

En un mot comme en cent : brièvement, sans préambule.

Ne faire ni une ni deux : agir immédiatement.

Ne dormir que d'un œil : dormir d'un sommeil léger ; rester vigilant.

Un pour tous, tous pour un : devise des Trois Mousquetaires d'A. Dumas [→ 3 Mousquetaires].

Comme un seul homme (allusion biblique, v. AT 1S 11,7) : avec un bel ensemble. (Voir, dans la même collection, *les Allusions bibliques*, s.v. « homme ».)

Adam et Ève

Lucas Cranach

Musée San Carlo, Mexico

LE SYMBOLISME DU NOMBRE 2

Deux est le premier nombre à s'écarter de l'unité, souligne Hugues de Saint-Victor, et, par cela, il symbolise le péché. C'est aussi le premier nombre qui admet la division, ajoute-t-il, et par là il symbolise les choses corruptibles. Sans doute Hugues écrit-il à une époque (XIIe siècle) où le sursaut des hérésies manichéennes sensibilise au dualisme.

Mais il est un fait que le nombre deux incarne toutes les oppositions : les deux sexes, le jour et la nuit, les deux grands luminaires (le soleil et la lune), la vie et la mort, l'âme et le corps, la gauche et la droite, les élus et les réprouvés, le Bien et le Mal... Que ce soit dans le domaine religieux (rivalité cosmique entre Dieu et diable), dans le domaine politique (la lutte des classes entre la gauche et la droite), dans le domaine humain (guerre des sexes), le deux est symbole de conflit - on retrouve sa racine dans le verbe « diviser ». Le péché originel, rappelons-le, a consisté à dérober à l'arbre du jardin d'Éden (symbole de l'unité) le fruit de la connaissance du bien et du mal (symbole du dualisme). La mort est entrée dans le monde avec la division. « Au temps où vous étiez Un, vous avez fait le deux », dit l'Évangile de Thomas. Pour Robert Amadou, le deux est en cela « nombre de la confusion et, par conséquent, nombre de la femme (sic) ».

Mais le deux n'a pas que des aspects négatifs. Il rappelle les deux Testaments, les deux poissons que le Christ a multipliés (Mt 14, 17), les deux dignités (royale et sacerdotale), les deux colonnes du Temple… En cela, il est le complément terrestre de Dieu, qui le mène à la perfection, trois : un (nombre de Dieu) et deux (nombre du Temple) font trois ou 12 (Dieu dans son Temple).

L'union des principes contraires permet la progression, alors que l'unité est signe de stabilité. Ce que rappellera la règle dialectique (thèse, antithèse, synthèse) est déjà contenu dans le symbole du caducée, deux serpents entrelacés autour du bâton de Mercure. Ces deux serpents, symboles du Bien, du Mal et de sa guérison, ont leur pendant dans la Bible : le serpent d'airain fixé à une hampe guérit la morsure des serpents brûlants envoyés par YHVH contre le peuple juif (Nb 21, 6). La dualité (base du couple) est donc le garant de la génération - et le nombre deux incarna, comme tous les nombres pairs à sa suite, le principe féminin. Corruption et conflit, sans doute, mais pour permettre l'évolution et la multiplication. Deux, qui définit la ligne après le point, représente l'entrée dans le temps après l'unité indivisible et incorruptible.

•

Aloades

OTE - ÉPHIALTE

MYTHOLOGIE GRECQUE Géants mythologiques, fils d'Aloëus.

□ Origine : Homère, *Iliade*, V, 385 ; *Odyssée*, XI, 305-309 (IXe s. A.C.N.).

Aloëus, fils de Poséidon, et Iphimédie engendrèrent ces héros nourris de la terre qui croissaient de neuf doigts par mois (16 cm). Quand on retrouva le corps d'Ote, il mesurait 46 coudées (plus de 20 m). Les Aloades sont surtout connus pour avoir tenté d'escalader le ciel en empilant des montagnes les unes sur les autres. Foudroyés par Zeus, ils sont enchaînés en enfer à une colonne, dos à dos, attachés par des serpents. Ils incarnent la version grecque d'une légende répandue à travers le monde, celle de l'orgueil humain qui veut renverser les dieux. Dans la mythologie chrétienne, on peut les comparer à Nemrod, constructeur de la tour de Babel. Dans la tradition médiévale, depuis Isidore de Séville, cet arrière-petit-fils de Noé voulait, par cette tour, monter jusqu'au ciel.

□ Référence : DS, article « Aloades ».

Amants

INJURIOSUS (INJURIEUX) - SCHOLASTICA (SCOLASTIQUE)

MYTHOLOGIE CHRÉTIENNE Saints vénérés à Clermont-Ferrand.

□ Origine : Grégoire de Tours, *Histoire des Francs*, I, 47 ; *Gloire des confesseurs*, 32 (VIe s.). AASS 25 mai, t. VI, p. 38.

Vers l'an 500, Injurieux était un riche sénateur auvergnat. Sa femme, nommée Scolastique dans un inventaire des tombeaux clermontois, le convainquit de mener en secret une vie chaste. À leur mort, on les plaça dans deux sarcophages situés sur deux murs opposés de l'église Sainte-Illide, à Clermont. Le lendemain, les tombeaux s'étaient rapprochés. Les deux amants, comme les appelait alors le peuple de Clermont, sont un exemple d'intégration de légendes populaires dans la liturgie. Leur histoire rappelle celle d'Héloïse et Abélard, de Tristan et Iseut, et de tous les amoureux réunis par-delà la mort.

Amours

PANDÊMOS (terrestre, populaire) - OURANIOS (céleste)

PHILOSOPHIE ANTIQUE Opposition entre deux qualités d'amour définies par Platon, qui nous a laissé l'expression « amour platonique ».

□ Origine : Platon, *Banquet*, 180 d ss. (IVe s. A.C.N.).

Les noms des deux Éros définis par Platon sont calqués sur ceux des deux Aphrodites. L'un (populaire) est l'amour des femmes et des garçons, l'autre (céleste) celui des garçons seuls. Le premier s'adresse au corps, l'autre au moral ; l'un est inconstant, puisque le corps vieillit, l'autre durable. Ainsi le définit Pausanias dans le *Banquet*. Notons que cet amour n'est pas « platonique » au sens où nous l'entendons aujourd'hui : il est permis de céder « de la belle façon » aux vœux d'un amant, en faisant coïncider amour des garçons et amour du savoir (ou des autres « mérites »).

Éryximaque compare cet amour avec le banquet au cours duquel il est défini : on peut cueillir les plaisirs des garçons sans être incontinent, de même que c'est tout un art de faire bonne chère sans se rendre malade. Il fait correspondre cet amour à deux Muses [→ 9 Muses] : Uranie pour l'amour céleste (par similitude avec *Ouranos*, « le ciel »), Polymnie pour l'amour terrestre (Muse de l'hymne, inspiré par l'amour passionné). Il élargit ensuite cet amour des garçons à d'autres domaines (médecine, musique, astronomie, divination, gymnastique, agriculture...) : l'amour ordonne d'obéir à ce qui est bien, comme un médecin est au service de la santé et non de la maladie.

Socrate ne refuse pas cet élargissement, mais ajoute qu'on réserve le mot « amour » à un sens plus restreint, le désir d'un enfantement dans le bon et le beau, correspondant à un désir d'immortalité. L'enfantement peut être pris au sens propre ou au figuré : création artistique, ou instruction d'un enfant. L'amour que l'on porte à la beauté d'un corps doit en outre mener à l'amour de la Forme (de tous les corps), puis de l'âme, de la science, du Beau absolu. « Tel est dans la vie le moment digne entre tous d'être vécu : celui où l'on contemple la beauté en elle-même. »

Chevaux de l'Aurore

LAMPOS - PHAÉTHON

MYTHOLOGIE GRECQUE Chevaux attelés au char de l'Aurore.

□ Origine : Homère, *Odyssée*, XXIII, 246 (vers interpolé) (IXe s. A.C.N. ¿).

Lampos (dérivé de *lampein*, « briller ») et Phaéthon (dérivé de *phaos*, « lumière ») représentent le soleil naissant, dans son premier éclat. Aussi ne sont-ils que deux, à la différence des quatre chevaux attelés au char d'Hélios, le Soleil... Le *bige* de l'Aurore précède donc le *quadrige* du Soleil, et l'accompagne tout le long de sa course diurne. Les deux chars furent vite confondus et l'on vit des Aurores à la tête d'un quadrige.

Clés de saint Pierre

POUVOIR DE LIER - POUVOIR DE DÉLIER

SYMBOLISME CHRÉTIEN Symbole du pouvoir pontifical. « Des deux clefs de notre bon pape, / L'une du ciel ouvre la trappe ; / Et l'autre aux griffes du légat / Ouvre les coffres de l'État » (Béranger, « Les chantres de paroisse », pour railler le concordat de 1817, qui rétablit les annates, redevances au pape).

□ Origine : Nouveau Testament, Mt 16, 19 (Ier s.).

Le passage qui donne à Pierre l'héritage de l'Église et « les clés du Royaume des cieux » ne se trouve que dans un des quatre Évangiles et a pu être considéré par la critique comme une prise de pouvoir par un des « clans » constitués autour des apôtres. Aucune précision n'est donnée dans l'Évangile sur le nombre et la signification de ces clés. De fait, dans les premières exégèses et les premières représentations, leur nombre oscille entre un et trois, voire douze.

Le pseudo Ambroise (Sermon 33, 1) n'envisage qu'une clé pour entrer dans le royaume des cieux : celle de la Foi. Mais comme le Credo comporte autant d'articles qu'il y a d'apôtres, certains considérèrent qu'il y avait autant de clés, ce qui justifiait le pluriel de l'Évangile. Ces clés sont bien entendu liées, puisqu'il n'y a qu'une seule foi. La dévotion populaire, qui a fait de Pierre le portier du Paradis, lui a donné un trousseau de trois clés pour ouvrir le ciel, la terre et les enfers. Elles apparaissent par exemple dans la mosaïque du tombeau d'Otton III, dans les grottes vaticanes. Très vite cependant, on a rapproché le passage de Matthieu de celui qui le suit immédiatement, et dans lequel Jésus donne à Pierre le pouvoir de lier et de délier. « Tout ce que tu lieras sur la terre sera lié aux cieux et tout ce que tu délieras sur la terre sera délié aux cieux. » Telle est déjà l'interprétation de Haymon d'Halberstadt au IXe siècle. Au XIIe siècle, Godefroid d'Amont étend explicitement ce pouvoir aux papes, successeurs de Pierre. Innocent III, enfin, le pape « musclé » du début du XIIIe siècle, multiplia les symboles des deux clés. Pierre les a méritées pour avoir reconnu les deux natures du Christ [→ 2 Natures]. La première symbolise la « science de discerner et de juger » ; la seconde, le « pouvoir de lier et d'absoudre ». On considère aujourd'hui que les deux clés symbolisent le pouvoir spirituel (clé d'or) et le pouvoir temporel (clé d'argent), ou les clés du ciel et de la terre.

□ **Iconographie** : Les deux clés sont devenues l'attribut iconographique le plus fréquent de saint Pierre. Elles figurent, comme symboles de l'autorité pontificale, sur les armes du Vatican.

Colonnes du Temple

YAKÎN- BOAZ

SYMBOLIQUE MAÇONNE Colonnes dressées devant le vestibule du Temple de Salomon, prises comme références maçonniques. Symboles de la transmission de la Connaissance.

□ Origine : Ancien Testament 1 Roi 7, 21 (colonnes du Temple) ; Flavius Josèphe, *Antiquités juives* (Ier s.), I, 70 (colonnes du savoir).

Le roi Hiram de Tyr envoya à Salomon d'habiles ouvriers afin qu'ils participent à la construction du Temple. Parmi eux, un fondeur émérite, Hiram Abi (ou Abif), édifia deux colonnes d'airain de dix-huit coudées (plus de neuf mètres) de haut, et de douze coudées (plus de six mètres) de circonférence. Elles étaient surmontées de chapiteaux de cinq coudées longuement décrits dans le texte biblique, qui donne également les noms des deux colonnes. Celle de droite, Yakîn, signifie « en lui la force ». Celle de gauche, Boaz, « il rend ferme ». Si ces mots étaient gravés sur les fûts, on pouvait lire (de droite à gauche, comme en hébreu) : « Par la force qui est en lui, il rend ferme », vœu propitiatoire pour la solidité du Temple.

Mais le nom des deux colonnes a nourri de nombreuses spéculations. Est-ce Hiram Abi qui se serait écrié : « Voilà qui tiendra bon » ? Salomon qui aurait donné aux colonnes le nom de ses fils ? Voire le fondeur phénicien qui les aurait de façon détournée dédiées à son idole nationale (Baal), ce qui ne manquerait pas de piquant ? Le nom des deux colonnes est d'ailleurs provisoire, puisque le Christ, à la fin des temps, viendra leur donner leur nom véritable et unique. Diverses traditions (gnose, kabbale, franc-maçonnerie, compagnonnage...) ont exploité la légende, en la fondant parfois à un autre thème, celui des colonnes du savoir, emprunté à Flavius Josèphe.

Selon l'historien des Juifs, en effet, Adam aurait prédit à ses fils que le monde serait anéanti par l'eau ou par le feu. Ses descendants (par Seth, pour Flavius Josèphe ; par Caïn, pour les traditions postérieures) décidèrent donc d'inscrire leur savoir sur des matériaux qui résistent à l'un ou à l'autre fléau : une stèle (une colonne, dans les traditions postérieures) de brique, que le feu durcirait, mais que l'eau détruirait, et une de pierre, qui échapperait à l'eau, mais qui éclaterait sous les flammes. Sur les deux colonnes furent donc inscrits les mêmes textes, dans l'espoir qu'un des deux échapperait au fléau inconnu.

Les matériaux et la forme de ces monuments varièrent au fil des siècles. On trouve en 1250 une table d'ardoise et une de bronze ; en 1710, deux colonnes de pierres qui ne peuvent sombrer... C'est que dans la tradition maçonnique du XVIIIe siècle, la légende du Temple et celle des colonnes antédiluviennes fusionnent, un peu avant la fondation de la Grande Loge en 1717. Les textes des deux colonnes ne sont plus équivalents, mais complémentaires, et il faut les conserver toutes deux pour les dresser sur le parvis du Temple.

La spéculation maçonnique s'exerça de manière privilégiée sur cette légende enrichie. Yakîn, la colonne de droite (« en lui la force ») représente la Synagogue, le sud, la Force, la lune, Hiram de Tyr, le mot de passe des apprentis, la couleur blanche, le féminin, la séphirah gloire... Celle de gauche, Boaz (« il rend ferme »), représente l'Église, le nord, la Beauté, le soleil, Hiram Abi, le mot de passe des compagnons, la couleur rouge, le masculin, la séphirah victoire.... Ensemble, elles signifient l'union des juifs et des chrétiens, de la force et de la beauté. Ce sont les noms des maçons et les griffes de reconnaissance.

Une troisième colonne s'ajoute au cours du XVIIIe siècle, virtuelle, en rapport avec le nom secret des deux colonnes. Elle représente la Sagesse, et porterait le nom du mystérieux mot de passe des maîtres, que les compagnons voulurent arracher à Hiram avant de le tuer. Dans les loges maçonniques, elle n'est donc pas représentée, sinon, symboliquement, par le maître de la Loge.

□ **Iconographie** : Les colonnes du Temple sont fréquemment représentées sur les livres traitant de maçonnerie, de kabbale, sur les clavicules de Salomon...

□ **Références** : L. Hugues Vincent, *Jérusalem de l'Ancien Testament*, Paris, Gabalda, 1956. Guy Verval, *À la recherche de Jâkîn et Boaz*, Bruxelles, s.d.

Dioscures

lat. *Castores*, gr. *Dioskyroi*
CASTOR - POLLUX

MYTHOLOGIE ANTIQUE 1. Héros jumeaux. « Il lui semblait [...] que les deux Dioscures qui l'attendaient en haut [...] que tout cela, que toute cette ville non seulement la protégeait mais qu'elle lui donnait une leçon de courage. » (Félicien Marceau, *la Terrasse de Lucrezia*, Gallimard, 1993, p. 44). 2. Au figuré : amis inséparables. « O mes Dioscures bannis sur terre ! souffla-t-il en faisant un pas vers eux » (Patrick Carré, *les Petits Chaos de l'étudiant Liu*, Albin Michel, 1993, p. 279).

□ Origine : Homère, *Odyssée*, XI, 300 (IXe s. A.C.N.).

Leur nom les désigne comme « Fils de Zeus » ; Tyndare, leur père officiel, était d'ailleurs un surnom de Jupiter (« celui qui frappe »). Quand cette épithète fut oubliée, on fit de Tyndare un roi de Sparte auquel succédèrent Castor et Pollux. Selon la légende, Léda aurait connu au cours de la même nuit Zeus, sous la forme d'un cygne, et son mari Tyndare. Elle accoucha d'un œuf d'où sortirent Pollux, fils de Zeus et immortel, et Castor, fils de Tyndare et mortel. La belle Hélène, qui devait motiver la guerre de Troie, partageait le même œuf.

Ces divinités, qui appartiennent au vieux fonds grec, ont fait l'objet de multiples légendes locales, la plus connue étant celle des Argonautes, dont ils partagent l'aventure. Héros guerriers et souvent cavaliers, ils participent à des combats, à des expéditions, à des enlèvements de femmes... La légende se conclut le plus souvent par la mort de Castor. Pollux, pour ne pas être séparé de son jumeau, renonce à son immortalité, et Zeus récompense sa fidélité en plaçant les Dioscures dans le ciel, où ils apparaissent désormais dans la constellation des Gémeaux. D'autres fois, il leur accorde une vie alternative, chacun vivant un jour sur deux, ou un séjour tour à tour dans l'Olympe et dans l'Hadès.

La comparaison avec d'autres divinités indo-européennes, et notamment les Açvin védiques, ainsi que les particularités de leur légende tendent à faire des Dioscures une dyade lumineuse, où l'on a vu le jour et la nuit, l'étoile du matin et celle du soir… Ils sont devenus les protecteurs des jeux Olympiques, Pollux par son habileté au pugilat, Castor par la sienne à la course de chevaux. Ils protègent les marins dans la tempête sous forme de feux follets et se mêlent parfois aux combats des hommes : ils aidèrent les Spartiates contre les Athéniens et les Romains contre les Latins au lac Régille. Leur culte, populaire, fut christianisé. Sur des sarcophages chrétiens, ils symbolisaient par leur double statut la vie et la mort. Unis dans l'œuf de Léda, ils symbolisent le corps et l'âme, inséparables avant la naissance à la « vraie vie ». Les couples de saints guerriers qui aident les chrétiens dans leurs combats, comme les saints Georges et Démétrius qui, sur leurs chevaux blancs, contribuèrent à la victoire d'Antioche en 1098, évoquent le rôle protecteur des Dioscures antiques.

□ **Iconographie** : Les Dioscures sont souvent représentés avec un cheval blanc ; ils portent un bonnet conique qui viendrait des deux moitiés de l'œuf de Léda. Ils ont été peints par Rubens.

□ **Linguistique** : Le **castor** porte le nom d'un des deux Dioscures : le castoréum, sécrétion du rongeur, était utilisé pour soigner la matrice. Or Castor était invoqué pour les maladies gynécologiques… Dans le **feu Saint-Elme**, le choix d'Elme (Érasme) est peut-être dicté par Hélène, sœur des Dioscures, qui apparaissait sous cette forme pour guider les marins dans la tempête. Les Dioscures sont aussi appelés **Tyndarides** (fils de Tyndare).

Espèces

PAIN - VIN

LITURGIE CHRÉTIENNE Apparences du pain et du vin après la transsubstantiation. « Communier sous les deux espèces. »

□ Origine : Nouveau Testament, Mt 26, 26-27 (Ier s.).

Le mot « espèce » (latin *species*, apparenté à *specere*, « voir ») désigne l'apparence opposée à la réalité. Après les paroles de consécration, en effet, on admet que la substance du pain et du vin est détruite et changée en corps et en sang du Christ. Mais les qualités sensibles (taille, goût, couleur…) demeurent : on les appelle « accidents eucharistiques », espèces, apparences. La distinction est purement théologique. Si on la trouve déjà au IVe siècle chez saint Ambroise (*Des Mystères*, 54), qui reprend la tradition de Pères grecs comme Origène (IIIe s.), le mot n'est introduit en français qu'au XVIe siècle par Calvin (*Institution de la religion chrétienne*, 289) : « Ils enseignent de chercher Jésus-Christ en l'espèce du pain », raille le réformateur. Le sens premier est encore sensible. Le sens concret se définira dans les luttes religieuses du XVIe siècle (Concile de Trente, session XIII, canon 2) et sera entériné par le dictionnaire de Furetière (1684). Un peu tardivement, sans doute : depuis le XIIe siècle, par crainte de renverser le précieux sang en le donnant à boire aux enfants, aux maladroits ou aux malades, seuls les prêtres communient encore sous les deux espèces, et l'usage de l'expression est restreint.

Harpies (Harpyes)

gr. et lat. *Harpyia*
AELLÔ - OCYPÈTE
(tardivement, CÆLANO - ACHOLOE)

MYTHOLOGIE GRECQUE 1. Monstres femelles et volants. « Mais qu'est-ce là ¿ Quelque homme-oiseau, fils des Harpies ¿ » (Italo Calvino, *le Baron perché*, Seuil, Points Roman, ch. XXVII, p. 261). 2. (Figuré) Femme cruelle et effrayante. « Les harpies aux chairs saillantes sont nues comme des lionnes, leurs seins sont plus redoutables que mes poings et leurs fessiers fendus à la hache brisent d'un coup ma porte » (Hubert Haddad, *l'Âme de Buridan*, Zulma, 1992, p. 27).

□ Origine : Homère, *Iliade*, XVI, v. 150 (IXe s. A.C.N.). Leur nombre apparaît dans Hésiode, *Théogonie*, v. 235 (VIIIe s. A.C.N.).

Harpê, « crochet » : l'étymologie définit bien le premier caractère des Harpies. Ces démons ravisseurs, émissaires des dieux infernaux, correspondent à Iris, leur sœur, messagère des dieux célestes. Leur mission semble avoir été d'arracher l'âme des héros pour les conduire aux enfers, comme les Walkyries germaniques. Elles se confondent en cela avec les Érinyes [→ 3 Érinyes], que les théogonies tardives distingueront.

Aellô, « la tempêteuse », Ocypète, « qui vole vite » (ôkypétê) : leur principale qualité est la vitesse. C'est ainsi qu'elles deviendront mères des chevaux des héros, qui se recommanderont par leur vélocité. On a peut-être ici une des origines physiques de leur légende. Filles de Thaumas et de l'océanide Électre, elles descendent par leur père de la Terre, et de l'Océan par leur mère. Les vents, qui les prennent par surprise, sont les pères des chevaux qu'elles enfantent. Et l'on pense aux coursiers écumeux des vagues, fils du vent et de la tempête. La légende survit peut-être à travers la croyance médiévale dans la génération spontanée des juments portugaises, engrossées par le vent du large.

L'explication naturiste en a fait une personnification des vents qui engendrent les pluies (symboles, comme les chevaux, de richesse). L'explication évhémériste voit en elles les deux filles du roi Phinée, qui ont ruiné et torturé leur père (dans la légende des Argonautes, elles volent et souillent la nourriture de ce roi aveugle). D'autres ont proposé d'y voir les pirates qui écument les mers, enlèvent ou tuent les voyageurs. Il s'agirait en fait d'un emprunt à la mythologie égyptienne, où des oiseaux ailés à tête humaine apparaissent sur les couches funéraires. Les Harpies habitent au bout du monde occidental, en Thrace, en Scythie, dans la mer sicilienne, dans la mer Égée, en Crète... Le plus souvent, on les situe dans les îles Strophades. Avec leur visage ridé, leurs ongles crochus, leur corps émacié, leur odeur infecte, elles symbolisent toutes les misères, les famines, les sécheresses, les épidémies...

□ **Référence** : V. Bérard dans DS.

□ **Iconographie** : D'abord femmes ailées, les Harpies sont ensuite représentées avec un corps de vautour, une tête de vieille femme et des oreilles d'ours.

Hémisphères

HÉMISPHÈRE NORD - HÉMISPHÈRE SUD

GÉOGRAPHIE Division du globe terrestre selon la ligne de l'équateur. « Il retourne sa veste du jour au lendemain et voilà qu'il devient impossible de trouver mari moins jaloux dans les deux hémisphères » (Paul Émond, *Plein la vue*, Jacques Antoine, p. 18).

□ Origine : Ératosthène (Éd. Berger III B2, d'après Strabon) [IIIe s. A.C.N.].

Les hémisphères (grec *hêmisphairion*, « demi-sphère ») divisent en principe toute sphère en deux parties égales. La géographie ancienne croyant en une sphère céleste dont la Terre occupe le centre, l'hémisphère a d'abord désigné cette moitié du ciel délimitée par l'horizon visible de notre contrée. Le second hémisphère était visible aux antipodes. La sphéricité de la Terre étant généralement admise par les Grecs, on parla ensuite d'hémisphères terrestres. Mais toute division de la terre en deux parties égales pouvait définir deux hémisphères : un oriental et un occidental sont ainsi délimités par un méridien chez Geminos (*Éléments d'astronomie*, XVI, 1). La notion d'hémisphères délimités par l'équateur réapparaît à la Renaissance (XVe-XVIe siècle) quand la rotondité de la Terre est réaffirmée.

Jean

JEAN-BAPTISTE - JEAN L'ÉVANGÉLISTE

RELIGIONS CHRÉTIENNES Opposition, à travers deux personnages évangélistes, des aspirations humaines et spirituelles. « Des deux Jean, lequel abreuver, de sa propre soif ? » (Gaspard Hons, *le Livre de personne*, Rougerie, 1992, p. 14).

□ Origine : Nouveau Testament (Ier s.).

Des deux Jean qui occupent une place privilégiée dans la vie de Jésus, l'un appartient à l'ancienne loi, l'autre à la nouvelle. Le Baptiste est présenté comme le sommet de la perfection humaine : « Parmi ceux qui sont nés de la femme, il n'y en eut jamais de plus grand que Jean-Baptiste », dit le Christ (Mt 11, 11). L'Évangéliste plane à des hauteurs spirituelles qui le feront surnommer « l'aigle de Patmos ». L'opposition frappa très tôt les esprits, puisque les fêtes s'opposent comme le solstice d'été (Saint-Jean-Baptiste, 24 juin) à celui d'hiver (Saint-Jean-l'Évangéliste, 27 décembre). Peut-être est-ce de là qu'est né le couple Jean-qui-pleure et Jean-qui-rit, le Baptiste ayant tendance à incarner l'humanisme et l'Évangéliste, la rigueur. Dans les pays protestants, les « Jean » prennent volontiers le second pour patron, quand les pays catholiques fêtent leurs Jean avec le Baptiste. Dans *le Monastère des deux saints Jean* (Actes Sud, 1988), Alexis Curvers a exploité cette opposition pour montrer l'émergence dans la société occidentale d'une exaltation de l'homme contre la divinité, évolution dont l'histoire de l'art serait le témoin involontaire. Sur la base de ce mythe s'est constituée une église ésotérique, l'Église de Jean, opposée à celle de Pierre. Elle se prévaut de révélations faites au disciple aimé lors de la Cène et du rôle que lui confie Jésus jusqu'à la fin des temps (Jn 21, 20-23).

□ **Iconographie** : Les deux Jean ne sont pas souvent représentés ensemble. Ils figurent notamment sur les volets extérieurs de *l'Agneau mystique* de Van Eyck et s'opposent sur les fonts baptismaux de Renier de Huy, à Saint-Barthélemy de Liège.

Larrons

DYSMAS (BON LARRON) - GESTAS (MAUVAIS LARRON)

MYTHOLOGIE CHRÉTIENNE 1. Voleurs crucifiés autour du Christ. 2. (Au figuré) Amis (par allusion à l'expression : « s'entendre comme larrons en foire ») : « Et pendant que Matthieu trimbalait ses clients à Ganden, Taklung, Sera… les deux larrons partirent en foire, et d'abord au Jokhang, le temple du Seigneur… » (Patrick Carré, *les Petits Chaos de l'étudiant Liu*, Albin Michel, 1993, p. 59).

□ Origine : Nouveau Testament : Lc 23, 39-43 (Ier s.). Noms des larrons : Évangile de Nicomède (Actes de Pilate) 9, 5 (IVe s.).

Crucifiés de part et d'autre du Christ, les deux larrons l'insultaient, selon Matthieu. Mais Luc précise qu'un seul le raillait, repris par l'autre : « Nous recevons ce que nos actes ont mérité ; mais lui n'a rien fait de mal. » Il obtint le paradis de Jésus. L'apocryphe de Nicomède ne fit qu'ajouter les noms des malfaiteurs. Une légende rapportée par saint Anselme (*Méditations* 15) raconte que le jeune Jésus avait été enlevé par des brigands et donné au fils de leur chef. Celui-ci avait été frappé par le visage resplendissant de l'enfant et s'était recommandé à lui. Trente ans plus tard, il sera crucifié à ses côtés. Un apocryphe de Bède (*Flores ex diversis*, P.L., 94 col. 542) donne deux autres noms (Matha, le bon larron ; Joca, le mauvais) qui n'eurent pas d'écho.

Presque toujours représentés dans les crucifixions, les deux larrons permettent une lecture ternaire de la passion : l'innocence, la culpabilité repentante, l'impénitence. Dysmas est placé à la droite du Christ, le regard tourné vers le ciel, un ange recueillant son âme. Une banderole contenant sa requête au Christ peut l'identifier. À l'inverse, Gestas, à gauche, regarde la terre, en rendant son âme à un démon. Sanctifié par la tradition populaire, Dysmas est devenu patron des condamnés à mort ; il est invoqué contre la torture et l'impénitence finale. D'après une analyse de l'abbé Rupert de Tuy (*Commentaires sur la Genèse* VIII, 37-38, XIIe s.), le sort des deux larrons, également coupables, symbolise au contraire la grâce imméritée et incompréhensible, comme la clémence de Pharaon pour son échanson quand il fait pendre son panetier (Gn 40), comme la promesse du Christ de prendre un homme sur deux pour le royaume des cieux (Mt 24, 40 ; Lc 17, 34). C'est la grâce céleste, et non le mérite personnel, qui apporte le salut.

Quant aux braves gens, ils ont composé sur ce thème une prière en vers léonins destinée à se protéger des larrons, bons ou mauvais :

> *Imparibus meritis pendent tria corpora ramis ;*
> *Dysmas et Gestas, media est divina potestas ;*
> *Alta petit Dysmas, infelix infima Gestas.*
> *Nos et res nostras conservet summa potestas.*
> *Hos versus dicas ne te furto perdas.*

(« Trois corps pendent aux branches, dont les mérites sont inégaux ; Dysmas et Gestas, et au milieu est la puissance divine ; Dysmas atteint les hauteurs, le malheureux Gestas, les profondeurs. Que la puissance suprême nous conserve, ainsi que nos biens. Dis ces vers pour ne pas être perdu par vol. »)

□ **Référence** : CAH, p. 36.

Mamelles de la France

LABOURAGE - PÂTURAGE

ALLUSION HISTORIQUE Les deux composants essentiels. « Lettres et politique - les deux mamelles de Lipp - ont souvent joué à cache-cache » (Jean Diwo, *Chez Lipp*, Paris, Denoël, 1981).

□ Origine : Sully, *Œconomies royales*, juin 1598, t. I, ch. 81 (éd. originale de 1638), ch. 73 (Éd. B. Barbiche, S.H.F. 1988).

Dans une France encore mal pacifiée, Maximilien de Béthune, baron de Rosny, duc de Sully, conseiller de Henri IV, se voit confier en 1598 (l'année de l'édit de Nantes) les finances du Royaume. Ingénieur militaire et homme de terrain, il sait les dangers pour la population des hordes de soldats mal payées. Aussi attire-t-il l'attention du roi sur ce problème, « disant souvent au Roy que le labourage et le pasturage estoyent les deux mamelles dont la France estoit alimentée, et ses vrayes mines du Pérou ». Pour que les paysans ne subissent pas les exactions des soldats, il augmenta les soldes et fit suivre l'armée par la police...

L'expression, qui rappelle par sa crudité la joyeuse verdeur du français pré-classique, est souvent utilisée ironiquement pour désigner les choses capitales et nourricières.

Mondes

ANCIEN MONDE - NOUVEAU MONDE

GÉOGRAPHIE Première division de la Terre en deux zones, après la découverte de l'Amérique. « Après avoir fait le bien pendant quatre-vingt-quatre ans, Franklin mourut environné des respects des deux mondes » (Mignet, cité dans GDL). *La Revue des Deux Mondes* (créée en 1831).

□ Origine : Pierre Martyr, *De orbe novo*, 1493 (publ. 1516) ; Amerigo Vespucci, *Mundus Novus*, 1503.

« Trois jours, leur dit Colomb, et je vous donne un monde. » La vision romantique ne correspond guère à la réalité, puisque Colomb, dans la célèbre lettre qui relate ses découvertes en 1492, ne parle que « d'îles nouvelles », qu'il croyait proches du Japon. Pierre Martyr, semble-t-il, comprit immédiatement qu'il s'agissait d'un « monde » *(orbis)* que n'avaient pas connu les Anciens. Mais ses *Décades*, les lettres dans lesquelles il décrit à partir de 1493 les voyages de Colomb, ne sont publiées qu'en 1516, et c'est le navigateur géographe Amerigo Vespucci qui appellera le premier « Nouveau Monde » le continent qui portera son prénom. Le terme qu'il emploie, *mundus*, est pourtant moins approprié qu'*orbis*, puisqu'il contient une idée d'unité : il correspond au grec *cosmos* et désigne un ensemble harmonique et pur. Le sens s'est ainsi réduit de l'Univers à notre planète (« le tour du monde »), puis à une partie de la Terre...

Natures du Christ

NATURE HUMAINE - NATURE DIVINE

CHRISTIANISME Dogme proclamant que le Christ participe totalement et conjointement à la nature humaine et à la nature divine.

□ Origine : Nouveau Testament, Ph 2, 6-7 ; dogme depuis le concile de Chalcédoine (lettre à Marcion, 451).

Le symbole de Nicée s'était contenté de définir la foi en l'Incarnation en disant que le Fils de Dieu était descendu du ciel, s'était fait chair et avait été enseveli. Mais diverses hérésies, aux IIIe et IVe siècles, ont mal interprété ce symbole, insistant davantage sur la nature humaine ou sur la nature divine. Contre Paul de Samosate, qui voyait dans le Christ le fils adoptif de Dieu ; contre Arius, qui le disait d'une autre substance que le Père ; contre Nestorius, qui distinguait dans le Christ le Fils de Dieu et le Fils de l'Homme ; contre Eutychès, qui refusait à la Vierge le titre de « Mère de Dieu »..., divers conciles ont dû affirmer que le Christ était Dieu parfait et homme parfait. Les deux natures, divine et humaine, sont unies en une seule personne sans confusion. Le Christ est donc né dans le temps, mais il est de toute éternité. Il est passible en temps qu'homme, impassible en temps que Dieu ; consubstantiel au Père en temps que Dieu, à sa Mère en temps qu'homme... Après le IVe siècle, les hérésies s'intéressèrent moins aux deux natures du Christ.

□ Référence : CEC, §§ 464-469.

Pôles

PÔLE NORD - PÔLE SUD

GÉOGRAPHIE Point de la surface d'un astre (et en particulier de la Terre) que traverse l'axe de rotation de cet astre. « Leurs chants remplissent d'aise et l'un et l'autre Pôle » (Jean-François Rameau, *la Raméide*, 1766).

□ Origine : Platon, *Timée*, 40b (IVe s. A.C.N.).

Les pôles (grec *polos*, « pivot », de *polein*, « tourner ») désignaient d'abord les deux points de la sphère céleste par lesquels passait l'axe du monde. Dans la conception grecque, c'était en effet la sphère céleste qui tournait autour d'une Terre immobile. Celle-ci étant au centre de la sphère céleste, l'axe du monde la traversait de part en part, et perçait sa surface en deux points également appelés pôles.

Sexes

MASCULIN - FÉMINININ

PHYSIOLOGIE 1. Ensemble des caractères qui permettent de distinguer, chez l'être humain, le masculin du féminin. « On avait pris l'habitude de passer les week-ends tous ensemble en dehors de la ville, suivant une coutume [...] qui s'était étendue aux fiancées, puis aux épouses et aux progénitures [...] et à quelques nouvelles connaissances des deux sexes » (Italo Calvino, *Aventures*, « L'aventure d'un photographe »). *Le Deuxième Sexe* (livre de Simone de Beauvoir, 1949). Le deuxième sexe : les femmes (péjoratif). 2. Le troisième sexe : les pédérastes (Balzac, dans FEW). « Pension bourgeoise des deux sexes et autres » (enseigne de la Maison Vauquer, dans *le Père Goriot*).

La différenciation des sexes est la plus élémentaire et la première dont on prenne conscience. Elle ne tarda pas à déteindre sur les autres oppositions binaires : celle des deux luminaires, le soleil (masculin) et la lune (féminine), avec les deux rythmes astraux correspondants (jour et nuit) ; celle des deux principes (matériel et spirituel), des deux connaissances (raison et intuition), des deux caractères (actif et passif), des deux directions (droite et gauche)... C'est par l'opposition des sexes qu'on prend également conscience de la perte de l'unité, d'où l'abondance des images sexuelles dans toutes les mystiques ou dans l'alchimie : l'union sexuelle symbolise la fusion des différences et le retour à l'unité.

Le mythe de l'androgyne tient aussi de cette nostalgie de l'unité perdue. Toutes les mythologies l'ont répercuté, en Égypte, en Iran, dans les peuples nordiques, en Inde, en Chine, au Japon... Les alchimistes et les romanciers (dont Balzac dans *Seraphita*) ont caressé le rêve. « Lorsque vous ferez du masculin et du féminin l'Unique, afin que le masculin ne soit pas un mâle et que le féminin ne soit pas une femelle,... alors vous entrerez dans le Royaume ! », dit l'Évangile gnostique de Thomas. L'androgyne reconstitué est un retour à l'origine, au paradis terrestre.

Dans la Bible, il est dit en effet que Dieu créa Adam « homme-et-femme », et qu'il tira Ève de la *tsela'* d'Adam. L'ambiguïté du mot hébreu, qui signifie aussi bien « côte » que « côté », a fait penser qu'il avait pu couper en deux un androgyne. L'exégèse biblique, la linguistique, la critique historique nuancent fortement cette hypothèse.

Le mythe de l'androgyne, sous une forme parallèle, est plus connu par le *Banquet* de Platon (189d et ss.). Les trois sexes primitifs y sont définis par Aristophane. Il ne s'agit pas, comme on le croit souvent, de l'homme, de la femme et de l'androgyne, mais d'une triple combinaison des caractères mâles et femelles qui préfigure curieusement les combinaisons de la génétique… Il y aurait une espèce de super-homme (deux caractères mâles), de super-femme (deux caractères femelles) et un androgyne (un caractère mâle et un caractère femelle), qui correspondraient respectivement aux trois astres qui les ont engendrés : le soleil, la terre et la lune. L'homme primitif aurait donc été rond, pour rappeler la forme des astres, avec le dos courbé, les flancs bombés, quatre bras et quatre jambes, deux visages sur une seule tête.

C'est cette race disparue qu'évoque le mythe grec d'Ote et d'Éphialte [→ 2 Aloades]. Les hommes doubles se seraient en effet révoltés contre les dieux. Pour ne pas les tuer, puisqu'ils servaient au culte, Zeus les a divisés en deux pour les affaiblir. Mais les deux moitiés, incapables de penser à autre chose qu'à reconstituer l'être primitif, se recherchent et dépérissent faute de chercher leur nourriture. Zeus alors leur donne un sexe - auparavant, ils s'accouplaient à la terre pour se reproduire - et leur quête, en débouchant sur la sexualité où ils retrouvent la brève impression de fusionner, les laisse libres, après, de s'adonner à une autre activité. Ainsi s'expliquent les trois formes de désir sexuel : les tribades sont des « super-femmes » coupées en deux ; les homosexuels, des « super-hommes » coupés en deux ; la plupart des humains descendent cependant de l'androgyne, c'est pourquoi l'homme recherche la compagnie de la femme et la femme celle de l'homme.

Tables de la Loi

DEVOIRS ENVERS DIEU - DEVOIRS SOCIAUX

HISTOIRE SACRÉE 1. Stèles sur lesquelles YHVH a gravé les dix commandements donnés à Moïse sur le mont Sinaï. 2. (Figuré) Écrit fondateur d'une religion, d'une discipline. *Table d'émeraude* : texte alchimique attribué à Hermès Trismégiste et gravé sur une émeraude.

□ Origine : Ancien Testament, Ex 24, 12 (IXe-IVe s. A.C.N.).

La tradition a retenu les deux tables sur lesquelles l'Éternel grava d'un doigt de feu les règles du culte et de la vie sociale [→ 10 Commandements]. Mais on ne sait ce que contenait chacune des tables : les dix commandements y figuraient-ils en double, ou en deux groupes de cinq ? On suppose généralement que la première table contenait les trois premiers commandements, concernant les devoirs vis-à-vis de Dieu, et la seconde les sept commandements concernant la vie sociale (cf. CEC

§ 2197). Les gnoses (et en particulier la kabbale) ajoutent qu'une première série (brisée par Moïse après l'épisode du veau d'or) contenait les commandements concernant la vie spirituelle, celle qui nous a été conservée ne concernant que l'organisation matérielle de la vie sociale. Les dix séphiroth [→ 10 Séphiroth] répondent ainsi aux dix commandements.

L'inscription des lois sur des tables de pierre ou de bronze est bien connue dans l'Antiquité : la loi des douze tables de Romulus y a trouvé son nom ; le code d'Hammourabi est conservé sur une table de pierre... L'islam a lui aussi gardé la tradition des deux tables. Mais l'une (le Coran) est révélée ici-bas, tandis que la « Table gardée », la « Mère du Livre », est le grand livre d'Allah où s'inscrit le destin des hommes. Pour Hildegarde de Bingen, les tables sont les deux cornes dont Dieu transperce le pécheur comme le cerf transperce le bouc lascif qui l'attaque (*Scivias*, I, 3).

Taiji

YIN - YANG

PHILOSOPHIE ORIENTALE Symbole du mouvement cosmique où les contraires se mêlent et s'engendrent en permanence.

□ Origine : *Yi-Jing* (Livre des mutations) [VIIIe-VIe s. A.C.N.].

Le yin-yang se trouve consigné dans les plus anciens livres chinois : il est probable qu'il existait alors depuis longtemps. Il a influencé la pensée chinoise dans tous les domaines : divination, érotisme, art martial (taiji-juan), philosophie, religion... Le confucianisme et le taoïsme s'en inspirent dès l'origine. Yin et yang sont les émanations du *yuanqi*, le souffle primordial. Le yang, souffle pur, léger et mobile, monte et forme le ciel ; le yin, opaque, lourd et fixe, descend et forme la terre.

On a donc fait du yang un symbole masculin, positif et actif, représentant la chaleur, la lumière, le soleil, le feu, et du yin un symbole féminin, négatif, passif, représentant le froid, l'obscurité, la lune, l'eau. Mais plutôt que deux principes opposés, ce sont deux pôles, qui n'existent pas l'un sans l'autre. Le monde de l'homme est composé de yin et de yang, le yang enfantant le yin qu'il porte en lui et inversement. Ils fonctionnent comme une alternance nécessaire dans la révolution cosmique, qui donne la vie ou la mort. « Le yin et le yang sont à l'homme plus que ses parents », dit Tchoang-tzeu, le grand philosophe du taoïsme. Aussi, plutôt que de parler de yin et de yang, beaucoup préfèrent parler d'un yin-yang.

Le taiji, réunion du yin et du yang, constitue un stade plus récent de la pensée chinoise. Il est symbolisé par le fameux dessin des « deux poissons », noir et blanc, qui s'interpénètrent à l'intérieur d'un cercle. Ainsi se concrétise la quête du « grand tout unique » par abolition du dualisme dans l'équilibre parfait. Une quête qui reste pour nous caractéristique de la pensée orientale, puisqu'elle y a nourri depuis des millénaires la pensée officielle. En Occident, elle se manifeste surtout par des voies parallèles, dans la gnose (« faire le deux Un », dit l'*Évangile de Thomas*), dans la kabbale (l'Adam Kadmon), dans l'alchimie (l'androgyne couronné)...

Testaments

ANCIEN TESTAMENT - NOUVEAU TESTAMENT

HISTOIRE SACRÉE Les deux grands recueils d'écrits bibliques dans les religions chrétiennes.

□ Origine : Saint Paul, 2 Co 3, 14 (Ier s.).

Jésus n'entendait pas annuler l'ancienne Loi, mais plus d'une fois il fut amené à la remettre en question en substituant à des prescriptions formalistes un enseignement fondé sur d'autres valeurs (foi, amour). Les disciples, et plus particulièrement saint Paul, ont ensuite pris conscience de l'originalité de son enseignement par rapport à l'ensemble de la tradition antérieure. Il y a donc une ancienne et une nouvelle alliance. Or, dans les traductions grecques, puis latines des textes hébreux, le mot « alliance » *(berith)* avait été rendu par « testament » *(diathêkê, testamentum)*. C'est donc ce terme grec qu'employa Paul pour s'adresser aux Corinthiens. Sous sa plume, il désigne un livre (« lorsqu'on lit l'Ancien Testament ») et non plus l'acte d'alliance entre un peuple et son Dieu. (Voir, dans la même collection, *les Allusions bibliques*, Larousse, 1991.)

Comme la symbolique des deux tables, celle des deux Testaments a servi à expliquer au Moyen Âge tout ce qui allait par deux. Ainsi, la mitre des évêques, dont les deux cornes étaient réunies par un même nœud, supposait la connaissance égale des deux Testaments. Les cornes de l'antilope, que l'on concevait comme des scies capables de couper les arbres de la forêt, étaient comme les deux Testaments qui permettent à l'homme d'abattre les vices qui encombrent sa voie.

Les mots et les expressions

adoué : accouplé, en parlant des oiseaux, et en particulier des perdrix.

couple : union de deux individus, et en particulier dans le mariage.

bisser : répéter.

deuche : abréviation de deux-chevaux (voiture).

deuzio : familier, pour « deuxièmement ».

diviser : primitivement, couper en deux.

doubler (et ses dérivés) : multiplier par deux.

dualisme : doctrine opposant deux principes (souvent le bien et le mal).

duel : ancien nombre, entre le singulier et le pluriel. Le combat entre deux personnes vient de *duellum* (« combat ») et a été rattaché par erreur à la racine *duo*.

duo : groupe de deux chanteurs ou de deux instrumentistes.

duplex : appartement occupant deux étages superposés.

dyade : divinités jumelées. Ex : Bielobol et Tchernolog (mythologie slave).

entre-deux : intervalle ; bande de dentelle ou de broderie qui coupe un tissu uni ; console placée entre deux fenêtres ; entre-jambes ; paroi.

gémeaux : doublet de « jumeau » (lat. *gemellus*), qui n'est utilisé que pour parler de la constellation.

jumeaux : frères d'une même portée.

ménechmes : jumeaux (terme grec). Personnages de nombreuses comédies chez Ménandre, Plaute, Rotrou (1632), Regnard (1705).

paire : réunion de deux objets.

parèdre : divinité jumelée à une autre d'un autre sexe. Isis est la parèdre d'Osiris, Robigus celui de Robiga.

petit-deux : pain de sucre d'un kilo (deux livres).

En moins de deux : immédiatement. « Le bouc en moins de deux, lui file son colbaque. / Le renard s'y agrich' de ses quatre pinceaux, / Ne pensant dans le coup qu'à sauver sa barbaque » (Jean Alexandre, *les Fables de La Fontaine en argot*, Nigel Gauvin, 1992, « Le Renard et le Bouc »).

Piquer des deux : éperonner son cheval des deux talons. Au figuré : se sauver.

De mes deux (vulgaire) : de mes deux testicules (injure).

N'en faire (ou **ne faire**) **ni une ni deux** : ne pas hésiter.

Comme pas deux : comme personne d'autre. « Être copains comme pas deux. »

Ça fait deux : c'est complètement étranger. « Les math et moi, ça fait deux. »

À nous deux ! : interjection pour annoncer qu'on va s'occuper sérieusement de quelque chose ou de quelqu'un.

Pas de deux : pas de danse entre deux danseurs.

Couper la poire en deux : transiger. « Les musiciens impressionnistes coupèrent la poire en douze et donnèrent à chacun des douze un titre de poème » (Jean Cocteau, *le Coq et l'Arlequin*, éd. 1979, p. 57).

Un homme averti en vaut deux : proverbe signifiant qu'on doit redoubler d'attention quand on s'attend à une surprise désagréable.

État second : état de quelqu'un qui n'a pas pleinement conscience de ce qu'il fait, qui est sous l'emprise d'une passion, de la maladie, de l'alcool, etc.

Ne pas arriver à joindre les deux bouts : manquer d'argent.

Brûler la chandelle par les deux bouts : mener une vie dissipée.

Le deuxième bureau : le Service de Renseignements.

Être assis entre deux chaises : être indécis.

Les deux charités : (symbolique médiévale) Marthe et Marie, l'active et la contemplative, d'après le Nouveau Testament (Luc 10, 38-42).

De deux choses l'une : expression indiquant une alternative.

Faire d'une pierre deux coups : obtenir deux résultats d'une seule action.

En deux coups de cuiller (à pot) : en un temps très bref.

Deuxième (ou **second**) **couteau** : adjoint, acolyte, personne jouant un second rôle.

Au second degré : au sens figuré (comprendre quelque chose au second degré) ; avec détachement (prendre une situation au second degré). « Quand je parlais de « sculpture au second degré » par rapport au modèle vivant en référence à des modèles antiques, cela devient le troisième degré » (Félix Roulin, *Conversation avec France Borel*, Tandem, 1992, p. 63).

Être à deux doigts de : être sur le point de.

Faire la bête à deux dos : s'accoupler.

Nager entre deux eaux : nager sous l'eau, mais près de la surface. Au figuré : ne pas savoir se décider entre deux partis.

Avoir deux fers au feu : mener de front deux projets.

Être entre deux feux : être pris à partie par les deux adversaires dans un conflit qui ne nous concerne pas.

Y regarder à deux fois : prendre des précautions.

Les deux font la paire : se dit de deux personnes qui ont le même tempérament, les mêmes travers.

Théorie des deux glaives : revendication par l'Église de deux pouvoirs, spirituel et temporel. Définie au XIIe siècle, la théorie des deux glaives fut surtout discutée au XVIe dans la lutte entre protestantisme et catholicisme.

Se ressembler comme deux gouttes d'eau : se ressembler trait pour trait.

Duos habet et bene pendentes (« **il en a deux et bien pendantes** ») : formule légendaire par laquelle on s'assurait que le pape était bien de sexe masculin.

Les deux infinis de Pascal : l'infiniment grand et l'infiniment petit, également effrayants (*Pensées*, 72-199).

Un deux- (trois-, quatre-, cinq-) mâts : un navire d'autant de mâts.

De deux maux il faut choisir le moindre : invitation à choisir le moindre mal. On prête cet adage à Socrate qui aurait ainsi expliqué pourquoi il avait pris une femme de petite taille.

Tirer d'un sac deux moutures : faire servir deux fois la même chose.

Seconde nature : ensemble de caractères acquis qui s'impose à l'égal de la nature première de quelqu'un.

Dormir sur ses deux oreilles : dormir en toute tranquillité ; avoir la conscience tranquille.

Un deux- (trois-, quatre-, cinq-) pièces (**ou F-2... F-5**) : un appartement d'autant de pièces.

Deux poids deux mesures : expression dénonçant l'injustice de celui qui punit différemment la même faute chez deux personnes différentes. Il s'agit d'une allusion biblique (Pr 20, 10).

Les deux pouvoirs : (symbolique médiévale) Moïse et Aaron, le législateur et le prêtre.

Deux précautions valent mieux qu'une : on n'est jamais assez prudent.

Être comme deux ronds de flan : être stupéfait, abasourdi.

La Guerre des deux Roses : guerre qui déchira l'Angleterre entre 1455 et 1485 en opposant les maisons d'York (rose blanche) et de Lancastre (rose rouge).

Un deux-roues : un vélo ou une moto.

Jamais deux sans trois : formule qui souligne ironiquement une répétition.

Un deux-sous (chez Verlaine, **deux-soutados**) : un cigare à deux sous.

De deux (de quatre) sous : sans grande valeur.

Deux sur dix : attention au voyou (argot).

En deux temps trois mouvements : en vitesse.

Un tiens vaut mieux que deux tu l'auras : proverbe conseillant de garder ce qu'on a plutôt que de succomber à de vaines promesses.

Être entre deux vins : être pris de vin, être ivre.

À deux vitesses : qui présente les deux niveaux de qualité et établit ainsi une inégalité (par exemple entre les riches et les pauvres : « une médecine à deux vitesses »).

Le Printemps

détail, les trois Grâces

Sandro Botticelli

Galerie des Offices, Florence

LE SYMBOLISME DU NOMBRE 3

3

Les spéculations sur le nombre trois sont anciennes, notamment chez les pythagoriciens, dans la philosophie platonicienne et, bien sûr, dans les spéculations chrétiennes sur la Trinité. Le caractère sacré de la triade a une origine naturelle : c'est elle qui structure l'espace (les trois dimensions), le temps (passé, présent, futur), l'action (début, milieu, fin), la famille (père, mère, enfant), le raisonnement (thèse, antithèse, synthèse ; majeure, mineure, conclusion), l'histoire individuelle (naître, vivre, mourir) ou mondiale (Création, monde, Apocalypse)...

Aussi trouve-t-on des triades dans toutes les religions : évoquons brièvement dans l'hindouisme Brahma, Vishnu, Siva ; en Égypte ancienne, Osiris, Isis, Horus, ou Ptah, Sekhmet, Nefertoum (tradition memphite) ; en Mésopotamie, Sin, Shamash, Ishtar ; chez les Gaulois, Esus, Taran, Teutatès ; en Chine, Fou-Sing, Cheon-Sing, Lon-Sing ; pour les platoniciens, la force qui engendre, la matière qui conçoit, la matière conçue ; dans la kabbale, Couronne, Sagesse, Intelligence [→ 10 Séphiroth] ; dans la gnose,

Esprit, Verbe, Sagesse ; pour les chrétiens, Père, Christ (Verbe), Saint Esprit...

Mais le trois est souvent compris comme une extension du deux. La famille est l'extension du couple ; les trois dimensions ont suivi la conception d'un monde plat (latitude et longitude) ; le présent n'est défini que par le passé et le futur (le début et la fin, l'alpha et l'oméga)... Quant au raisonnement, qu'il s'agisse de dialectique ou de syllogisme, il est fondamentalement de structure binaire. Même en temps que nombre divin, trois dérive des premiers nombres, puisqu'il représente Dieu (un) dans son temple (deux, le temple étant défini par ses colonnes). Cette conception apparaît, caricaturée, dans la chanson de Cadet Rousselle, qui a volontiers par trois ce qui va par deux (souliers, yeux...) ou par un (maison, chapeau, chien...).

C'est donc par le trois qu'on échappe à la division, à la dualité, au manichéisme (deux). Il ajoute une dimension nouvelle aux couples d'opposés : à l'opposition originelle du bien et du mal échappe le vrai (ni bien ni mal), qui engendre une nouvelle opposition (vrai-faux) à laquelle échappe le beau (ni vrai ni faux), qui à son tour développe un couple (beau-laid)... Le trois est aussi nombre de rupture, qui transcende la dangereuse bipartition - ou qui l'équilibre, s'il est conçu comme le point central entre les deux extrêmes...

Quoi qu'il en soit, le nombre trois est devenu un stéréotype qui revient systématiquement dans tout ce qui est sacralisé : nombre de dieux (triades, Trinité, Parques, Grâces...), de prêtres (augures, pontifes...), de sacrifices, de libations, de personnages sacrés (mages, saintes femmes...), mesure du temps divin (trois jours de la Résurrection, trois âges du monde)... Les expressions populaires s'en sont emparées (haut comme trois pommes, trois petits tours et puis s'en vont...), ainsi que les contes (les trois ours) ou la chanson (trois jeunes tambours, trois enfants de saint Nicolas...).

Le nombre trois a fini par devenir une référence obligée de tout ce qui évoque une tradition religieuse, mythologique ou populaire. C'est ce que découvre un héros de Borges : « Nous sommes les personnages d'une fable et n'oublions pas que dans les fables c'est le nombre trois qui fait la loi. Le poète se risqua à murmurer : - Les trois dons du magicien, les triades et l'indiscutable Trinité » (*le Livre de sable,* « Le miroir et le masque »).

•

Actes

CONTRITION - CONFESSION - SATISFACTION

RELIGION CATHOLIQUE Les trois actes du pénitent. Faire son acte de contrition : se repentir.

□ Origine : Concile de Trente, session XIV, chap. III et canon 4, Mansius 33, col. 92-95 (1551), d'après une réflexion commencée par les Pères des IIIe-IVe siècles.

La religion catholique demande à ses pratiquants un certain nombre d'actes, à différents moments de leur vie ou de l'exercice du culte. Les trois actes fondamentaux ne sont autres que les trois vertus théologales, foi, espérance et charité [→ 3 Vertus]. Les trois actes du pénitent s'opèrent dans son cœur (acte de contrition), dans sa bouche (confession), dans son comportement (satisfaction). On parle aussi des quatre actes d'après communion : de recueillement (et d'admiration), d'adoration (et de remerciement), d'amour (et d'offrande), de demande. Ainsi que des cinq actes d'avant communion : de foi (et d'espérance), d'adoration (et d'humilité), de contrition, de confiance, d'amour (et de désir). De ces multiples actes regroupés selon les stades de la vie spirituelle, seul l'acte de contrition est passé dans le vocabulaire courant. Il est ainsi formulé : « Mon Dieu, j'ai un très grand regret de vous avoir offensé, parce que vous êtes infiniment bon, infiniment aimable et que le péché vous déplaît ; je prends la ferme résolution, avec le secours de votre sainte grâce, de ne plus vous offenser et de faire pénitence. »

La réflexion sur le sacrement de pénitence est ancienne et continue. La contrition suppose le regret du péché compris comme une offense à Dieu et comme la destruction de la charité. Elle se distingue de l'attrition, regret du péché pour des motifs humains (honte, peur du châtiment ou du scandale...). L'acte de contrition demandé lors de la confession est donc très grave. La confession auriculaire, qui se fait dans l'oreille *(auris)* du prêtre, se distingue de la confession publique primitive. La satisfaction est l'ensemble des actes (dont la pénitence imposée par le prêtre) qui réconcilient le pécheur avec l'Église et l'assemblée des fidèles.

Âges

ENFANCE - MATURITÉ - VIEILLESSE

PHYSIOLOGIE Division du cours de la vie humaine selon des critères médicaux, légaux ou affectifs. On n'y fait plus guère allusion que dans l'expression « troisième âge ». Aujourd'hui, c'est l'expression « quatrième âge » qui évoque la vieillesse.

□ Origine : Médecine de la seconde moitié du XIXe siècle, contre l'antique division en quatre âges.

La notion de jeunesse et de vieillesse est une des plus subjectives et des plus inquiétantes qui soient. Aussi toutes les civilisations l'ont-elles définie à leur manière et des façons les plus diverses. À Rome, on distinguait six ou sept âges selon les servitudes civiques et militaires. Le jeune Romain reste « petit enfant » (*infans,* « qui ne parle pas ») jusqu'à sept ans, âge où commence l'éducation proprement dite. Il est ensuite « enfant » *(puer),* jusqu'à dix-sept ans : à cet âge, il est apte à la vie militaire ou, s'il n'est pas appelé, à suivre les cours du rhéteur. Le passage à l'état d'« adolescent » *(adulescens)* est symbolisé par un changement de costume : la « bulle » (médaillon des enfants) et la robe prétexte sont remplacées par la robe virile. À trente ans, le Romain devient « jeune homme » *(juvenis),* et accède aux premières magistratures (questure). À quarante-six ans, il devient « homme mûr » *(senior)* et n'est mobilisable que dans les troupes de réserve. À soixante ans, le Romain devient vieillard *(senex),* n'est plus mobilisable, mais a accès au sénat.

On ajoute parfois un septième âge, *aetate provectus* (« avancé en âge »), au-delà de quatre-vingts ans, mais qui ne répond à aucune obligation civile ou militaire. Il s'agit sans doute d'une concession au système dit planétaire, d'origine grecque, où les sept âges de la vie sont mis en rapport avec les sept planètes [→ 7 Planètes] : la Lune (astre féminin) correspond à la prime enfance ; Mercure (dieu de l'Enseignement) à l'enfance ; Vénus (déesse de l'Amour) à l'adolescence ; le Soleil (l'épanouissement) à la jeunesse ; Mars (dieu de la Guerre) à l'âge adulte ; Jupiter (le gouvernement) à la vieillesse ; Saturne (le vieillard détrôné) à la décrépitude. Les âges correspondant à ces périodes varient considérablement selon les auteurs.

L'importance du nombre sept a engendré les « hebdomades », des séries de sept ans qui devaient s'adapter aux âges. Dans un manuscrit du Xᵉ siècle, l'enfance dure ainsi une hebdomade (jusqu'à sept ans), la puérilité une autre (jusqu'à quatorze ans), la jeunesse trois (jusqu'à quarante-neuf ans), la vieillesse quatre (jusqu'à soixante-dix-sept ans). Au-delà de onze hebdomades commençait la sénilité *(senium),* « d'un nombre d'années incertain » (B.N. de Paris, ms Lat. 2825, fol 79 v°). Chaque passage d'hebdomade, et plus particulièrement la grande hebdomade (sept fois sept ans) correspondait à une année « climatérique » particulièrement redoutable.

Dans le système romain, l'avancée en âge correspond à une progression de privilèges et de dignités, la vieillesse avancée, au-delà de quatre-vingts ans, véhiculant les seules valeurs négatives du vieillissement. Bien différentes furent les conceptions postérieures. On garda parfois les sept âges, en les étageant sur un double escalier à trois marches (trois stades d'ascension, le palier culminant de l'âge adulte, et les trois stades de la descente). La limitation du pouvoir de vie et de mort du père de famille, qu'il exerçait jusqu'au bout, et la supériorité de fait de la force sur la sagesse dans les époques troublées ont considérablement réduit le prestige du vieillard. Ainsi, une conception cyclique de la vie, partant de la faiblesse pour y revenir, s'est-elle peu à peu substituée à une conception linéaire. Celle-ci se coula tout naturellement dans d'autres schémas temporels cycliques, comme celui des saisons.

Aussi le schéma le plus fréquent, du haut Moyen Âge au XIXe siècle, reste-t-il celui des quatre âges correspondant aux quatre éléments, aux quatre saisons, aux quatre tempéraments… On conçut la vie comme le cycle de l'année, qui naît au printemps (enfance), s'épanouit en été (jeunesse), mûrit en automne (âge adulte) et décline en hiver (vieillesse). Cette classification théorique avait des conséquences pratiques considérables. Le vin, puis les alcools, par exemple, étaient tout naturellement réservés aux deux périodes « froides » de la vie (âge adulte et vieillesse). La durée de ces quatre âges était fort variable. Certains théoriciens y voyaient des périodes de vingt ans, d'autres tentaient de nuancer davantage. On faisait en général commencer l'adolescence à la puberté (14-15 ans pour les garçons, 11-12 pour les filles), la vie adulte à la fin de la croissance (23-25 ans pour les garçons, 19-25 pour les filles), la vieillesse à la fin de la vie active (55-60 ans).

C'est au XIXe siècle, lorsque fut abandonnée la théorie des tempéraments, que les physiologistes reprirent le classement et ne distinguèrent plus que trois périodes dans la vie selon le développement de l'organisme (âge d'accroissement, jusqu'à 25 ans ; âge stationnaire, jusqu'à 50 ; âge de décroissement au-delà) ou selon la fécondité (âge de non-maturité jusqu'à la puberté, de maturité jusqu'à la ménopause, de stérilité au-delà). Cette division ternaire avait l'avantage de s'adapter à celle de la productivité (apprentissage, vie active, retraite) et fut généralisée. C'est au terme de cette évolution que le « noble vieillard », qui avait accès au prestigieux sénat et qui gouvernait en maître absolu toute sa famille, fut relégué dans le décroissement, la stérilité et l'improductivité. À une époque où la pyramide des âges a tendance à s'inverser, il s'agit d'un paradoxe dont nous payons d'ores et déjà le prix.

Âmes

VÉGÉTATIVE - SENSIBLE (animale) - INTELLECTIVE (rationnelle)
CONCUPISCIBLE - IRASCIBLE - RAISONNABLE
NOÛS - THUMOS - EPITHUMIA
SPIRITUS - ANIMUS - ANIMA

PHILOSOPHIE Principe vital de tout organisme. Le ternaire augustinien : mémoire, intelligence, volonté.

□ Origine : Platon, *Timée*, 69-70 ; *République*, 571e (IVe s. A.C.N.).

L'âme est à l'image de la Trinité : on affirme constamment son unicité (voire l'existence d'une âme universelle dont chaque homme hériterait un fragment), mais, en même temps, toutes les civilisations la conçoivent tripartite. Les modalités de cette composition varient cependant selon les croyances ou les approches. Chez les Égyptiens, déjà, on trouve la croyance en trois âmes fondamentales (auxquelles peuvent à l'occasion s'ajouter d'autres principes vitaux) : bâ (qui maintient l'homme en vie), akh (parcelle divine de l'homme, vers laquelle il retourne après sa mort) et ka (le double protecteur, qui s'incarne dans une statue après la mort).

Très différente est la division grecque, qu'on retrouve chez Platon, entre raison (*noûs*, « âme raisonnable »), sentiment (*thumos*, « âme irascible ») et désir (*épithumos*, « âme concupiscible »), qui introduit une hiérarchie dans les facultés et les localisations de l'âme. La raison est la partie immortelle de l'âme, dans la tête ; le courage et la colère, partie supérieure de l'âme mortelle, dans le tronc ; le désir et les appétits, partie inférieure de l'âme mortelle, dans le tronc sous le diaphragme. La hiérarchie se situe dans l'évolution et non plus dans l'espace, chez Aristote (*De l'âme*, II, 3, 414a-b) : l'âme nutritive est commune à tous les vivants (des plantes à l'homme), elle est englobée dans l'âme sensitive (commune aux animaux et à l'homme), elle-même contenue dans l'âme intellective (réservée à l'homme).

On retrouve les âmes par trois tout le long de l'histoire philosophique et religieuse, notamment chez Plotin, et plusieurs fois chez saint Augustin : *animus, anima, mens,* mais aussi *mens, notitia, amor* ou *memoria, intelligentia, voluntas* (ce dernier triplet constitue le « ternaire augustinien »). Dans le monde chrétien, le problème des trois âmes est cependant plus complexe, puisque lié à celui de l'incarnation : comment le Christ incarne-t-il sa substance divine unique dans la substance humaine ? Le mystère de l'âme une et trine est ainsi mis en parallèle avec celui de la Trinité. La médecine médiévale, de son côté, vivait sur une division aristotélicienne entre les âmes végétative, animale et intellective. Le principe de vie était assuré par la première âme, commune aux végétaux et à tous les animaux ; la sensibilité par la deuxième âme, réservée aux animaux ; la conscience et la réflexion par la troisième âme, acquise par le seul animal raisonnable, l'homme.

Les discussions sur la nature de l'âme ont passé avec le XIXe siècle. Mais la perception d'un principe vital trinitaire est restée ancrée dans la mentalité occidentale. Dans *la Messe de l'athée* de Balzac, par exemple, le médecin Desplein devient athée après avoir découvert deux âmes au lieu d'une. Mais il met en fait en évidence trois centres vitaux, un centre cérébral, un centre nerveux et un centre aéro-sanguin, dont les deux premiers se « suppléent » si bien qu'on peut les réduire à deux... Et n'oublions pas la trinité freudienne du ça, du moi et du surmoi, dernier avatar de l'âme tripartite.

Biens du mariage

PROLES (DESCENDANCE) - FIDES (FIDÉLITÉ) - SACRAMENTUM (SACREMENT)

RELIGION CATHOLIQUE Base de la réflexion sur le mariage.

□ Origine : Saint Augustin, *De bono conjugali*, XXIV, 32 (401).

« Tels sont tous les biens grâce auxquels le mariage est un bien : la descendance, la fidélité, le sacrement. » Ainsi Augustin conclut-il un petit traité défendant à la fois le mariage et la continence contre diverses hérésies. Coincé entre les manichéens, qui exaltaient la chasteté et reprochaient aux patriarches leur polygamie, et les joviniens, qui convainquaient les religieuses de se marier en privilégiant une chasteté conjugale sur la virginité, Augustin synthétise une réflexion ancienne sur les raisons de se marier. Au Ier siècle, saint Paul avait privilégié l'amour conjugal (Ép. 5, 21-33) et la lutte contre la fornication (1 Co 7, 1-16). « Il vaut mieux se marier que brûler », résumait-il : dans l'attente imminente de la fin des temps, il vaut mieux rester vierge, mais, si l'on ne peut résister à la tentation, il faut se marier. Au IIe siècle, l'Apocalypse étant retardée, l'influence stoïcienne met l'accent sur la descendance, qui justifie seule la sexualité. Telle est l'opinion d'Origène. Saint Jean Chrysostome réunit au IVe siècle ces deux raisons de se marier : avoir des enfants et éviter le péché de relations sexuelles hors mariage. Augustin y ajoute le sacrement.

Ces trois « biens du mariage » structurent jusqu'à aujourd'hui la doctrine matrimoniale de l'Église. Mais comme il ne s'agissait plus de prendre la défense du mariage, ils sont devenus des contraintes plus que des biens. Au nom de la *proles*, l'Église a combattu la contraception, l'avortement, les rapports extra-vaginaux. Au nom de la *fides*, elle a mis au point la théorie du « devoir conjugal », qui a entraîné de nombreux abus (viol conjugal, procès pour impuissance...). Au nom du *sacramentum*, elle refuse toujours le divorce. Les trois biens du mariage sont devenus les trois clous du ménage.

□ Références : Noonan (John T.), *Contraception et mariage*, Paris, Cerf, 1969. Flandrin (Jean-Louis), *l'Église et le contrôle des naissances*, Paris, Flammarion, 1970.

Couleurs

BLEU - BLANC - ROUGE

HISTOIRE DE FRANCE Emblème de la France, figurant notamment sur le drapeau national. « Sans ce jour, qui pouvait répondre / Que le ciel, comblant nos malheurs, / N'eût point vu sur la tour de Londres / Flotter enfin les trois couleurs ? » (Béranger, « La cocarde blanche ») [pour se réjouir ironiquement du retour des Bourbons : sans cela, Napoléon aurait pu conquérir l'Angleterre].

□ Origine : Union légendaire des couleurs de Paris et de la cocarde blanche, le 17 juillet 1789. Décret du 27 pluviôse de l'an II (15 février 1794), art. 2.

Le 13 juillet 1789, les couleurs de la Ville de Paris (rouge et bleu) sont adoptées par l'Assemblée générale (article 10). Depuis le célèbre « panache blanc » de Henri IV, la cocarde blanche était restée l'emblème des rois de France. C'est sans doute l'union de ces trois couleurs qui fut à l'origine du drapeau national, même si la scène du 17 juillet tient de l'image d'Épinal. Le roi, arrivant à l'Hôtel de Ville au lendemain de la prise de la Bastille, reçoit de la main de Bailly, nommé maire, les couleurs de la capitale. Il les aurait lui-même posées sur la cocarde ornant son chapeau. La Fayette en aurait ensuite fait l'emblème de la monarchie constitutionnelle. La mode s'empare immédiatement des trois couleurs, qui se retrouvent sur des écharpes, des plumets, des ceintures, des costumes civils et militaires… Quoique le bleu, le blanc et le rouge apparaissent avant la Révolution sur des livrées royales, l'engouement subit pour cet emblème, vite passé de la monarchie à la république, n'a rien à voir avec son usage antérieur. L'exaltation, faut-il le dire, ne fut pas générale. M. de Foucault conseillait de « laisser à des enfants ce nouveau hochet des trois couleurs », et un marin fut guillotiné pour avoir regretté un peu trop haut le pavillon blanc…

Quant au drapeau, il mit plus longtemps à voir le jour. L'Ancien Régime n'avait pas de drapeau national (la bannière fleurdelisée apparaît à la Restauration), mais des drapeaux variant selon les rois, les provinces, les régiments. Après 1789, les anciennes habitudes demeurent. Les trois couleurs apparaissent de diverses manières (bandes, croix, cadres…) sur de nombreux drapeaux (les 60 de la garde nationale, les 83 des départements…). C'est dans la marine qu'apparaissent les premiers problèmes : l'Angleterre et la Hollande ayant déjà ces trois couleurs, on y avait conservé la bannière blanche, à l'indignation de Mirabeau, qui fit adopter les trois couleurs (24 octobre 1790). L'armée nationale suivra le 30 juin 1791, en imposant un drapeau tricolore devant les drapeaux de chaque régiment. La suppression de tous les emblèmes de la royauté sur les drapeaux et étendards (28 novembre 1792) fit du drapeau tricolore dessiné par David le drapeau national… mais il fallut encore un décret spécial pour imposer le pavillon à la marine ! C'est ce décret du 27 pluviôse de l'an II qui devint l'acte de naissance officiel du drapeau.

En 1830 et 1848, les trois couleurs redevinrent le symbole des révolutions nationales, en concurrence, la seconde fois, avec le drapeau rouge de l'Internationale. Un discours célèbre de Lamartine imposa les couleurs françaises : « La France et le drapeau tricolore c'est une même pensée, un même prestige, une même terreur au besoin pour nos ennemis. » Un décret du 5 mars 1848 en fera définitivement le drapeau de la France : pour la première fois, un modèle uniforme sera imposé à l'armée, à la marine, aux édifices publics.

□ **Références** : A. Maury, *Emblèmes et drapeaux de la France*, A. Colin. Maurice Loir, *l'Adoption du drapeau tricolore*, 1894.

Couronnes pontificales

ROYAUTÉS SPIRITUELLE - TEMPORELLE - MORALE
COURONNES DU PÈRE - DU PRINCE - DU ROI

HISTOIRE RELIGIEUSE Couronnes placées sur la tiare du pape.

□ Origine : 1130 (première) ; 1300 (deuxième) ; 1340 (troisième).

L'évêque de Rome était primitivement mitré, comme tous les autres. Le bonnet du grand prêtre juif fut sans doute à l'origine des deux coiffures sacerdotales, qui ont évolué de façon différente dans leur forme et leur symbolisme [→ 2 Testaments].

Les saints (et les premiers papes le furent quasiment tous) étaient souvent représentés couronnés, et eux aussi pouvaient faire cumul de couronnes. On octroyait la couronne aux vierges, aux martyrs, aux prédicateurs, ainsi qu'aux fils de roi. Une vierge martyre de race royale pouvait donc porter triple couronne, comme un prédicateur mort vierge pour sa foi. On trouve ainsi représentés sainte Élisabeth de Thuringe, sainte Vénère, sainte Godelieve, sainte Lucie, saint Ange, saint Raimond Nonat, saint Pierre de Vérone...

Ce n'est sans doute pas du triple couronnement des saints que les papes ont tiré leur *triregno* (trois règnes). La première couronne, ajoutée à la tiare en 1130, symbolise tout naturellement la puissance temporelle du pape sur les États de l'Église, alors très vastes. La deuxième fut ajoutée par Boniface VIII aux alentours de 1300, pour représenter l'autorité spirituelle sur les âmes. La troisième le fut en 1340 par Benoît XIII pour marquer le pouvoir moral du pape sur les rois. Le même symbolisme a investi la croix pontificale à trois bras (représentant primitivement l'écriteau, les bras et l'escabeau qui soutient les pieds du Christ). La puissance temporelle du pape s'étant considérablement affaiblie depuis 1870, et le pouvoir spirituel décroissant en conséquence, la tiare n'est plus portée depuis Jean-Paul II, même le jour du couronnement. La tradition veut cependant qu'une tiare nouvelle soit remise à chaque pape, avec la formule consacrée : « Sachez que vous êtes le père, le prince et le roi. »

Cyclopes

BRONTÈS - STÉROPÈS - ARGÈS (ou PYRACMON)

MYTHOLOGIE GRECQUE Géants à l'œil unique. Au figuré : homme borgne. « Je les ai dites pour ce gros porc avec son œil de cyclope et son sourire carnassier » [un officier allemand borgne] (Baptiste-Marrey, *le Maître de Stammholz*, Bourin, 1992, p. 257). « Il devait être fameusement distrait, le grand cyclope là-haut » [Dieu] (Paul Émond, *Plein la vue*, Jacques Antoine, p. 83).

□ Origine : Hésiode, *Théogonie*, v. 140 (VIIIe s. A.C.N.) ; Virgile, *Énéide*, VIII, v. 425.

Les mythographes modernes distinguent plusieurs types de Cyclopes, sans que les liens entre eux soient très clairs. Les plus connus sont sans doute ceux d'Homère, Cyclopes bergers auxquels Ulysse échappa par ruse. Leur nombre n'est pas précisé, et le seul nommé est Polyphème, adversaire du héros grec. Ils personnifient le barbare sauvage et brutal, la force bornée vaincue par la ruse. Les Cyclopes bâtisseurs n'apparaissent que par les travaux qu'on leur attribue (murailles de Mycènes, acropole de Tyrinthe...) et sont peut-être dérivés des Cyclopes forgerons. Ceux-ci, auxiliaires de Vulcain dans sa forge infernale, battent le bronze et fabriquent les armes et les armures des héros. Leur nombre n'est pas précisé, mais on cite souvent Pyracmon (« enclume de feu ») et Acamas (« infatigable »). Virgile les confond avec les « Cyclopes ouraniens », trois frères nés de la Terre (Gaia) et du Ciel (Ouranos) et précipités par leur père dans le Tartare. Ils participèrent à la révolte des Titans contre Ouranos [→ 12 Titans], mais furent à nouveau précipités dans le Tartare par Cronos. Délivrés par Zeus, ils lui forgèrent en remerciement sa foudre divine, dont ils ont tiré leurs noms : Brontès (le tonnerre), Stéropès (la foudre), Argès (l'éclair). Personnifications des forces de la nature, et de la plus spectaculaire d'entre elles, ils symbolisent l'énergie aveugle et désordonnée, une puissance absolue, mais à laquelle peut échapper l'homme rusé. Peut-être est-ce cette demi-cécité que symbolise leur œil unique.

□ **Linguistique** : Mur **cyclopéen** (en pierres énormes non cimentées, par référence à l'acropole de Tyrinthe, ainsi construite et que l'on disait l'œuvre des Cyclopes).

Dimensions

LONGUEUR - LARGEUR - HAUTEUR (ou PROFONDEUR)

PHYSIQUE 1. Grandeurs qui expriment le volume d'un objet dans l'espace. « Il faut dire que cette « photographie » en trois dimensions qui apportait la forme, le détail et l'accident, était fascinante » (Félix Roulin, *Conversation avec France Borel*, Tandem, 1992, p. 4). 2. La quatrième dimension : le temps, ou un « hyperespace » encore mal connu. « On prétend en général que notre esprit ne parviendra jamais à concevoir la courbure de l'espace, longueur, largeur, profondeur, sans oublier cette mystérieuse quatrième dimension dont l'existence est démontrée, mais qui demeure interdite au genre humain » (Dino Buzzati, « Rendez-vous avec Einstein », *l'Écroulement de la Baliverna*, Folio 1027, p. 150).

□ Origine : Aristote, *Traité du ciel*, I, 1 (d'après une théorie pythagoricienne) [IVe s. A.C.N.].

La formulation des trois dimensions, qui nous semble aujourd'hui naturelle, est issue des spéculations théoriques des pythagoriciens sur la perfection du monde, qui répond à une structure ternaire. C'est Aristote qui a développé cette idée, niant qu'il puisse y avoir plus de trois dimensions. La contamination, à la Renaissance, de la géométrie par l'algèbre apprit à envisager l'espace de façon plus théorique : puisque les premières puissances portaient des noms dérivés de la géométrie (carré, cube), on essaya de se représenter les puissances suivantes sous forme de « super-cubes ». Kant le premier imagina « d'autres régions dont les dimensions soient différentes ». Mais les philosophes français du XVIIIe siècle (Dalembert, Lagrange...) parlaient déjà du temps comme d'une quatrième dimension. Dans la seconde moitié du XIXe siècle se multiplièrent alors les spéculations sur une « quatrième dimension », qui engendra une littérature à mi-chemin entre la science-fiction et la satire sociale.

□ **Références** : Rudy Ruckers, *la Quatrième Dimension*, Paris, Seuil, 1984 ; Alfred M. Bork, « The Fourth Dimension in Nineteenth Century Physics », dans *Isis*, vol. 55, n° 181, 1964.

Érinyes

lat. *Furiae* (Furies), gr. *Érinyes* (Euménides)
ALÊCTÔ - MÉGÈRE (MÉGAIRA) - TISIPHONE

MYTHOLOGIE ANTIQUE 1. Divinités du remords et de la réparation morale, qui poursuivent et torturent les coupables. « Noires divinités, que voulez-vous de moi ? / Impitoyables Euménides, / Vous faut-il le sang des perfides / Qui n'ont pas respecté leur roi ? » (Charpentier, *Médée*, air de Créon). 2. (Figuré) Femme méchante et furieuse ; mégère. « Elle éructe, souffle, vocifère tandis que, pareille à une furie, elle surgit dans le couloir central... » (Frédérick Tristan, *le Dernier Homme*, Laffont, 1993, p. 131).

□ Origine : Homère, *Iliade*, XXI, v. 412 ; *Odyssée*, XI, v. 280 ; XV, v. 234 (IXe s. A.C.N.). Leur nombre apparaît chez Euripide, *Oreste*, v. 1650 (Ve s. A.C.N.).

Nées de la Terre fécondée par le sang d'Ouranos mutilé, les Furies rappellent la voix de la terre qui, dans la Genèse, crie vengeance pour le sang versé d'Abel. Alêctô est la voix de la conscience qui ne s'endort jamais. Mégère incarne la haine et le mauvais regard. Tisiphone symbolise la vengeance exercée contre le coupable. Elles poursuivent tout particulièrement les parricides, comme Œdipe et Oreste. Mais elles ont un aspect bienveillant puisqu'elles protègent les voyageurs, les mendiants, les étrangers... Il semble donc qu'il s'agisse de déesses du droit familial, qui garantissent le droit de vengeance et l'hospitalité. Par un euphémisme conjuratoire, on les appelait « les bienveillantes » (Euménides). Les chrétiens en firent, à partir de Lactance (*Institutions divines* VI, 19), la personnification des trois passions qui déchirent l'âme humaine : la colère (désir de vengeance), la cupidité (désir de richesse), la concupiscence (désir de volupté).

□ **Iconographie** : Noires ou drapées de noir, parfois ailées, bottées comme des chasseurs, les Érinyes ont comme attributs les plus fréquents des serpents (parfois en guise de cheveux) et des fouets, mais aussi des épées, des miroirs, des torches...

□ **Linguistique** : **Mégère** est devenu nom commun pour désigner une femme acariâtre.

Fonctions duméziliennes - États - Ordres

PRÊTRES-ROIS (souveraineté magique et juridique)
GUERRIERS (force physique et guerrière)
ÉLEVEURS-AGRICULTEURS (abondance tranquille et féconde)

SOCIOLOGIE COMPARÉE Schéma tripartite idéal des sociétés indo-européennes, fondé sur les trois fonctions indispensables à toute société. « Mais le schéma qui rencontra chez les clercs et qui rencontre aujourd'hui chez les historiens le plus de succès est le schéma trifonctionnel reconnu par Georges Dumézil comme une structure fondamentale de la culture indo-européenne » (Jacques Le Goff, *l'Homme médiéval*, Seuil, 1989, p. 16). Les trois états (les trois ordres) : cléricature, aristocratie, roture. Le tiers état : l'ensemble des non-nobles qui ne sont pas entrés dans le clergé (bourgeois, paysans, ouvriers...). « À quoi s'ajoutent certaines qualités... qui, si elles n'en étaient pas le monopole, étaient jadis plus fréquentes dans le Second Ordre que dans le Tiers état et qui, pour cette raison, étaient qualifiées d'*aristocratiques* » (Jacques de Ricaumont, *Éloge du snobisme*, Mercure de France, 1993, p. 65).

□ Origine : Cours de Georges Dumézil à l'École pratique des hautes études (1937-1938).

C'est en s'intéressant à la civilisation caucasienne des Ossètes, derniers descendants des Scythes, que Georges Dumézil est frappé par une structure qu'il retrouve dans l'organisation des dieux védiques en Inde et dans celle des trois flamines majeurs à Rome. Tout un système interprétatif des sociétés indo-européennes naît bientôt, que Dumézil et d'autres chercheurs retrouveront en trente ans dans toutes les civilisations indo-européennes.

Trois classes sociales sont nécessaires pour assurer le fonctionnement de la société : les prêtres et les rois assurent la souveraineté ; les guerriers, la défense ; les agriculteurs, la productivité. Ce schéma idéal peut être réalisé dans l'organisation sociale, comme en Inde, où les trois castes des brâhmana (prêtres), des kshatriya (guerriers) et des vaiçya (paysans) le reproduisent. En Occident, il apparaît pour la première fois chez Adalbéron dans un poème dédié à Robert le Pieux vers 1030. L'évêque de Laon y distingue les *oratores* (ceux qui prient), les *bellatores* (ceux qui combattent) et les *laboratores* (ceux qui travaillent), également indispensables au bon fonctionnement de la société chrétienne. On y verra une allusion aux trois grandes classes de la société médiévale : clercs, chevaliers et paysans. Ces trois classes deviendront les trois « ordres », ou les trois « états » de l'ancien régime : cléricature, aristocratie, « Tiers état », celui-ci regroupant les paysans, les ouvriers et les bourgeois.

Mais ce schéma peut se concrétiser à d'autres niveaux : dans les triades divines (chez les Germains : Odin, Thor et Freyr), dans les classes de prêtres (chez les Romains : les flamines majeurs, de Jupiter, Mars et Quirinus), dans les dynasties royales (en Iran, dans la répartition des rois mythiques et guerriers), dans la vision de l'histoire (en Grèce, le mythe des trois âges)... En Inde, c'est la mythologie qui développe le plus largement ce schéma (notamment dans le Mahābhārata). À Rome, il influence plutôt l'écriture de l'histoire : aux rois prêtres et souverains (Romulus et Numa Pompilius) succèdent les rois guerriers (Tullus Hostilius) puis les rois bâtisseurs (Ancus Martius). Les Grecs pour leur part en ont imprégné leur littérature : le jugement de Pâris oppose la puissance (Junon), la force (Minerve), le plaisir (Vénus) ; les précautions dont s'entoure Ulysse pour échapper à Circé appartiennent aux domaines religieux (serment), guerrier (épée), agricole (herbe thérapeutique)...

On voit quels peuvent être la richesse et le danger de cette théorie. Dumézil lui-même en établit les limites, que ses disciples n'ont pas toujours respectées. Il ne faut pas, d'abord, appliquer ce schéma à toutes les triades : certaines structures tridimensionnelles sont indépendantes, parfois antérieures, ou apparaissent dans d'autres civilisations. Deuxième nuance importante : « L'idéologie tripartite ne s'accompagne pas forcément, dans la vie d'une société, de la division tripartite réelle de cette société, selon le modèle indien ; elle peut au contraire, là où on le constate, n'être (ne plus être, peut-être n'avoir jamais été) qu'un idéal et, en même temps, un moyen d'analyser, d'interpréter les forces qui assurent le cours du monde et la vie des hommes. » Il serait dangereux d'imposer ce carcan à toutes les structures sociales indo-européennes. Dans celle qui s'en rapproche le plus, le système des castes de l'Inde, les textes théoriques parlent toujours de quatre castes, en incluant les Çûdra, les serviteurs (sans doute souvenir d'esclaves non indo-européens). Dans la société occidentale, d'autres schémas tripartites *(majores, mediocres, minores)* ou bipartites (pauvres-riches, clercs-laïcs, citadins-paysans) étaient aussi utilisés, tandis que des classes supplémentaires venaient casser le système primitif (bourgeoisie, prolétariat...). Les limites entre les trois fonctions enfin peuvent être floues : parmi les dieux germaniques, la troisième fonction a deux représentants (Njördr et Freyr), tandis qu'Odin (souverain et guerrier) appartient simultanément aux deux premières. Il faut donc conserver toute sa souplesse à ce schéma idéal.

Une troisième objection a été prise en compte par Dumézil : les trois fonctions correspondent aux « trois besoins que tout groupement humain doit satisfaire pour survivre ». On les rencontre dans toutes les sociétés, des tribus africaines aux civilisations précolombiennes - et, pourquoi pas, dans la répartition des abeilles en reine, guerrières et ouvrières... La spécificité des Indo-Européens aurait été de théoriser l'idéologie pour créer une théologie, une mythologie, une spéculation philosophique spécifiques.

Enfin, Dumézil a reconnu que les grands ensembles mythologiques ou historiques se sont formés indépendamment, mais en utilisant les mêmes cadres. Il n'est plus question de voir dans la royauté romaine le correspondant du Mahābhārata hindou. Avec ces quatre précautions (trop souvent omises, hélas, dans le rappel de la théorie), le schéma dumézilien se révèle un des plus féconds de la recherche comparative au XXe siècle.

□ **Références** : Georges Dumézil, *l'Idéologie tripartite des Indo-Européens,* 1958 ; *Mythe et épopée,* 1968-1973. Georges Duby, *les Trois Ordres ou l'Imaginaire du Féodalisme,* Gallimard, 1974.

Gorgones

MÉDUSE (MÉDOUSA) - STHÉNO - EURYALE

MYTHOLOGIE ANTIQUE 1. Trois sœurs à l'aspect repoussant, les cheveux tressés de serpents ; le regard de Méduse pétrifiait ceux qui le croisaient. « Les yeux sortent des orbites. La langue pend. Les cheveux grouillent de serpents. C'est d'ailleurs une méduse, mais Akaki ignore qui est Méduse » (Frédérick Tristan, *le Dernier des hommes*, Laffont, 1993, p. 96). 2. (Figuré) femmes laides, monstres, gargouilles… « Admirez en passant cette tour octogone / Qui fait à ses huit pans hurler une gorgone » (Victor Hugo, *les Feuilles d'automne*, II, « À M. Louis B. », vv. 13-14, à propos de l'escalier du château de Blois). 3. Personnages effrayants au pouvoir terrible. (En parlant de la Montagne après la mort de Marat) « La voilà désarmée des serpents qui nous faisoient peur. Elle a perdu sa Gorgone » (Charles Nodier, *Nouveaux Souvenirs et portraits*, 1841, p. 16).

□ Origine : Homère, *Iliade*, VIII, v. 349 ; XI, vv. 35-36 ; *Odyssée*, XI, v. 634 (tête de la Gorgone) [IXe s. A.C.N.]. Hésiode, *Théogonie*, vv. 274-279 (VIIIe s. A.C.N.).

Filles de deux génies marins, Phorcys (gr. *Phorkys*) et Céto (gr. *Kêtô*, de la même famille que *kêtos*, d'où nous avons tiré « cétacé »), les trois Gorgones (du gr. *gorgos*, « terrible ») trahissent par leur nom et leur généalogie leur lien avec la colère des éléments. Sthéno (« la Forte ») et Euryale (« Celle qui saute loin », de *eurys*, « large », et *allomai*, « sauter ») étaient immortelles ; Méduse était mortelle. Celle-ci, dont le nom se rattache à une racine exprimant le règne (*medô*, « régner »), la protection (*medomai*, « veiller sur », et, en lat., *medicus*, « médecin »), était l'antique Gorgone, celle dont la tête hideuse apparaît sur le bouclier d'Athéna et qui protège les armées grecques. Dans la mentalité primitive, la tête repoussante conjure le mauvais œil et effraie les ennemis. C'est de ce talisman que sont nés le pouvoir pétrifiant de Méduse puis la légende des trois Gorgones.

Méduse était primitivement une fille d'une grande beauté, qui séduisit Poséidon. Celui-ci l'ayant possédée dans le temple d'Athéna, la chaste déesse transforma Méduse en un monstre repoussant : une tête ronde, aux dents longues comme des défenses de sanglier, des ailes d'or, des mains d'airain, des cheveux d'airain entremêlés de serpents… Ses yeux lançaient des éclairs qui changeaient en pierre ceux qui l'approchaient. La légende la plus répandue en fait la victime de Persée : le héros la trouva en volant l'œil unique des trois Grées [→ 3 Grées] et la tua en ne regardant que son reflet, dans le bouclier d'Athéna. Il la décapita et, grâce à sa tête, qui avait conservé son pouvoir, il pétrifia quelques ennemis imprudents - dont le géant Atlas, qui devint alors la montagne du même nom… La tête fut ensuite remise à la protectrice d'Athènes, qui la plaça sur son égide. Du sang de la Gorgone décapitée naissent le cheval ailé Pégase et le géant Chrysaor. Chaque goutte de sang répandue engendrera ensuite des bêtes féroces et des serpents… Les Gorgones ont été reléguées aux extrémités occidentales de la Terre, près des Enfers (terre des Hespérides).

D'innombrables explications de ce mythe ont été fournies. On a pensé à un mythe lunaire (la face de Méduse) ou météorologique (les yeux qui foudroient) : l'Antiquité a effectivement cru au pouvoir pétrifiant de la foudre. Mais on a aussi évoqué des animaux sauvages, des prostituées, des princesses vouées au célibat, des vieilles femmes dont la laideur glaçait… L'amour courtois préféra le pouvoir pétrifiant de la beauté (Boccace) ; la psychanalyse, la peur de la castration (Freud)… Le mythe semble en fait être né du *gorgoneion*, le masque de Méduse figurant sur les boucliers et qui servait d'amulette contre le mauvais œil. L'Antiquité le multiplia sur les bijoux, les vêtements, les meubles, les horloges, les monnaies, mais aussi sur les temples, les navires, les tombeaux… Dans la Byzance chrétienne, on le trouve encore, destiné à protéger contre la goutte et la colique. Ce masque effrayant pourrait dériver des génies grimaçants de l'Orient.

Surtout, le mythe de Méduse renvoie à l'antique conception du regard qui, partant de l'œil, peut exercer un pouvoir sur ce qu'il croise. Longtemps, on a cru que le regard du loup paralyse l'homme (sauf si celui-ci le voit le premier), que le serpent fascine sa proie, que les sorcières ont un « mauvais œil », sinon que le regard des femmes ternit les miroirs pendant leurs périodes menstruelles… Certaines expressions (« ses yeux lancent des éclairs ») témoignent encore de cette mentalité. Le Moyen Âge, plus rationnel mais prétendant conserver en les expliquant les légendes qu'il hérite, expliquait la « fascination » par l'existence de « substances séparées », de nature spirituelle, qui, lors d'une émotion très forte (peur, amour, haine…), peuvent parvenir à nos yeux et agir sur l'extérieur.

Plus largement, l'œil de Méduse évoque le thème du « regard interdit », celui des dieux, auquel les humains ne peuvent faire face. L'Hébreu ne peut soutenir le regard de YHVH comme le Grec ne peut regarder l'Hadès en face. Aux portes des enfers, Méduse est l'image de la mort qui fait irruption dans la vie et la bouleverse au point de la pétrifier. La fascination universelle pour les yeux des morts, dans lesquels on cherche la dernière attache de l'âme qui s'enfuit, peut expliquer le pouvoir de Méduse. Dans un étrange miroir de la monstruosité, Marcel Aymé évoque cette fascination à la fin de *la Vouivre* : « Et la Vouivre, penchée sur le visage du mort, cherchait dans ses yeux sans regard le secret du grand mystère qu'elle ne devait jamais connaître. »

□ **Références** : J.P. Vernant, *la Mort dans les yeux*, Paris, 1985 ; *Images de la Gorgone*, Exposition du Cabinet des Médailles, 1985 ; D.S., *s.v.*

□ **Iconographie** : L'Antiquité a multiplié les Méduse sur les objets les plus divers. On retiendra la superbe mosaïque conservée à Tarragone. Léonard de Vinci a peint une

Méduse (Offices de Florence). Cellini a sculpté *Persée* tenant la tête de Méduse (1553). À la Renaissance, on a retrouvé l'habitude de la représenter sur les armes, boucliers ou cuirasses (ainsi celle de Henri IV).

□ **Linguistique** : **Gorgone, gorgonie** : animal marin (cœlentéré) pourvu d'un polypier, dont l'aspect évoque une tête de gorgone. **Méduse** : animal marin flottant (cœlentéré). **Médusaire, méduséen** : qui a l'aspect d'une méduse. **Méduser** : pétrifier, figer quelqu'un de surprise ou de peur. « Je les regardai, médusé. Mon Dieu ! Si j'avais eu un rideau de scène, c'est à ce moment que je l'aurais fait descendre ! » (Pedro Zarraluki, *l'Abbaye des grenouilles*, Belfond, 1993, p. 71). **Radeau de la Méduse** : allusion au naufrage de la *Méduse* le 2 août 1816 et au tableau de Géricault qui représente le radeau des survivants (1819).
Les Gorgones sont aussi appelées **Phorcides** (filles de Phorkys).

Grâces

lat. *Gratiae*, gr. *Charitès*
AGLAÉ - EUPHROSYNE - THALIE

MYTHOLOGIE ANTIQUE 1. Divinités de la reconnaissance, de la grâce, de la beauté, du printemps. « Gens dont nous fuyons les traces, / Il vous dit : Plus retenus, / Laissez Cupidon aux Grâces, / Contentez-vous de Vénus » (Béranger, *Descente aux enfers*, conseil du diable aux invertis). 2. Au figuré : la quatrième Grâce : une femme très belle. « La quatrième des Charitès » : la reine Bérénice (Callimaque). « Ou quatre, ou une » (compliment figurant sur une médaille représentant à l'avers Jeanne de Navarre et au revers les trois Grâces).

□ Origine : Homère, *Odyssée*, VI, v. 18 ; VIII, v. 364 ; XVIII, v. 194 (IXe s. A.C.N., première apparition) ; Hésiode, *Théogonie*, vv. 907 ss. (VIIIe s. A.C.N., fixation du nombre et des noms).

Leur nom, en grec (*Charitès*, de *charis*, la reconnaissance) comme en latin *(Gratiae)*, en fait avant tout des déesses de la Reconnaissance (actions de grâce...). C'est à ce titre qu'elles avaient leur temple à Athènes, où l'on plaçait les images des bienfaiteurs de la ville. Dans une civilisation où le Beau et le Bon sont quasiment synonymes, elles ont tout naturellement été associées à la grâce et à la beauté. Le principal bienfait de la nature n'est-il pas de renaître à chaque printemps ? Les Grâces sont aussi des divinités printanières, associées aux heures qui président aux productions de la Nature [→ 3 Heures]. Elles dansent aux banquets pourvu qu'ils restent décents, les auteurs insistant sur leur virginité : au delà de trois coupes, elles n'y ont plus leur place. Elles s'occupent aussi, avec les Muses, des productions de l'esprit, qui ont besoin de leur grâce.

Homère les cite souvent sans autre précision de nombre ni de nom. C'est dans la *Théogonie* d'Hésiode qu'on les puise le plus souvent : Aglaia (« l'Éclatante »), Euphrosynê (« la Joyeuse ») et Thalia (« la Florissante ») y sont les filles de Zeus et d'une Océanide, Eurynome. Occasionnellement, on leur donna d'autres noms (Peitho, Pasithéa, Klêta, Phaenna, Auxo, Thallo, Karpo...), voire d'autres pères ou d'autres mères (dont Vénus, souvent citée). Contrairement à la plupart des groupes mythologiques, les Grâces ne se distinguent ni par le caractère, ni par les attributs, et elles n'apparaissent jamais seules. À partir de Pausanias, on les représente volontiers avec une rose, un myrte (deux plantes de Vénus) et un osselet ou un dé (symbolisant l'insouciance du jeu). À partir du IIIe siècle A.C.N., on les représente de plus en plus souvent nues, avec les instruments de la beauté féminine (miroir, boîte à fard...). Le classicisme français adopta cette image, mais désamorça son contenu érotique. Elles sont nues, commente Prézel, « parce qu'elles n'empruntent rien de l'art », et petites, parce que leur charme tient plus à de petites choses, un geste ou un sourire (cf. LAC). Mais chacun voit les Grâces à sa façon, témoins les plantureuses matrones que conçut Rubens.

□ **Iconographie** : Des groupes antiques représentant les Grâces, le plus célèbre, sans doute pictural, mais dont il ne reste que de nombreuses copies en marbre (Sienne, Louvre...), représente deux Grâces nues de face encadrant la troisième, de dos. Raphaël, Rubens, Canova, Pradier, Germain Pilon, parmi les plus connus, se sont inspirés des Grâces. Elles dansent dans *le Printemps* de Botticelli et, sculptées par Delcour, sur le Perron liégeois.

Grées

gr. *Graiai,* vieilles
ÉNYÔ - PÉPHRÊDÔ - DEINÔ

MYTHOLOGIE ANTIQUE Sœurs des Gorgones [→ 3 Gorgones], avec lesquelles elles sont parfois confondues. « Dans l'Antiquité, les Gorgones n'avaient à elles trois qu'un seul œil dont elles se servaient l'une après l'autre, et Melchior aimait penser que cet œil était celui de la caméra, l'œil de Méduse qui avait le pouvoir de pétrifier les êtres humains qu'elle regardait » (François Weyergans, *la Démence du boxeur*, Grasset, 1992, p. 17).

□ Origine : Hésiode, *Théogonie*, v. 270 (VIIIe s. A.C.N.) ; Eschyle, *Prométhée*, vv. 790-797 (Ve s. A.C.N.).

Filles des mêmes divinités marines et habitant les mêmes régions occidentales, les deux, puis trois Grées devaient, comme les Gorgones, représenter la fureur des éléments. Peut-être leur nom (« les Vieilles ») évoque-t-il les rides de la mer. Déesses belliqueuses, Ényô (« la Belliqueuse », nom grec de Bellone, déesse de la Guerre), Péphrêdô (« l'Agitée », nom d'une espèce de guêpe) et Deinô (« l'Effrayante »), ajoutée tardivement pour accentuer le parallélisme avec leurs trois sœurs, avaient un corps de cygne et une tête de femme. Elles se partageaient le même œil et la même dent. Il s'agit sans doute de démons marins, malgré l'intéressante thèse de Fourmont, rappelée par l'*Encyclopédie*, qui voyait dans les Phorcides (les Grées et les Gorgones) le nom de bateaux qui faisaient le commerce entre l'Afrique et l'Europe. En interprétant leurs noms d'après des racines phéniciennes, il suggère que la dent et l'œil partagés évoquaient le commerce de l'ivoire et des yeux d'hyènes auquel se livraient les navigateurs africains.

Hébreux dans la Fournaise ardente

ANANIAS (SIDRAC) - MISAËL (MISAC) - AZARIAS (ABDÉNAGO)

HISTOIRE SACRÉE Enfants juifs brûlés vifs sur l'ordre de Nabuchodonosor. « On a oublié ce roi enfant, ce jeune roi martyr [Louis XVII] qui a chanté les louanges de Dieu dans la fournaise ardente » (A. de Vaulabelle, *Histoire des deux Restaurations*, LAR).

□ Origine : Ancien Testament, Dn 3, 8-30 (IIᵉ s. A.C.N.).

Ces trois enfants, choisis avec Daniel pour être élevés à la cour pendant la captivité de Babylone, refusèrent de s'agenouiller devant une idole d'or élevée par le roi. Ils furent jetés dans une fournaise sept fois plus ardente que d'ordinaire. Les suppliciés en revanche piétinaient les flammes en chantant des actions de grâce, sous la protection d'un ange. Sortis indemnes, les trois enfants furent comblés d'honneurs et l'on menaça de couper en morceaux tous ceux qui parleraient avec légèreté de Yahvé.

Subtile variation sur le thème du 3 + 1 (Daniel et les trois enfants, les trois enfants et l'ange...), le thème a connu un vaste succès iconographique et dogmatique. L'ange descendu les protéger, pour saint Jérôme, est une préfiguration du Christ descendu aux Enfers (*Commentaires sur Daniel* IV, 92). Saint Zénon propose de voir dans l'épisode le baptême par le feu annoncé par Jean, administré au nom de la Trinité (*Traité* II, 69 s.). Rupert y voit les soldats du Christ, dont il traduit les noms hébreux et chaldéens : Sidrac, « Mon honneur » ; Misac, « Celui qui rit » ; Abdénago, « Je me tais en servant » ; Ananias, « Grâce de Dieu » ; Misaël, « Salut de Dieu » ; Azarias, « Aide du Seigneur » (*Commentaires sur Daniel* VII). Paterius, pour sa part, préfère une interprétation morale : la fournaise ardente serait la tentation allumée par le diable (Nabuchodonosor) avec le feu de la concupiscence, mais à laquelle le bon chrétien échappe par la grâce divine (*Commentaires sur Daniel* II). Dans les transcriptions phonétiques, les noms hébreux sont : Hananyah (« Grâce de Yah »), Mishael (« Qui est ce que Dieu est »), Azaryah (« Aide de Yah »). Les noms cananéens sont transcrits : Shadrak, Méshak, Abed-Nego. Seul ce dernier est identifiable en babylonien (Abed-Nebo, « Serviteur du dieu Nebo »).

Héliades

LAMPÉTIE - PHAÉTUSE - PHŒBÉ

MYTHOLOGIE GRECQUE Nymphes, filles du Soleil.

□ Origine : Parménide, *Peri physeôs (« Sur la nature »)*, v. 6 (VIe s. A.C.N.).

Filles d'Hélios et de Clymène, Lampétie (« la Brillante »), Phaétuse (Phaéthousa « la Solaire ») et Phœbé (« l'Éclatante ») étaient sœurs de Phaéton. Lorsque le jeune homme, voulant conduire le char de leur père, fut précipité dans les flots, elles furent si affligées qu'il fallut les métamorphoser en peupliers. Elles n'en continuèrent pas moins à se lamenter, et leurs larmes devinrent des grains d'ambre. Leur métamorphose est connue par Ovide (*Métamorphoses* II, vv. 340-366). On ajoute parfois aux trois Héliades, Mérope (« l'Humaine »), Hélia (« la Solaire »), Ætheria (« l'Éthérée ») et Diôxippe (« Cheval rapide »). Les sept sœurs Héliades équilibrent ainsi les sept frères Héliades, fils du Soleil et astronomes : Actis, Tenagès, Ochimos, Macarée, Cercaphos, Triopas et, bien sûr, Phaéton.

Hellénides

DÔROS - ÉOLE (AIOLOS) - XANTHE (XANTHOS)

MYTHOLOGIE GRECQUE Fils d'Hellên, dont dérive mythiquement la race grecque.

□ Origine : Hésiode, *Fragments* VII, 1-5 (conservé par Plutarque) [VIIIe s. A.C.N.].

Hellên, fils de Deucalion (le rescapé du Déluge) donna leur nom aux Grecs (Hellènes). Ce roi de Phthie avait trois fils de la nymphe Orséis. De Dôros naquirent les Doriens, d'Éole, les Éoliens ; Xanthe engendra Ion (père des Ioniens) et Achæos (père des Achéens).

Hespérides

ERYTHÉIS - ÆGLÉ - HESPÉRARÉTHOUSA

MYTHOLOGIE GRECQUE Nymphes consacrées à la garde des pommes d'or des dieux. « La jeune boulangère était gardée par la vigilance maternelle avec plus de soins que les pommes d'or du jardin des Hespérides par le dragon mythologique » (Théophile Gautier, GDU).

□ Origine : Hésiode, *Théogonie*, v. 215 (VIIIe s. A.C.N.).

Comme les Gorgones, les Hespérides sont filles de la Nuit (Hespera), et Hésiode les désigne du même nom. Pourtant, rien de terrible dans ces nymphes auxquelles Héra a confié le jardin aux pommes d'or. Un dragon figuré par un serpent monte la garde autour du tronc de l'arbre, et les représentations du verger divin en évoquent d'autant mieux l'Éden biblique... Le vol d'une pomme d'or (aussitôt remise aux dieux) est d'ailleurs l'avant dernier travail d'Hercule [→ 12 Travaux] et on a pu y voir un fruit d'éternité. Mais on a également songé à des explications naturalistes : les pommes d'or seraient les oranges (et le nom est resté à la famille), des troupeaux divins, ou les étoiles de la Nuit veillées par le serpent Zodiaque et par les heures nocturnes, mais volées par le Soleil (Hercule).

□ **Linguistique** : **Hespéridés** : de la famille de l'orange.

Heures

gr. *hôrai,* lat. *horae*
THALLO - KARPO - AUXO

MYTHOLOGIE GRECQUE Divisions du temps correspondant tantôt à nos heures (divisions du jour), tantôt à nos saisons (divisions de l'année).

□ Origine : Homère, *Iliade,* V, v. 749 (IXe s. A.C.N.).

Filles de Zeus et de Thémis (la Justice), ces déesses du Temps symbolisaient à la fois la division du jour - elles ouvraient et fermaient les portes du ciel en dissipant ou assemblant les nuages - et la division de l'année - elles surveillaient la croissance de la végétation. Hésiode leur donne des noms évoquant le juste partage du temps qu'elles surveillent : Eunomia (« le Bon Ordre »), Dikê (« la Règle ») et Eirênê (Irène, « la Paix »). À Athènes, elles furent identifiées aux nymphes de la végétation, Thallo (« Celle qui verdoie »), Karpo (« Celle qui fructifie ») et Pandrosos (« la Tout Humide, la rosée). On y ajouta d'ailleurs Auxo (« la Croissance »). Elles symbolisent alors plutôt les saisons et portent des attributs en rapport avec leur nom. Le mot *hôra,* en grec, a les deux sens [→ 4 Saisons].

Juges des Enfers

MINOS- RHADAMANTE - ÉAQUE (parfois TRIPTOLÈME)

MYTHOLOGIE GRECQUE Héros chargés de juger les humains après leur mort. Au figuré : la destinée. « Tout eût été plus simple si quelque avocat auprès des juges infernaux n'avait pas obtenu ce sursis, et si elle était morte le jour de ses trente ans... » (François Coupry, *L'enfant qui lisait dans le ciel,* Laffont, 1993, p. 134).

□ Origine : Platon, *Apologie de Socrate,* 41a (IVe s. A.C.N.).

L'Hadès primitif est un lieu indéfini où s'entassent les âmes des morts, sans distinction de mérite. Les châtiments qu'on y endure (ceux de Tantale et de Sisyphe étant les plus connus) sont des exceptions, et ils sont prononcés à titre individuel, pour punir des outrages particulièrement graves aux dieux plutôt que des fautes morales.

C'est avec les mystères d'Éleusis et les mystères orphiques que la conception des Enfers change. Un sort privilégié attend en effet les initiés, et l'idée doit naître alors de juges qui les reconnaissent. Mais leur sentence ne dépend pas de la moralité de ceux qui comparaissent devant eux. Au Vᵉ siècle apparaît, notamment chez Eschyle, l'idée d'un sort différent selon les mérites des morts. Le mythe est tout à fait constitué au IVᵉ siècle, où les trois juges ont acquis leurs fonctions et leurs attributs. Chez Platon, cependant, quatre juges sont cités comme si le nombre n'était pas encore définitivement acquis.

Les trois juges furent de leur vivant trois rois, tous trois fils de Zeus et de mortelles. Ils étaient réputés pour leur sagesse et leur justice. Minos, roi de Crète, conversait avec Zeus dans une grotte de son île, à laquelle il donna, grâce au dieu, des lois d'une grande sagesse. Portant un sceptre d'or, il représentait l'ultime recours au tribunal infernal, mais n'intervenait qu'en cas de doute. Rhadamante, son frère, devint roi de Tirynthe en épousant Alcmène, la veuve d'Amphitryon. Il promulgua les lois des Cyclades, et notamment celle du talion. Il était plus particulièrement chargé de juger les âmes d'Asie et d'Afrique. Éaque, roi d'Égine, fut célèbre par l'impartialité de sa justice, puisqu'il bannit ses deux fils, coupables du meurtre de leur demi-frère. Il était chargé des âmes européennes. Les deux juges de première instance portaient de simples baguettes pour insignes.

Les juges infernaux siégeaient dans une prairie, à l'entrée des Enfers, à un carrefour. Les justes étaient envoyés à droite, où ils ressortaient vers l'Élysée ; les criminels descendaient par la gauche. Chacun portait à son cou la sentence, par-devant pour les innocents, par-derrière pour les coupables. Certaines peines étaient temporaires, et calculées au décuple de la faute commise, mais les crimes graves entraînaient des châtiments éternels.

Jumeaux

gr. *oi trêis nêpioi,* lat. *tergemini*
SAINTS SPEUSIPPE - ELEUSIPPE - MÉLEUSIPPE

MYTHOLOGIE CHRÉTIENNE Saints fêtés dans la ville de Langres ; le village de Geômes porte leur nom.

□ Origine : *Acta sanctorum,* 17 janvier (Vie du VIᵉ siècle ?).

Ces jeunes enfants de Cappadoce avaient reçu une éducation chrétienne de leur grand-mère Leonilla. Excellents cavaliers, ils avaient été admis en songe dans la milice céleste, pour laquelle Dieu leur promit « des chevaux immortels ». Sans être baptisés, car tous les prêtres de la région avaient été exécutés, ils prêchèrent et détruisirent des idoles, et furent brûlés vifs sous Marc-Aurèle ou Aurélien (IIe-IIIe s.). Langres a obtenu leurs reliques au IVe ou au Ve siècle, et la mention de la Cappadoce a disparu dans les *Vies* postérieures. Une querelle s'ensuivit au XVIIe siècle à la préparation des *Acta sanctorum*, le clergé de Langres prétendant que le martyre avait eu lieu sur son territoire. La querelle n'est pas tout à fait éteinte, quoique les historiens aient généralement opté pour la Cappadoce.

Les trois jumeaux appartiennent à la lignée des saints cavaliers combattant pour la foi, comme saint Georges et sa milice des « saints de glace », ou « saints chevaliers ». « Hippos », le cheval, revient en écho dans leurs noms. Ils sont intéressants pour le symbolisme trinitaire que souligne à tout moment leur légende. Livrés aux flammes, ils sont comparés aux trois Hébreux dans la fournaise [→ 3 Hébreux]. Une mère pour trois jumeaux, un arbre pour les pendre tous trois, un feu pour les brûler : « que [le bourreau] offre en sacrifice notre trinité au Dieu trin », proclament-ils eux-mêmes *(trinitatem nostram trino Deo tradat in sacrificium)*. Et le bourreau, précisément, s'appelle Quadratus, « le Carré », celui qui a préféré l'équilibre terrestre au nombre divin...

□ Référence : Henri Grégoire, « Saints jumeaux et dieux cavaliers », dans *Revue de l'Orient chrétien*, t. IX, 4, 1904, pp. 453 s.

Langues

LATIN - GREC - HÉBREU

HISTOIRE SACRÉE Les trois langues sacrées dans lesquelles a été composée (hébreu et grec) ou traduite (latin) la Bible. « Il y a de grands théologiens, gros et gras, et pleins de leur autorité, que je veux uniquement suivre ; ainsi font la plupart des savants, qui aiment mieux errer avec eux qu'être dans le vrai avec ceux qui connaissent les trois langues. » (Érasme, *Éloge de la folie*, trad. Pierre de Nolhac, § 163). Le Collège des trois langues : l'ancêtre du Collège de France.

□ Origine : Isidore de Séville, *Étymologies*, IX, 1, 3 (VIIIe s.).

Au Moyen Âge, les trois langues sacrées étaient tenues en haute estime, non seulement à cause de leur importance dans l'histoire des textes saints, mais aussi parce qu'on les considérait comme les langues originelles - « *tria vasa linguarum* », dit un apocryphe de Bède. C'était surtout vrai de l'hébreu, tenu par certains comme la langue originelle, d'avant la mésaventure de Babel. Bien peu de théologiens cependant connaissaient le grec et l'hébreu, qui n'étaient plus enseignés en Occident.

Le renouveau de la philologie ancienne ne vint cependant pas de la hiérarchie catholique, mais des humanistes et des protestants, ce qui contribua à discréditer le grec et l'hébreu. Le jurisconsulte Conrad d'Heresbach, au début du XVIe siècle, affirme avoir entendu un moine s'en gausser en chaire : « On a trouvé nouvellement une langue qu'on appelle *grecque*. Il faut s'en garantir avec soin : cette langue enfante toutes les hérésies. Je vois dans les mains d'un grand nombre de personnes un livre écrit en cette langue ; on le nomme Nouveau Testament : c'est un livre plein de ronces et de vipères. Quant à la langue hébraïque, tous ceux qui l'apprennent deviennent juifs aussitôt. »

Deux collèges cependant avaient été créés pour les enseigner dans l'enthousiasme de la première Renaissance. L'un en 1515 à Louvain, sous l'impulsion d'un marchand, Busleiden, qui avait testé en ce sens en faveur de sa ville natale ; Érasme l'avait établi et dirigé. L'autre, le collège des jeunes Grecs, avait été fondé à Rome sous le pontificat de Léon X. Mais, lorsque Guillaume Budé demanda à François Ier d'en fonder un en France, les réticences des théologiens avaient eu le temps de se manifester et il fut soupçonné de luthérianisme. L'affaire traîna en longueur et suscita controverses et sarcasmes. Clément Marot raillait en disant que l'étude des trois langues risquait de faire découvrir le « pot-aux-roses »...

Finalement, le « Collège des trois langues », ou « Collège des lecteurs royaux », fut fondé en 1530, mais on ne lui donna pas de bâtiment. Les professeurs devaient donner leurs cours dans des collèges de l'Université de Paris. Peut-être est-ce cet événement qui inspira à Rabelais une boutade célèbre : « je ne bastis que pierres vives, ce sont hommes » (*Tiers-Livre*, ch. VI). L'opposition entre le Collège des trois langues et la Sorbonne fut violente au XVIe siècle. Elle culmina avec la guerre du quamquam, en 1551, dont nous est resté le mot cancan (cancaner...). La prononciation du Collège (cwancwan) et celle de l'Université (cancan) divisèrent la capitale, et il fallut un décret du parlement de Paris pour trancher. Il faudra attendre le règne de Louis XIII pour que le Collège ait ses bâtiments, à l'endroit qu'occupe encore le Collège de France.

Mages (Rois)

NOM	ANCÊTRE	ORIGINE	ETHNIE	CONTINENT	PRÉSENT	ÂGE
Gaspar	Japhet	Caspienne	Blanche	Europe	Encens	adulte
Melchior	Sem	Chaldée	Arabe	Asie	Or	vieillard
Balthazar	Cham	Éthiopie	Noire	Afrique	Myrrhe	jeune homme

MYTHOLOGIE CHRÉTIENNE Les trois souverains des Nations venus adorer le Christ à la Nativité. « Un jeune seigneur rose et blond qui déployait un manteau rayonnant de soleils brodés et, comme les Rois mages, offrait dans sa main tendue un cadeau » (Italo Calvino, *le Château des destins croisés*, Seuil, 1976, p. 13).

□ Origine : *Évangile selon saint Matthieu*, 2 (Ier s.).

Le récit biblique ne précise ni le nom, ni le nombre des mages venus d'Orient pour rendre hommage à l'enfant Jésus. Ils ne sont pas même présentés comme des rois : les mages sont en effet, à cette époque, des devins itinérants qui parcourent le bassin méditerranéen et sont spécialisés dans l'astrologie et les horoscopes.

Leur nombre ne s'est fixé que petit à petit : jusqu'au VIe siècle, il n'est pas rare de rencontrer jusqu'à huit mages. Les trois « offrandes mystiques » consignées dans l'Évangile et une référence aux psaumes (72, 10) durent imposer le nombre trois ; les noms cependant continuèrent à varier dans des limites phonétiques restreintes : Gaston est parfois substitué à Gaspar ; Nestor ou Melkon à Melchior... Gaston, Melkon et Balthazar apparaissent pour la première fois dans un apocryphe araméen du VIIe siècle. On représenta d'abord les Rois mages sous les traits d'un vieillard, d'un homme mûr et d'un jeune homme, symbolisant les trois âges de la vie. On en fit par la suite les représentants des trois grandes races venus des trois continents du vieux monde. Mais la répartition des races (d'après les racines sémantiques de leurs noms) et celle des présents ont varié considérablement (le tableau ci-dessus reprend celle du pseudo-Bède, *Flores ex diversis*). La signification des trois offrandes est établie au XIe-XIIe siècle : l'or représente la royauté terrestre ; l'encens, la nature divine ; la myrrhe (utilisée pour l'embaumement), la nature humaine et mortelle du Christ. Mais elles furent également rapprochées des trois dons d'Adam avant la chute, rapportés par le *Combat d'Adam et Ève* : la royauté (l'or), le sacerdoce (l'encens) et la prophétie (la myrrhe). [Voir, dans la même collection, *les Allusions bibliques*].

Marie

Les myrophores : MARIE-MADELEINE - MARIE-SALOMÉ - MARIE-CLÉOPHAS
ou les filles d'Anne : LA VIERGE MARIE - MARIE-SALOMÉ - MARIE-CLÉOPHAS

MYTHOLOGIE CHRÉTIENNE Groupes de trois saintes femmes étroitement liées à la vie du Christ, et plus particulièrement à sa Passion. Au figuré : groupe de femmes se lamentant. « À cropetons, ainsi que les pauvres Maries / Des légendes de l'autrefois, / Par village, sous les cieux froids, / Sont assises les métairies » (Émile Verhaeren, « Les chaumes », dans *les Soirs*).

□ Origine : Légendes médiévales brodant autour du Nouveau Testament (Mt 28, 1 ; Mc 16, 1 ; Lc 23, 55 ; Jn 19, 25 ; 20, 1).

Le dimanche suivant la crucifixion, Marie de Magdala (Marie-Madeleine) se rendit au sépulcre avec « l'autre Marie », dit Matthieu ; avec « Marie, mère de Jacques, et Salomé », enchérit Marc ; avec « d'autres femmes », commente laconiquement Luc... La mention de Jacques écartait la Sainte Vierge, mère du seul Christ, dans l'identification de la deuxième Marie. Quant à Salomé, il ne pouvait s'agir de la princesse responsable de la mort du Baptiste, quoiqu'elle n'apparaisse pas nommément dans les Évangiles. La légende fit donc de ces trois saintes femmes qui assistent à la crucifixion (Mc 15, 40) et qui, apportant des onguents au Christ, constatent sa résurrection, les « trois Marie », les « myrophores » (« porteuses de myrrhe »). La deuxième Marie fut identifiée à Marie-Cléophas (ou de Clopas), qu'une lecture aujourd'hui contestée de Jean faisait la sœur de la Vierge.

Leur nom fut expliqué par leur ascendance : Marie-Madeleine venait de Magdala ; Marie-Cléophas était fille de Cléophas, et Marie-Salomé, fille de Salomé. On fit de ces deux dernières les demi-sœurs de la Vierge. Anne, mère de la Vierge, aurait successivement épousé Joachim, Cléophas et Salomé. Du premier, elle aurait conçu la Vierge ; du deuxième, Marie-Cléophas ; du troisième, Marie-Salomé. Épouse d'Alphée, Marie-Cléophas aurait engendré Jacques le Mineur, Simon, Jude et Joseph (Joset) ; de Zébédée, Marie-Salomé aurait eu Jacques le Majeur et Jean l'Évangéliste. Une bonne partie des apôtres étaient par là cousins de Jésus. Selon qu'on inclut Marie-Madeleine ou la Vierge dans le compte, les trois Marie sont donc les myrophores ou les filles d'Anne.

La légende des saintes Marie a trouvé en France un écho singulier, quoique tardif. Le culte de Marie-Madeleine à Maximin était ancien. À la fin du Moyen Âge, la légende se répandit que Marie-Madeleine et sa sœur Marthe, après la crucifixion, s'étaient embarquées avec Marie-Cléophas, Marie-Salomé, Lazare, frère de Marthe, et leur servante Sarah. Ils avaient débarqué à Marseille. Les deux demi-sœurs de la Vierge auraient été ensevelies avec leur servante à Notre-Dame-de-la-Mer, qui devint l'église des Saintes-Maries lorsque, en 1448, leurs ossements furent retrouvés par René d'Anjou, comte de Provence. La servante Sarah, quoique absente du martyrologe romain, jouit d'un culte tout particulier de la part des gitans, qui l'ont prise pour patronne. Le pèlerinage du 25 mai fait des Saintes-Maries-de-la-Mer le rendez-vous annuel de tous les peuples rom. Le culte des saintes Marie connut un large écho grâce au *Mireille* de Mistral et à l'opéra qu'en a tiré Gounod.

□ **Référence** : REA, art. « Marie ».

□ **Iconographie** : les trois Marie sont « les saintes femmes au tombeau » qui apparaissent sur de nombreux chapiteaux romans (voir le superbe chapiteau de Mozat, qui eut nombreuse descendance en Auvergne).

Mousquetaires

ATHOS - PORTHOS - ARAMIS

LITTÉRATURE Héros d'Alexandre Dumas devenus symboles de courage, de panache et de gaieté. « Il y avait un mousquetaire parmi nous trois. Bravo, d'Artagnan ! » (Borges, *le Livre de sable*, « Le congrès », trad. Françoise Rosset, Folio 1461, p. 39.).

□ Origine : Alexandre Dumas, *les Trois Mousquetaires*, 1844.

Peut-être cela vaut-il la peine de le rappeler : les trois mousquetaires… sont bien trois. Pendant les quarante-sept premiers chapitres, soit les deux tiers du roman, d'Artagnan n'est que cadet aux gardes de Sa Majesté, dans la compagnie de M. des Essarts. C'est le vieil adversaire de la troupe, le cardinal de Richelieu, qui suggérera à M. de Tréville de l'intégrer aux mousquetaires. Et le romancier pourra abandonner les contorsions stylistiques (« les quatre amis », « les trois mousquetaires et d'Artagnan »…) pour parler enfin des « quatre mousquetaires »…

Athos, le gentilhomme courageux et mélancolique qui traîne le souvenir d'un mariage malheureux ; Porthos, le vigoureux gaillard, plus prompt à réagir qu'à comprendre, mais toujours prêt à secourir ses pairs ; Aramis, le jeune galant « aux joues roses et veloutées comme une pêche en automne », qui se pince l'oreille pour la faire rougir et secoue ses mains pour les faire blanchir, tout en préparant une thèse pour entrer dans les ordres, composent une trilogie classique qui n'est pas sans rappeler le modèle familial. On y retrouverait la figure paternaliste d'Athos, celle, efféminée, d'Aramis et le gros garçon bourru de Porthos. D'Artagnan, qui détruit par sa seule présence l'harmonie du groupe, évoquerait l'irruption de Boucle-d'or chez les trois ours dans le conte de Grimm. Très vite, malgré son jeune âge et son inexpérience, il s'affirme comme un « chef de bande » auquel les trois autres obéissent spontanément, et qui leur fournit leur devise : « Un pour tous, tous pour un ».

Nous passons alors de l'équilibre familial, fondé sur le nombre trois, à une « bande des quatre » beaucoup plus offensive. L'agressivité dispersée des trois mousquetaires se canalise dans de grandes affaires. « Quatre hommes comme eux, quatre hommes dévoués les uns aux autres depuis la bourse jusqu'à la vie, quatre hommes se soutenant toujours, ne reculant jamais, exécutant isolément ou ensemble les résolutions prises en commun ; quatre bras menaçant les quatre points cardinaux ou se tournant vers un seul point… » La référence aux points cardinaux n'est pas innocente. C'est la force et la stabilité du monde qu'ils atteignent tous ensemble. Dans ce savant embrouillamini arithmétique (3 = 3 + 1 = 1), les trois/quatre mousquetaires nous font toucher la différence entre les deux nombres, celui de la famille centripète et celui de la conquête du monde.

Muses

lat. *Musae*, gr. *Mousai*
MÉLÉTÊ- MNÊMÊ- AOIDÊ

MYTHOLOGIE ANTIQUE Divinités grecques de l'inspiration. « Pour faire un bon orateur, il faudrait l'assistance des trois Muses : Mélite (l'Invention), Mnemé (la Mémoire), et Avidé (le Chant) » [Maurice Barrès, *Cahiers*, t. X, 1913, p. 226, dans TLF, s.v.].

□ Origine : Plutarque, *Banquet*, IX, 14, p. 744c (Ier s.).

Quoique le nombre des Muses soit depuis l'origine fixé à neuf [→ 9 Muses], on trouve quelques allusions sporadiques à trois Muses. Pausanias les réduit à trois pour les faire correspondre aux cordes de la lyre : Nêtê, « basse », Mésê, « moyenne », Hypatê, « élevée » (IX, 29, 2). Plutarque les rapproche quant à lui des trois parties de l'art des rhapsodes : Mélétê, « la Méditation », Mnêmê, « la Mémoire », Aoidê, « le Chant ». Pour saint Augustin, elles correspondent aux trois façons de produire un son : la voix, le souffle (instruments à vent), le coup (instruments à percussion, à cordes pincées) [*Doctrine chrétienne*, II, 17, 27].

Dans tous ces cas, il s'agit d'interprétations tardives et rares, nées de considérations théoriques. Les Muses purent d'ailleurs, quoique plus rarement encore, se retrouver à quatre (Thelxinoê, Aoidê, Archê, Mélétê) ou à sept (Neilô, Tritôê, Asôpô, Heptaporê, Achelois, Titoplô, Rhôdia) ! Cicéron se moquait des généalogies divines fluctuantes et attribuait à deux Jupiter distincts la paternité de quatre ou de neuf muses (*De la nature des dieux*, III, 54). Ces moqueries seront reprises par les auteurs chrétiens, Arnobe (*Contre les païens*, III, 37) et Augustin, qui rapporte à ce sujet une curieuse anecdote attribuée à Varron. Une ville aurait commandé des statues des trois Muses pour orner un temple d'Apollon. Elle se serait adressée à trois artistes, se réservant de conserver les meilleures œuvres. Mais les trois groupes furent d'égale beauté et, ne pouvant trancher, les magistrats conservèrent les neuf statues. De là viendrait l'erreur d'Hésiode, le premier à parler de neuf Muses… Histoire plaisante, mais également tardive.

Niveaux du monde

CIEL - TERRE - ENFERS

COSMOLOGIE MYTHIQUE Division verticale et ternaire du monde, s'opposant à la division horizontale et quaternaire. « La division trinaire *ciel-terre-enfers* se retrouve dans toutes les civilisations » (G. de Champeaux, dom S. Sterckx, *le Monde des symboles*, Zodiaque, 1989, p. 58).

Si le monde matériel est structuré par le chiffre quatre, le monde spirituel, dans toutes les civilisations, est gouverné par le trois. L'homme y occupe la place centrale (*midgardr*, « demeure du milieu », dans la poésie irlandaise), susceptible de chute autant que d'ascension. La division ternaire est la projection de la vie spirituelle, de l'intérieur sur l'extérieur.

Le ternaire est donc conçu comme une extension du binaire, de l'opposition fondamentale entre lumière et ténèbres, bien et mal, début et fin. Le monde terrestre « symbolise le lieu de l'épreuve et de la mutation intérieure, en vue de l'ascension spirituelle, mais avec le risque de l'avilissement, de la perversion et de la chute dans les enfers ».

Le symbole le plus répandu de ces trois niveaux est l'arbre cosmique, axe du monde étant donné que ses racines plongent dans le souterrain, que son tronc appartient au monde terrestre et que son feuillage tend vers le ciel. Sous des formes diverses, on le retrouve dans les grandes mythologies (arbre de la connaissance du bien et du mal dans la Bible, symbole de Quetzalcoatl, arbre de vie hindou, frêne sacré où Wotan a taillé sa lance...). Les serpents qui courent entre ses racines et les oiseaux qui peuplent son feuillage figurent les extrêmes de la vie spirituelle. L'arbre correspond à un monde rond, au pilier central de la tente, à la sphère céleste ; les quatre arbres évoquent à l'opposé un bâtiment carré, les quatre colonnes du Temple, les piliers corniers. De là est née l'opposition symbolique entre le cercle céleste et le carré terrestre. Le symbolisme ternaire de l'arbre est resté inconsciemment en nous. Il inspire l'évocation du chêne dans la fable de La Fontaine : « Celui de qui la tête au Ciel était voisine, / Et dont les pieds touchaient à l'Empire des Morts. »

□ **Référence** : CHE, s. v. « monde ».

Noms

lat. *tria nomina*
PRÆNOMEN - NOMEN (GENTILICIUM) - COGNOMEN

HISTOIRE ROMAINE Identification des Romains, codifiée et contrôlée par l'État. « Les libraires les exposent en belle place ; au titre de leurs ouvrages, se lisent trois noms le plus souvent étrangers et cabalistiques » (Érasme, *Éloge de la folie*, trad. Pierre de Nolhac, § 50).

□ Origine : IVe s. A.C.N. (premières attestations des trois noms).

Le nom, dans la Rome primitive, était unique : il n'en fallait pas plus pour distinguer Romulus de Remus... Ce nom, devenu le « prénom » *(prænomen)*, se choisira par la suite dans une liste restreinte (une quinzaine de prénoms) et sera toujours abrégé. Chez les Sabins, alliés très vite aux

Latins, les deux noms semblent cependant d'usage à la même époque : on cite traditionnellement comme exemple Titus Tatius, qui combattit contre Romulus. Au-delà de la légende, on penche cependant pour une origine étrusque du *gentilice* : on trouve en effet dès 650 des inscriptions étrusques à deux noms, les Romains n'ayant adopté le système qu'au Ve siècle A.C.N. À cette époque, il est déjà codifié et pris en charge par l'État, à travers l'inscription sur les registres des censeurs.

Le surnom *(cognomen)* est d'apparition plus tardive. On le trouve dès le IVe siècle A.C.N. chez les familles nobles, qui doivent mieux distinguer leurs branches, mais il ne se répand qu'au Ier siècle A.C.N. chez les plébéiens. C'est effectivement une marque de faveur militaire ou de popularité, qui est plus facilement accordée à des personnages en vue. Par la suite, le surnom lui-même devient héréditaire, et on peut en recevoir un deuxième, voire un troisième. Le premier *cognomen* attesté est celui, célèbre, des Scipion (de *scipio*, le bâton) : un L. Cornelius Scipio fut consul en 298 A.C.N. Mais l'origine légendaire du surnom nous fait remonter jusqu'à P. Cornelius Scipio, ainsi appelé parce qu'il servit de « bâton » à son père aveugle. La grande famille des Cornelius se divisa ainsi en plusieurs branches (Cornelius Scipio, Cornelius Balbus…). À l'intérieur d'une branche, il devint vite nécessaire de donner d'autres surnoms, et l'on eut ainsi des Cornelius Scipio Calvus (« le chauve »), Barbatus (« le barbu »), Africanus (« l'Africain »)…

Le système romain est le plus structuré et, donc, le plus impersonnel qui existe. Il ne sert pas seulement à identifier l'individu, mais aussi à le situer socialement, familialement, historiquement, géographiquement… Le prénom même peut déjà le positionner dans sa famille (Quintus est le cinquième enfant). Le gentilice le rattache à l'histoire de Rome (la gens Julia, celle de Jules César, se disait descendante de Iule, le fils d'Énée), mais dénonce aussi son origine géographique (les noms en *-ius* sont latins, ceux en *-as* sont étrusques…) ou sociale (l'affranchi porte un dérivé en *-anus* du nom de son ancien maître). Quant au surnom, s'il peut être donné par des familiers et épingler une particularité physique (Cicéron, « pois chiche, verrue » ; César, « né par césarienne »), il récompense souvent un exploit militaire. Scipion l'Africain est le vainqueur de Carthage. Ce système complexe séduisit d'autres époques, en particulier la Renaissance européenne, où les intellectuels se donnèrent des *tria nomina*, et, avec certaines variations, les États-Unis d'Amérique, où le second prénom abrégé rappelle l'habitude romaine.

Ordres architecturaux

DORIQUE - IONIQUE - CORINTHIEN

ARCHITECTURE Règles qui commandent la proportion des colonnes et l'ornementation de leurs différentes parties, principalement des chapiteaux. « Ces ordres dont les Grecs nous ont fait un présent, / Le dorique sans fard, l'élégant ionique, / Et le corinthien superbe et magnifique » (La Fontaine, *les Amours de Psyché*, livre I, Hachette, 1890, t. VIII, p. 61).

□ Origine : Vitruve, *De l'architecture*, IV, préface, 2 (Ier s. A.C.N.).

Les multiples façons de concevoir une colonne ont été réduites à trois, toutes grecques. La colonne dorique n'a pas de base, un fût en forme de cône tronqué, un chapiteau sans ornement et sans astragale. C'est sans doute le plus ancien (VIIIe-VIe s.). La colonne ionique a une base ornée de tores, un fût droit et cannelé, un chapiteau à volutes et rouleaux. Il est à peine plus récent (VIe-IVe s.). Les deux grandes vagues d'invasion indo-européenne qui se sont succédé en Grèce, Ioniens et Doriens, continuent à s'affronter par leur tradition architecturale. La colonne corinthienne correspond au classicisme grec. On la fait remonter à Callimaque, disciple de Phidias (Ve s. A.C.N.). Son chapiteau a une astragale et est orné de feuilles d'acanthe. On reconnaît classiquement à l'ordre dorique la robustesse, à l'ordre ionique l'élégance et au corinthien la splendeur.

Lorsque les architectes italiens de la Renaissance, à la suite de Bramante, redécouvrent les ordres antiques, ils y adjoignent deux ordres « nationaux », le toscan (d'origine étrusque) et le composite (d'origine romaine). Le toscan est le plus fruste, son fût est sans cannelures et le chapiteau, à peine sculpté ; le composite est un mélange d'ionique et de corinthien. L'époque classique se limita à ces cinq ordres, quoiqu'on reconnût des ordres rustique, persique, caryastique, gothique, français... Les trois ordres sont traditionnellement superposés dans les palais classiques : le dorique au rez-de-chaussée, l'ionique au premier, le corinthien au deuxième étage.

Parques

lat. *Parcae, Fatae,* gr. *Moirai*
CLOTHO - LACHÉSIS - ATROPOS (MOIRES) ;
NONA - DECIMA (DECUMA) - MORTA (PARQUES)

MYTHOLOGIE ANTIQUE 1. Déesses de la Destinée. « Du monde éternelle ennemie, / Atropos, au fatal ciseau, / Buvant à longs traits et sans eau, / Sur la table tombe endormie ; / Mais ses deux sœurs filent toujours, / Souriant à qui les implore » (Béranger, « Les Parques »). 2. Au figuré : la Fatalité, la Mort. « Ne savez-vous pas que mon épée est faite d'une branche des ciseaux d'Atropos ? » (Cyrano de Bergerac, *le Pédant joué,* acte IV, sc. 2). 3. Symbole d'une surveillance constante. « Il faudra, notai-je mentalement, songer à réparer le filet de mes Parques » (= la police stalinienne) [Raoul Vaneigem, *Lettre de Staline à ses enfants enfin réconciliés de l'est et de l'ouest,* Manya, 1992, p. 86].

□ Origine : Hésiode, *Théogonie,* vv. 217 et 901 (VIIIe s. A.C.N.).

Filles de la Nuit, ce qui en fait de terribles divinités de la mort, ou de Zeus et de Téthys (la Justice), ce qui adoucit leur caractère, les Moires (du grec *moira,* « destinée ») ont peut-être, comme les Érinyes/Euménides [→ 3 Érinyes], une double personnalité. Déesses qui président au destin de l'homme, associées à la naissance et à la mort, surtout violente et prématurée, elles peuvent également être les garantes de l'harmonie universelle, qui attribue à chacun le sort qui lui convient.

C'est leur aspect terrible qui domine chez Hésiode. Clotho, « la Fileuse » (*klôthô,* « filer »), tisse la trame des destinées humaines. Lachésis (*lagchanô,* « tirer au sort ») représente leur caractère arbitraire et fortuit. Atropos (*a-,* préfixe privatif, et *trepô,* « tourner ») symbolise l'immuabilité du destin. Chez Platon, en revanche, les Moires, filles d'Anagkè (« la Nécessité »), accompagnent de leur voix la musique des sphères célestes. Lachésis chante le passé, Clotho le présent, Atropos l'avenir. Le fuseau des destinées est devenu commun aux trois sœurs : Clotho en fait tourner le cercle extérieur ; Atropos l'intérieur, Lachésis les deux ensemble.

L'image classique a hérité ces deux représentations des Moires. Elles incarnent, dans la vie humaine, le passé (la naissance, la quenouille de Clotho), le présent (le destin, le fuseau de Lachésis), le futur (la mort, les ciseaux d'Atropos). Elles filent de la laine blanche ou noire, selon le sort qu'elles réservent à chacun. Quant au nom sous lequel on les connaît, il vient de la Parque latine, divinité qui préside à l'enfantement (*parcere,* « enfanter ») et détermine l'avenir du nouveau-né. Elle était chez les Romains assistée de Nona et de Decuma, qui incarnent l'action décisive des neuvième et dixième mois. Ces trois divinités de l'accouchement furent identifiées aux Moires grecques. Tardivement, on appela « Parques » les trois déesses et on remplaça Parca par Morta pour obtenir le trio Nona, Decima, Morta. Mais les noms latins n'eurent guère de descendance.

Un surnom des Parques latines fit cependant fortune. La traduction exacte du grec « Moirai » était « Fata », les destinées. Le mot évolua pour donner le français « fée ». Les trois fées-marraines qui apparaissent à la naissance, à partir du Xe siècle, et dont une, négligée ou mécontente du service, jette un sort à l'enfant qu'elle était chargée de protéger, sont donc les héritières des Parques antiques, mâtinées de bonnes mères gauloises. On aura effectivement du mal à les reconnaître dans les charmantes créatures qui élèvent la Belle au bois dormant de Walt Disney...

□ **Iconographie** : Les Parques, en dehors de quelques sarcophages romains, apparaissent assez peu dans l'Antiquité. Michel-Ange, Germain Pilon les ont représentées. Dans l'iconographie antique, leurs attributs évoquent le destin (rouleau où est consignée la destinée, « sorts » que l'on tire, corne d'abondance, balance...). Seule Clotho est reconnaissable à sa quenouille. Cette activité de fileuse deviendra caractéristique des trois sœurs : Clotho tient la quenouille, Lachésis enroule le fil sur le fuseau, Atropos coupe le fil de ses ciseaux.

Petits cochons

NIF-NIF - NAF-NAF - NOUF-NOUF

LITTÉRATURE ENFANTINE Héros d'un conte anglais popularisé par Walt Disney. « Il était trois p'tits cochons / À la queue en tire-bouchon... » (adaptation française de *Who's afraid of the Big Bad Wolf*, chanson de Frank Churchill pour le film de Walt Disney).

□ Origine : *Nursery Rhymes*, Londres, vers 1820 ; Walt Disney, *Three Little Pigs*, 1933.

C'est Walt Disney qui donna leur nom et leur caractère aux petits cochons du conte : Nif-Nif, le flûtiste évaporé ; Nouf-Nouf, le violoniste insouciant ; Naf-Naf, sage et moralisateur, maçon infatigable toujours prêt à tirer ses frères des griffes du grand méchant loup. Dans le conte original, le premier se construit une maison de paille, que le loup souffle ; le second, une maison de bois, également emportée par le souffle du loup. Tous deux sont mangés. Le troisième, dans sa maison de brique, défie le loup, qui finit par entrer dans la cheminée et meurt à son tour dans la marmite.

La cruauté du conte, qui stigmatise l'imprévoyance et la paresse, a été adoucie dans les séries de Walt Disney. Mais le public américain ne manqua pas de voir dans ce film une parabole de la crise économique qui secouait alors l'Amérique. Par la suite, il fallut même supprimer une séquence où le grand méchant loup était un peu trop nettement identifié au Juif rapace.

Pieds Nickelés

RIBOULDINGUE - FILOCHARD - CROQUIGNOLE

BANDE DESSINÉE Malfrats dont les aventures burlesques sont devenues mythiques dans l'histoire de la bande dessinée. Le quatrième Pied Nickelé : Louis Forton. « J'ai une poigne de fer, un cœur en acier, trois dents en or et les deux pieds nickelés » (Maurice Vandair, « La môme Catch-catch », chantée par Fréhel).

□ Origine : *L'Épatant*, n° 9, 1908.

Il semble que les personnages créés en 1908 par Louis Forton n'aient pas de rapport avec la pièce de Tristan Bernard, qui fit jouer *les Pieds nickelés* en 1895, malgré la tradition voulant que le dessinateur en ait acheté les droits à l'écrivain. Leurs aventures ont fait le succès de *l'Épatant* jusqu'à la mort de Forton en 1934. D'autres dessinateurs ont d'ailleurs pris la relève sans jamais épuiser le succès des trois petits malfrats bambochards et impertinents. Leurs noms ont été empruntés à l'argot du début du siècle. Ribouldingue, c'est « la partie de plaisir un peu crapuleuse » ; Filochard, « celui qui se débrouille, qui court vite » ; Croquignole est formé sur croquant, « le paysan, et aussi, plus tard, le raté ». Ils se firent une spécialité des déguisements les plus ahurissants, qui leur permettaient de sortir de prison au nez et à la barbe de leurs gardiens ou d'endosser les personnalités les plus diverses, de garçon de cabine à président de la République.

□ Référence : Jean-Paul Tibéri, *les Pieds Nickelés*, SEDLI, Jacky Goupil, 1984.

Pouvoirs

LÉGISLATIF - EXÉCUTIF - JUDICIAIRE

POLITIQUE Autorités chargées de rédiger les lois, de les faire respecter et de punir ceux qui les enfreignent. Le quatrième pouvoir : la presse (livre de Jean-André Faucher, 1958).

□ Origine : Aristote, *Politique*, VI, 11, 1 (IVe s. A.C.N.) ; Montesquieu, *De l'esprit des lois*, XI, 6 (1748).

La théorie des trois pouvoirs est d'origine aristotélicienne. Les trois objets dont le législateur s'occupera par-dessus tout sont, pour le Stagirite, le choix de l'assemblée générale délibérant sur les affaires publiques, celui des magistrats et celui des juges. Mais cet embryon ne se développera réellement qu'en Angleterre sous la République cromwellienne (1649-1658). George Lawson (*Politica sacra*, 1660, IV, 11-13) compte comme « acte de majesté » la législation et l'exécution des lois, celle-ci comprenant la nomination des officiers et la juridiction. Locke (*Traité du gouvernement civil*, 1691, ch. XII), qui résume les réflexions de toute une génération sur la théorie des trois pouvoirs, parle d'exécutif, de fédératif (chargé de la sécurité, ce qui correspondrait à notre exécutif) et d'exécutif (plus proche de notre judiciaire). Si les concepts et les noms qu'ils ont conservés en France datent de Montesquieu, celui-ci ne cache pas sa dette vis-à-vis de la Constitution anglaise et de ses pionniers.

Le pouvoir législatif est chargé de proposer ou d'approuver les lois. Il est exercé par le Parlement (Assemblée nationale et Sénat). Le pouvoir exécutif, exercé par le gouvernement, les fait appliquer. Les tribunaux, qui détiennent le pouvoir judiciaire, jugent des infractions à ces lois. La séparation des pouvoirs est à la base de toutes les démocraties et reconnue par leurs Constitutions.

□ **Référence** : Michel Troper, *la Séparation des pouvoirs et l'histoire constitutionnelle française*, Paris, Pichon, 1973.

Principes

SEL (CORPS) - MERCURE (ESPRIT) - SOUFRE (ÂME)

ALCHIMIE Éléments de base du Grand Œuvre.

□ Origine : Zosime, *Œuvres*, XII, 4 (IIIe s.).

La distinction entre âme (principe de vie) et esprit (conscience) était courante dans la médecine et la philosophie antiques. Le symbolisme alchimique s'en est emparé dès l'origine, mais la théorie des trois principes a énormément varié dans les siècles et les civilisations. Zosime, le premier alchimiste dont les œuvres aient été conservées, définit l'esprit comme « toute vapeur sublimée » ; il cite en exemple l'arsenic, le soufre et le cinabre. L'alchimie médiévale, à la suite de l'Arabe Avicenne, connaîtra quatre esprits, le soufre, l'arsenic, le sel ammoniac, le mercure. L'esprit s'oppose à l'âme, la nature primitivement sulfureuse et caustique, avant donc la sublimation ; Zosime connaît quatre âmes, la pyrite, la magnésie, le mercure et le chysocolle. Le corps, enfin, désigne tout ce qui ne s'évapore pas au feu ; selon Démocrite, les quatre corps sont les quatre métaux impurs, fer, étain, plomb et cuivre. Le feu purificateur sépare le corps et l'âme, qui se sublime ensuite en esprit. De ces éléments dispersés va naître peu à peu une théorie plus cohérente.

Pour l'alchimie classique, telle qu'elle se fixe à la fin du Moyen Âge, le sel (ou arsenic) est un principe fixe, sec et ferme, à l'opposé du mercure, liqueur spirituelle et aérée. Entre les deux, le soufre fait la jonction. C'est un principe gras et huileux, entre la volatilité du mercure et la solidité du sel. On voit qu'il ne s'agit pas des substances communes connues sous ces noms, mais de principes qu'on retrouve dans toute matière. Quand on brûle du bois, l'humidité « grossièrement mercuriale » s'évapore, les matières « grossièrement sulfurées » se consument et le sel demeure dans les cendres.

□ **Référence** : Patrick Rivière, *Alchimie et spagyrie*, Caen, Éd. de Neustrie, 1986.

Règnes

MINÉRAL - VÉGÉTAL - ANIMAL

BIOLOGIE Les grandes divisions de la nature.

□ Origine : Aristote, *Physique*, II, 1 (192b) [IVe s. A.C.N.].

La division en trois grands groupes des êtres existant par nature (par opposition, donc, aux créations humaines) a toujours été faite. Aristote n'a fait que l'entériner et l'expliquer. Les êtres par nature, selon lui, sont les animaux, les plantes et les corps simples - et s'il ne cite sous ce dernier terme que les quatre éléments, on comprend qu'il désigne par là tous les êtres non vivants. Ces trois groupes, qui correspondent à trois stades d'animation successifs [→ 3 Âmes], ont été baptisés « règnes » au XVIIIe siècle. On regroupe parfois animal et végétal pour opposer deux règnes (organique et inorganique) ou, à l'inverse, on ajoute un quatrième règne : bactériologique (unicellulaire), psychodiaire (entre animal et végétal), humain, sidéral…

Sirènes

lat. *sirenae,* gr. *seirênes*
PARTHÉNOPE - LEUCOSIE - LIGÉE

MYTHOLOGIE ANTIQUE 1. Divinités marines qui attirent les navigateurs par leurs chants. *La Petite Sirène* (conte d'Andersen). « La femelle de l'alcyon, / L'Amour, les volantes Sirènes, / Savent de mortelles chansons / Dangereuses et inhumaines. / N'oyez pas ces oiseaux maudits, / Mais les Anges du paradis » (Guillaume Apollinaire, *Bestiaire,* « Orphée »). 2. Au figuré : femme douée d'une belle voix. « La roine Blanche comme un lis / Qui chantoit a voix de seraine » (Villon, « Ballade des dames du temps jadis »). 3. Dangereuse séductrice. « Vivre, songea-t-il, refuser cet appel obscur, ce chant magnétique de sirène » (Hubert Haddad, *la Cène,* Albin Michel, 1975, p. 189). 4. Appareil sonore émettant un appel strident. « Un cri montait, parfois, un long beuglement sourd de sirène » (Maxence Van der Meersch, *l'Empreinte du dieu,* partie II, ch. I).

□ Origine : Homère, *Odyssée,* XII, vv. 39-55 et 165-200 (IXe s. A.C.N.).

Lorsqu'Ulysse passe près de l'île des sirènes, il a été averti par Circé de leur danger et du moyen de le conjurer. Par leurs chants harmonieux, ces créatures attirent les marins qui s'échouent sur leur rivage, blanc d'os et de débris humains. Sur le conseil de l'enchanteresse, le roi d'Ithaque bouche avec de la cire les oreilles de ses compagnons et se fait lier au mât pour pouvoir entendre leur chant sans y succomber.

Si Homère emploie le duel pour parler des sirènes, ce qui suppose qu'elles n'auraient été que deux, une tradition très ancienne en fait trois monstres dont un vase quasi contemporain d'Homère fixe la forme : ce sont des oiseaux à tête humaine, ou des femmes ailées dont les pieds sont des serres. Elles auraient été transformées en oiseaux par Déméter, furieuse qu'elles n'aient pas protégé sa fille Perséphone enlevée par Hadès.

Petit à petit, les noms se fixeront : Parthénopê («Vierge », mais c'est aussi le nom d'une île de la mer Tyrrhénienne et le nom grec de Naples), Ligeia (« Harmonieuse »), Leucôsia (« Lumineuse »). Tels sont les noms les plus courants, mais d'autres leur furent attribués, à partir de racines évoquant également la douceur et la séduction : Peisinoê (« Plaisir »), Aglaophê (« Éclat »), Thelxiépeia (« Charme »), Himéropa (« Désir »)... Quant à leur île, elle est le plus souvent identifiée avec la Sicile, et plus précisément avec le cap Pelore, sur le détroit qui la sépare de l'Italie. Mais on place aussi les sirènes dans la région de Naples, à Capri ou sur les îles Sirénuses, face à la côte de Campanie. On leur attribua enfin un domaine musical fixe : la flûte, le chant, la lyre. C'est à cette tradition que se réfère sans doute saint Augustin en parlant des trois muses [→ 3 Muses].

La mythologie broda diversement sur le thème des sirènes. On leur trouva un père (le fleuve Acheloos, parfois Phorcys), une mère choisie souvent parmi les Muses (Melpomène, Terpsychore, Calliope), mais qui put être Stéropè (l'éclair) ou Gaea (la Terre). Une rivalité les aurait d'ailleurs opposées aux neufs sœurs, et un concours, rapporte Pausanias, aurait été organisé sur l'ordre d'Héra. Les Muses en seraient sorties victorieuses et auraient arraché leurs ailes aux sirènes. Quelques représentations montrent effectivement les Muses couronnées de plumes comme d'un trophée.

Un oracle avait prédit aux sirènes qu'elles mourraient lorsqu'un mortel résisterait à leur chant. On crut donc qu'après le passage d'Ulysse elles s'étaient précipitées dans la mer et transformées en rochers (les Sirénuses). Mais, comme Homère n'avait pas recueilli cette tradition, on donna un autre vainqueur aux sirènes : Orphée, qui, durant l'expédition des Argonautes, aurait chanté mieux qu'elles, ce qui aurait sauvé la nef *Argo* et causé la mort des trois sœurs.

L'interprétation du mythe est également ancienne. Platon (*République* 617b) y voit une symbolisation de l'harmonie des sphères célestes. Mais il doit pour cela supposer huit sirènes qui, assises sur chaque sphère, chantent chacune leur note, ce qui forme un accord unique [→ 7 Planètes]. Macrobe adaptera l'explication aux neuf muses [→ 9 Muses]. On pensa aussi à un phénomène naturel : le bruit de la mer s'engouffrant dans des passages très étroits annonce aux marins qui l'entendent une mort prochaine. Suidas se fait encore l'écho de cette interprétation au Xe siècle, mais il suggère également une autre explication, qui aura un grand succès au Moyen Âge. « Selon la vérité, explique Brunet Latin (XIIIe s.), les sirènes furent trois prostituées qui trompaient les passants et les mettaient en pauvreté » (*Livre du trésor* I, 5, § 137). Les ailes et les ongles, continue-t-il, symbolisent l'amour qui vole et qui déchire. L'eau dans laquelle elles vivent, la luxure, faite d'humidité.

Chez Brunet Latin, donc, les sirènes sont encore des oiseaux. Pourtant, depuis deux siècles, un autre type iconographique a fait son apparition : le monstre mi-femme mi-poisson, d'origine nordique. C'est sous cette forme et avec les attributs de la luxure (peigne et miroir) que la sirène traverse le Moyen Âge. Les théologiens préciseront son caractère et, dans l'*Encyclopédie* de Diderot et d'Alembert, les trois sirènes incarnent une triple volupté : l'amour, la musique et le vin. C'est cette interprétation chrétienne qui a laissé des traces dans la langue.

Le XIXe siècle préféra des interprétations folkloriques. Les sirènes auraient été des prêtresses qui, comme les druidesses de l'île de Sein, conjuraient la tempête en chantant sur le rivage : les marins égarés auraient cru qu'elles provoquaient l'orage. On voit plutôt en elles, aujourd'hui, des âmes de morts inapaisées, avides d'amour et de sang. Les représentations ailées des âmes (Harpies, Érinyes, Lamies...) sont fréquentes dans de nombreuses mythologies, et souvent associées au nombre trois [→ 3 Âmes]. Pour la psychanalyse, les sirènes sont les productions de l'inconscient (la mer, l'air), des rêves à la fois inquiétants et fascinants qui matérialisent des désirs refoulés et destructeurs. Chaque époque a su trouver dans le mythe la traduction de ses obsessions. L'alliance du plaisir suprême et de la mort traduit une hantise très répandue (mourir de volupté) à laquelle aucune morale n'a échappé. Apollinaire, dans une vision nostalgique, a su, en jouant sur le sens figuré (4), leur rendre leur pouvoir musical *(Bestiaire)* :

> « Saché-je d'où provient, Sirènes, votre ennui
> Quand vous vous lamentez, au large, dans la nuit ?
> Mer, je suis comme toi, plein de voix machinées
> Et mes vaisseaux chantants se nomment les années. »

□ **Iconographie** : Les sirènes apparaissent sur de nombreux vases grecs. Il s'agit toujours, alors, d'oiseaux à têtes de femmes, qui vont par trois. La sirène qui fleurit dans l'art roman (chapiteaux...) est toujours seule. Mi-femme, mi-poisson, elle a pour attributs un peigne et un miroir.

□ Linguistique : **Serin** (l'oiseau portait dès l'Antiquité le nom de la sirène) ; **seriner** (chanter comme un serin, répéter) ; **serinette** (sifflet pour apprendre à chanter aux serins).

Tentations du Christ

FAIM - ORGUEIL - POUVOIR

CHRISTIANISME Épreuves surmontées par Jésus entre son baptême et le début de ses prédications.

□ Origine : Nouveau Testament, Mt 4, 1-11 ; Lc 4, 1-12 (Ier siècle).

Après quarante jours de jeûne dans le désert, Jésus est tenté par le diable, qui lui propose successivement de changer les pierres en pains pour se nourrir, de se jeter du haut du Temple pour voir si les anges le soutiennent, enfin d'accepter le règne du monde en adorant Satan. Jésus repousse les trois tentations en rappelant les Écritures.

On a vu dans ces trois tentations la triple séduction d'Israël, dont Jésus est appelé à triompher avant de prêcher la nouvelle loi. Refuser de partager la Parole divine (les pains sont assimilés au Verbe en Mt 4, 4 qui cite Dt 8, 3) ; monopoliser la vie religieuse (symbolisée par le Temple) ; garder le premier rang des nations (pouvoir sur le monde). Mais ce sont avant tout les tentations de l'Homme que doit assumer le Sauveur : l'avoir, le savoir, le pouvoir. L'avoir, c'est garder pour soi les biens terrestres au lieu de les partager (pain) ; le savoir, se réfugier dans sa foi au lieu de supporter avec patience les épreuves de la vie (mise à l'épreuve de Dieu) ; le pouvoir, régenter la vie sociale au lieu de pardonner (empire du monde).

□ **Référence** : D.E.B. s.v.

Théologales (vertus)

FOI - ESPÉRANCE - CHARITÉ

THÉOLOGIE Vertus qui viennent de Dieu et qui dirigent l'homme vers Dieu. « Les vertus humaines s'enracinent dans les vertus théologales qui adaptent les facultés de l'homme à la participation de la nature divine » (CEC § 1812).

□ Origine : Nouveau Testament, 1 Co 13, 13 ; 1 Th 5, 8 (Ier siècle).

« Maintenant, la foi, l'espérance et la charité demeurent toutes trois, mais la plus grande est la charité », écrit Paul aux Corinthiens, après avoir placé la charité au dessus de toutes les autres valeurs sociales, et notamment celles de l'ancienne Loi. « Quand viendra le parfait, le partiel sera aboli. » Ce sont les armes du chrétien, qui lui permettent de rester sobre, « avec la cuirasse de la foi et de la charité, avec le casque de l'espérance du salut », écrit à nouveau Paul aux Thessaloniciens. Les trois vertus théologales ont par la suite été intégrées au bréviaire romain, et dernièrement au nouveau catéchisme (CEC §§ 2087-2094). Il s'agit donc de croire « tout ce que croit et enseigne l'Église catholique », d'espérer « votre grâce en ce monde et votre gloire en l'autre », d'aimer Dieu et son prochain.

À l'inverse des vertus cardinales [→ 4 Cardinales], sur lesquelles repose la morale humaine, les théologales sont des dons divins. Elles sont comme les trois filles de Job, dit Grégoire le Grand (*Morales* I, 38), « les plus belles filles de toute la terre » (Job 42, 15), qui mènent à la perfection dénaire (10) leurs sept frères, symbolisant les dons du Saint-Esprit.

Triade capitoline

JUPITER - JUNON - MINERVE

MYTHOLOGIE ROMAINE Les trois dieux protecteurs de Rome, vénérés sur la colline sacrée du Capitole.

□ Origine : Fondation du temple capitolin en l'an 245 de la ville (808 A.C.N.).

C'est un temple à trois sanctuaires *(cellae)* que construisit Tarquin le Superbe, le dernier roi de la Rome primitive [→ 7 Rois]. L'origine étrusque des Tarquins a fait penser à une coutume importée. De fait, Servius rapporte que la fondation d'une ville n'était parfaite, chez les Étrusques, que si trois portes, trois rues et trois temples étaient consacrés à Jupiter, Junon et Minerve. Il est donc possible que l'occupation étrusque de la ville ait été à l'origine de la triade sacrée, ou du remplacement d'une triade primitive, reconstituée par Georges Dumézil : Jupiter, Mars, Quirinus. Les Romains cependant ont récupéré la triade, puisque la dédicace du temple commencé sous le dernier roi fut effectuée par le Premier consul.

Le temple du Capitole [→ 7 Collines] devient immédiatement le saint des saints de la ville. C'est là que sont conservés le trésor de secours pour les coups durs, les archives précieuses, les livres sibyllins [→ 10 Sibylles], les œuvres d'art et le butin... Jupiter incarne le pouvoir protecteur ; Junon préside à tout ce qui concerne les femmes, fécondité, accouchement, mariage ; Minerve protège plus particulièrement les métiers et les œuvres de l'industrie humaine. Si la triade ne se rencontre qu'exceptionnellement dans la mythologie grecque, Dumézil observe qu'elle joue un grand rôle dans certaines légendes adaptées par la suite à Rome : les cycles d'Énée et d'Hercule sont structurés par la rivalité d'Héra/Junon et d'Athéna/Minerve, arbitrés par Zeus/Jupiter. Peut-être y a-t-il derrière ce jeu à trois une allégorie du destin, juste, favorable ou défavorable.

□ **Référence** : Georges Dumézil, *la Religion romaine archaïque.*

Tribus romaines

TITIENSES - RAMNES - LUCERES

HISTOIRE ROMAINE La plus ancienne subdivision de la population romaine.

□ Origine : Varron, *De la langue latine*, V, 55, citant Ennius (Ier s. A.C.N.).

On attribue à Romulus la première division administrative de la ville, en trois tribus de dix curies, elles-mêmes divisées en familles *(gentes)*. Les trente curies, qui restèrent longtemps à la base de l'administration romaine, auraient même porté les noms des trente Sabines qui se seraient interposées entre leurs maris romains et leurs parents sabins, dans la première guerre de l'histoire romaine…

Pour les auteurs classiques, il s'agit des trois contingents qui ont formé la Rome primitive. Les Ramnes (ou Ramnenses) seraient les Latins de Romulus ; les Titienses (ou Tities), les Sabins de Titus Tatius ; les Luceres, les Étrusques de Lucumon, venu soutenir Romulus dans sa guerre contre les Sabins. Les historiens modernes ont remis en cause ces étymologies. Les trois noms, pour eux, sont d'origine étrusque, mais peut-être antérieurs à l'occupation étrusque de la ville. La controverse s'est glissée aujourd'hui entre les interprétations ethnique et fonctionnelle. Pour les uns, les tribus seraient trois circonscriptions territoriales désignées par les noms de trois familles importantes établies sur les trois principales collines (Palatin, Esquilin, Caelius) [→ 7 Collines].

Pour Dumézil et son école, en revanche, les trois tribus incarneraient les trois fonctions [→ 3 Fonctions] : Romulus, le demi-dieu, incarnerait la première ; Lucumon, technicien de la guerre, symboliserait la deuxième, la troisième étant assumée par le riche Titus Tatius. La fondation sacrée de la ville ne serait possible que si elle est défendue militairement et riche en troupeaux. Jacques Poucet, suivant plutôt Tite-Live, voit dans les Titienses, les Ramnes et les Luceres trois centuries de cavalerie, créées par Romulus et respectées lors des aménagements postérieurs. Ce sont effectivement les trois seules centuries sur les dix-huit à porter un nom.

Quoi qu'il en soit de leur origine, la division en tribus devint vite inefficace. Le sixième roi, Servius Tullius [→ 7 Rois] établit quatre tribus à définition territoriale (Suburana, Palatina, Esquilina, Collina). Par la suite, d'autres tribus furent ajoutées, citadines puis rurales (« rustiques »), jusqu'à trente-cinq. Mais le souvenir des trois tribus primitives s'est perpétué dans de nombreux domaines : l'organisation en trente curies, les collèges de trois, six, neuf ou douze prêtres, qui empruntaient primitivement un, deux, trois ou quatre membres à chaque tribu ; le nombre des augures, également, qui passa de trois à neuf... Le vocabulaire a également conservé le souvenir des tribus, si l'on accepte l'étymologie commune, depuis Varron, d'une racine *tri-* (trois). Mais il est aussi possible que l'impôt (tribut) ait donné son nom à la division administrative (tribu).

□ **Références** : Georges Dumézil, *Idées romaines, Mythe et épopée, la Religion romaine archaïque*. Raymond Bloch, *les Origines de Rome*, P.U.F. 1946 (coll. Que sais-je ?). Jacques Poucet, *Recherches sur la légende sabine des origines de Rome*, Louvain, 1967, *les Origines de Rome*, Bruxelles, 1985.

□ **Linguistique** : **tribun** (chef de tribu, puis magistrat romain et, au figuré, orateur) ; **tribunal** (endroit où siègent les tribuns, puis lieu de juridiction) ; **tribune** (extension de sens du mot « tribunal ») ; **tribut** (impôt exceptionnel primitivement réparti entre les tribus).

Trinité

PÈRE - FILS - SAINT-ESPRIT

RELIGIONS CHRÉTIENNES 1. Désignation de Dieu en trois personnes consubstantielles et de nature indivisible, quoique distinctes. « On dit aussi à présent que peut-être ils tentaient de faire s'embrasser la Trinité chrétienne et l'Allah de Mahomet » (Italo Calvino, *le Vicomte pourfendu*, le Livre de poche n° 3004, pp. 87-88). 2. (Au figuré) : Groupe de trois personnes, de trois objets, de trois idées particulièrement soudés, et qui imposent un respect ironique. « Il y en a une, de trinité, qui a fait son office : *Travail-Famille-Patrie...* » (Philippe Sollers, *le Rire de Rome*, Gallimard, 1992, p. 80).

□ Origine : Nouveau Testament, 2 Co 13, 13 (Ier s.).

C'est dans une formule épistolaire de saint Paul qu'apparaissent pour la première fois réunies les trois personnes de la Trinité. « Que la grâce du seigneur Jésus Christ, l'amour de Dieu et la société du Saint-Esprit soient avec vous tous », écrit-il aux Corinthiens. Les trois personnes apparaissent bien évidemment à divers endroits des Évangiles, mais séparément. S'il faut en croire d'ingénieux exégètes ou les visions des mystiques, l'Ancien Testament n'a cessé de proclamer le dogme catholique de façon voilée. Pour Hildegarde de Bingen, les trois « grands luminaires », Abraham, Isaac et Jacob, en sont la préfiguration limpide (*Scivias*, II, 1). Le premier mot de la Genèse, le fameux Béréchit (BR'ChYTh, « au commencement ») le contient en anagramme : Ben - Rouah -'av - Chelchah - Yahad - Thamah signifient « Fils - Esprit - Père - Trois - Unité - Complète ».

Quoi qu'il en soit, ce sont les conciles des premiers siècles qui ont peaufiné le dogme trinitaire, non sans déchirements. Les deux premiers conciles œcuméniques, tenus à Nicée en 325 et à Constantinople en 381, en sont les principales sources. Les grandes querelles qui ont ensanglanté l'histoire de l'Église sont ancrées dans les divergences d'interprétation de ce dogme. L'arianisme, qui se concentra au concile de Nicée sur une véritable querelle d'iota, acceptait un Fils semblable en substance *(homoiousios)* au Père, mais pas consubstantiel *(homoousios)*. Le principal différend entre les Églises latine et orthodoxe est le fameux *filioque* introduit dans le symbole de Nicée par l'Église occidentale : il s'agit de savoir si le Saint-Esprit procède du Père, ou du Père et du Fils *(filioque)*. Le crime d'Abélard, un des plus fins philosophes du Moyen Âge, fut d'avoir tenté une explication rationnelle du mystère de la Trinité. Et c'est du dogme trinitaire que naquit le mot fameux attribué à Richelieu : « Que l'on me donne trois lignes de l'écriture de quelqu'un, et je le fais pendre. » Un secrétaire du cardinal, devant qui il rappelait cette phrase, écrivit sur un papier, croyant piéger son maître : « Un et deux font trois ». « Blasphème contre la Sainte-Trinité ! repartit Richelieu. Un et deux ne font qu'un. »

Il est donc bon de croire qu'il n'y a qu'un Dieu en trois personnes, qui ne se partagent pas la divinité, mais dont chacune est Dieu tout entier. Le Père et le Fils sont consubstantiels (d'une même substance) et coéternels. Les trois personnes divines n'en sont pas moins distinctes. Le Père est le Créateur, mais aussi le protecteur et le juge, dont l'action ne se limite pas à l'acte originel, mais concerne également le présent et le futur. Le Fils ne se définit pas uniquement par son rôle historique de Rédempteur : il a été engendré du Père avant tous les siècles et reviendra à la fin des temps pour juger le monde. L'Esprit est envoyé par la divinité pour donner la Vie et faire connaître la Parole. Il a parlé par la bouche des prophètes dans l'ancienne Loi, il est descendu sur le Christ à son baptême, sur les apôtres à la Pentecôte, et continue à inspirer la parole de l'Église. (Voir CEC §§ 232-267.)

La Trinité a engendré d'innombrables réflexions et comparaisons. Ce sont les trois feuilles d'un trèfle unique, pour saint Patrick, qui convertit par cette image les Irlandais. Ce sont les trois forces de la même flamme pour Hildegarde de Bingen (lumière splendide, verdeur vermeille, ardeur ignée) ; l'échanson, la coupe et le vin pour Mechtilde de Magdebourg, ou le parchemin, les mots et leur son… Tout ce qui allait par trois a été interprété en fonction du dogme trinitaire : les trois jours qui séparent la mort du Christ de sa Résurrection, les trois portails des églises, les trois absides du plan bénédictin…

□ **Iconographie** : On trouve de très nombreuses représentations de la Trinité sous la forme d'un vieil homme portant souvent la tiare pontificale (le Père) et tenant dans ses bras un crucifix (le Fils), sur lequel descend une colombe (l'Esprit). Elle est également symbolisée par un œil unique dans un triangle, ou par un groupe constitué d'un trône, d'un livre et d'une colombe. Rubens l'a représentée sous la forme d'une curieuse pietà masculine.

□ **Linguistique** : **Trin** (« en trois personnes » : un Dieu trin) ; **trinitaire** (religieux d'un ordre consacré à la Trinité et voué aux missions).

Triumvirat

lat. *IIIviri (tresviri ou triumviri) reipublicae constituendae*
OCTAVE - MARC-ANTOINE - LÉPIDE

HISTOIRE ROMAINE Association officielle ou entente secrète entre trois hommes pour s'assurer le pouvoir. « Je crée le triumvirat qui se mettra au travail dès lundi » (Jacques Chaban-Delmas, en nommant les trois adjoints qui le remplaceront à la mairie de Bordeaux, le 26 avril 1993). « Ô Père, Fils, Esprit, éternels Triumvirs, / Puissiez-vous recevoir dans votre capitale, / Par le sang de Jésus et celui des martyrs, / Ce long prosternement d'une âme occidentale » (Péguy, *Suite d'Ève*, str. 79).

□ Origine : Denier d'argent de Marc-Antoine (40 A.C.N.).

Quoiqu'on parle toujours du « deuxième triumvirat », il n'y en eut qu'un d'officiel dans l'histoire de la République romaine. Le « premier », celui de Pompée, César et Crassus (60 A.C.N.), ne fut qu'une entente secrète qui permit à César d'accéder au consulat en 59 et qui prit fin à la mort de Crassus (53). Les « trois hommes chargés d'organiser le gouvernement », pour traduire littéralement le titre porté par Antoine, Lépide et Octave, se sont partagé le pouvoir et le monde romain en novembre 43 A.C.N. et ont fait officialiser leur association. Leur mandat était de cinq ans et fut renouvelé en 37, mais Lépide fut évincé en 36 et la rivalité des deux derniers déboucha sur la bataille d'Actium en 31. Le « second triumvirat » fut finalement moins marquant que le premier. Le titre (qui était également donné aux membres de commissions à trois) est resté de manière un peu ironique pour désigner des associations politiques éphémères : celle des chefs catholiques en 1561 (Guise, Montmorency, Saint-André), celle du Comité de salut public en 1793 (Robespierre, Couthon, Saint-Just)…

Vœux monastiques

OBÉISSANCE - CHASTETÉ - PAUVRETÉ

RELIGION CATHOLIQUE Promesses faites à Dieu par le profès au moment d'entrer en religion. « Le plus sacré de leurs vœux est de n'approcher d'aucune femme, et de ne point faire d'enfants. » (Denis Diderot, *Supplément au voyage de Bougainville*).

□ Origine : XIIIe siècle, d'après saint Benoît de Nursie, *Règle*, ch. 5 (ca 540).

La tradition de se vouer à Dieu, attestée dès l'Ancien Testament, est sans doute très ancienne. Le catholicisme se réfère pour sa part à saint Paul, qui parle des jeunes filles vouant leur virginité au Christ, et au monachisme primitif, qui dut connaître une forme de vocation dont saint Basile, au IVe siècle, se fait l'écho. Mais la forme actuelle des trois vœux monastiques a été élaborée dans le droit canon du XIIIe siècle. Le troisième vœu, la pauvreté, est d'influence franciscaine, et les bénédictins ont conservé à sa place le vœu de stabilité qui, disent-ils, l'englobe.

Les commentateurs ont alors trouvé dans la règle de saint Benoît (VIe s.) l'ébauche de ces trois vœux, puisqu'elle a été établie « pour que les moines se soumettent volontairement à l'abbé, sans vivre selon leur propre arbitre, ou s'abandonner à leurs désirs et à la volupté, mais marchant dans le jugement et sous l'autorité d'un autre, et vivant en commun ». On retrouve effectivement dans cette formule une invitation à la chasteté, à l'obéissance et à la stabilité (vie en commun au monastère). Il ne s'agissait pas encore, cependant, de vœux solennels.

Les trois vœux ont été symbolisés par les trois clous par lesquels le Christ pendait à sa Croix, et qui apparaissent à la même époque (XIIIe s.). L'habitude de croiser les pieds du Crucifié pour n'utiliser qu'un seul clou est en effet tardive.

On distingue aujourd'hui les vœux simples ou solennels, temporaires ou définitifs. Ils définissent les trois sortes de profession : temporaire (à vœux simples), perpétuelle à vœux simples, perpétuelle à vœux solennels. Ils définissent aussi les trois catégories d'associations religieuses : la congrégation (vœux simples), l'association (vœux privés ou temporaires), l'ordre (vœux solennels et définitifs).

Les mots et les expressions

tercer (ou **terser**) : donner un troisième labour.

tierce : heure canonique ; annonce au jeu de cartes ; intervalle en musique.

trancher : primitivement, couper en trois *(*trinicare)*... et ses dérivés.

travail : au départ, machine à trois pieux *(tri-palium)* servant d'instrument de torture, puis la torture en soi, et celle qu'on s'inflige tous les jours.

trèfle : lat. *trifolium,* du grec *triphullon,* « à trois feuilles ».

trémail (ou **tramail**) : filet de pêche à trois poches.

triade : groupe de trois dieux.

trialisme : réunion sous une même souveraineté de trois États autonomes.

trisser : répéter une troisième fois.

trivial : au départ, à trois voies [→ 7 Arts libéraux].

troisin : strophe de trois vers (plus souvent : tercet).

trio : ensemble musical à trois joueurs ou trois chanteurs.

Le plus âne des trois n'est pas celui qu'on pense : allusion à la fable de Jean de La Fontaine, « Le meunier, son fils et l'âne » (*Fables,* III, 1).

Ménage à trois : vie en commun d'un couple avec une troisième personne (par allusion au schéma préféré, notamment, du théâtre de Boulevard).

Règle de trois : méthode de raisonnement qui consiste à chercher le quatrième terme d'une proposition dont on connaît les trois autres : a est à b ce que c est à x.

Les trois coups : annonce du lever de rideau, au théâtre. Trois coups espacés sont frappés après le précipité.

En trois coups de cuiller (à pot) : de façon expéditive. L'expression appartient à une série où « trois » est pris pour signifier une petite quantité : crayonner en trois traits, ne pas dire trois mots...

Tomber dans le troisième dessous : « se dit d'une pièce sifflée dont la chute est irrémissible » (Delvaux, 1867, FEW).

Le troisième dessous : le monde des coquins (Delvaux, 1867, FEW).

Les trois états de la matière : liquide, gazeuse, solide. *Le Quatrième État de la matière,* recueil de Lorand Gaspar, 1966.

Un trois étoiles : jadis : une personne anonyme. Dans les livres du XVIIe-XVIIIe siècle, on lisait plaisamment « la comtesse de Trois-Étoiles » en rencontrant « la comtesse de *** ». Aujourd'hui, un hôtel de luxe, d'après le classement de certains guides touristiques, et quoique ce classement compte désormais des quatre et cinq étoiles.

Les Trois-Évêchés : Metz - Toul - Verdun : gouvernement de l'ancienne France, constitué de trois villes indépendantes du duc de Lorraine.

Les Trois Glorieuses : trois journées révolutionnaires, les 24, 28 et 29 juillet 1830. Elles furent souvent imitées, dès les 26-27-28 août 1830 (ralliement à la France libre des colonies françaises).

Les trois guerres puniques : guerres qui opposèrent Rome à Carthage (264-146 A.C.N.).

Le troisième homme : film de Carol Reed (*The third Man,* 1949). Voir, dans la même collection, *les Allusions littéraires* (Larousse, 1989).

Les trois Horaces et les trois Curiaces : [Les orphelins de guerre] « se juraient de faire de bonnes études en mémoire de leur père et espéraient que la guerre ne finirait pas trop vite, ayant fait le serment, malingres Horaces devant tant de Curiaces boches, de demander à être engagés dès leurs dix-huit ans... » (François Weyergans, *la Démence du boxeur*, Grasset, 1992, p. 42). Sous le règne de Tullus Hostilius, les Horaces, héros romains triplés, affrontent des triplés albains pour mettre fin à la guerre entre les deux villes. Ses deux frères ayant été tués, le dernier Horace s'enfuit pour affronter séparément les trois Curiaces blessés. (Tite-Live, *Histoire romaine*, I, 24-26).

Les trois jours : période de sélection, qui durait trois jours, en vue du recrutement pour le service national.

Les trois joyaux (Triratna) : dans le bouddhisme, Bouddha, Dharma (doctrine), Sangha (communauté des fidèles). Ce sont les trois refuges de l'homme.

Le troisième larron (allusion littéraire, v. La Fontaine, *Fables*, « les Voleurs et l'âne ») : le troisième larron est celui qui tire profit de la querelle de deux autres personnes ; par extension, celui qui se joint à deux autres personnes pour former une équipe.

Le tiers-monde : les pays en voie de développement (calqué sur Tiers état).

Le troisième œil : symbole d'une connaissance supérieure dans la religion hindoue, figuré par un point sur la glabelle.

Ne pas casser trois pattes à un canard : n'avoir rien d'exceptionnel, d'extraordinaire.

Faire trois petits tours (et s'en aller) : faire une brève apparition, par référence au refrain d'une comptine.

Service (ou couvert) trois pièces : expression argotique désignant les organes sexuels de l'homme.

Frères trois points : surnom donné par dérision aux francs-maçons.

Les trois ordres (franciscains) : mineurs (hommes), clarisses (femmes), continents (laïcs gagnés à la spiritualité franciscaine). « C'est ainsi que notre sœur finit enterrée chez nous, et vêtue en religieuse, sans avoir prononcé les vœux du tiers ordre, étant donné le caractère douteux de sa vocation. » (Italo Calvino, *le Baron perché*, Seuil, Point roman, Ch. I, p. 16).

Un brave à trois poils : un homme d'une grande bravoure. « Savez-vous, mesdames, que vous voyez dans le vicomte un des vaillants hommes du siècle ? C'est un brave à trois poils » (Molière, *les Précieuses ridicules*, sc. XI).

Haut comme trois pommes : de petite taille.

Trois-quarts : grand fiacre (1872) ; petit violon ; équipier de rugby.

Pacha à trois queues : dans l'Empire ottoman, titre réservé aux gouverneurs de provinces et aux vizirs. Ils se distinguaient par la lance qu'ils portaient devant eux, et à laquelle flottaient trois queues de cheval.

La troisième rêne : la crinière du cheval (Delvaux, 1867, FEW).

Les trois révélations : primitive (à Adam), mosaïque (aux Hébreux, par Moïse), chrétienne (au monde, par le Christ).

Du trois-six : un alcool fort et de mauvaise qualité (avec trois mesures d'eau, on obtient six mesures de boisson).

L'Automne

Sandro Botticelli

Musée Condé, Chantilly

LE SYMBOLISME DU NOMBRE 4

Le nombre quatre est porteur d'un des symbolismes les plus constants et les plus répandus : il représente les choses temporelles parce que les années et le monde sont divisés en quatre, résume Hugues de Saint-Victor. Il inverse en fait le problème : les saisons et les parties du monde ont été réparties en quatre à cause du symbolisme dont le nombre est porteur. Quatre, c'est le corporel, le matériel (les quatre éléments), le terrestre (les quatre points cardinaux) après le spirituel (trois). La représentation schématique du Temple, avec une façade carrée et un fronton triangulaire (⌂), exprime l'union de la Terre et du ciel ; on rencontre souvent ce symbole dans la main du Christ, dans l'iconographie médiévale.

L'origine de ce symbolisme est évident : si le monde est divisé verticalement en trois (enfer, terre, ciel), il l'est horizontalement en quatre : devant, derrière, à gauche et à droite. Les quatre points cardinaux sont devenus, un peu partout, les quatre piliers du ciel. Quatre est le chiffre de la stabilité, d'un monde carré et solide : les quatre fleuves du paradis, répondant aux quatre fleuves qui limitaient l'enfer antique, enclosent le monde et en irriguent les parties, au point d'avoir été interprétés comme l'océan circulaire qui entoure les terres.

Si Raban Maur évoque les vertus cardinales et les évangélistes pour donner un peu de spiritualité au nombre, il n'enlève rien à sa valeur symbolique. Les évangélistes, soutiens terrestres de la foi, sont les piliers de la Parole, comme les quatre docteurs de l'Église ; les vertus cardinales, héritières des quatre « piliers de la morale » de Platon, sont des vertus humaines, par opposition aux trois théologales qui sont des dons de Dieu...

Sur la chaire de la cathédrale de Pise, Giovanni, le sculpteur, a parfaitement intégré ce concept, puisqu'il explique son travail en comparant les quatre piliers aux fleuves du paradis, aux évangélistes, aux parties du monde, aux vertus... Ce sont les soutiens naturels du Verbe, de l'Église d'ici-bas, de la morale humaine. Les groupes de quatre apparaissent tout naturellement sur les faces d'un solide, aux coins d'une pièce, sur les piliers qui la soutiennent. Les fleuves du paradis figurent sur les bénitiers ou les baptistères, les vents font le tour d'un chapiteau, les évangélistes soutiennent les chaires, les parties du monde figurent aux quatre coins des Bourses de commerce, ou de la galerie dorée à la Banque de France...

•

Âges

OR - ARGENT - AIRAIN (bronze, cuivre) - FER

MYTHOLOGIE ANTIQUE Théorie selon laquelle le monde serait passé par quatre périodes successives, de plus en plus malheureuses. On fait surtout allusion au premier de ces âges, le bienheureux âge d'or. « Quels âges d'or imprévisibles apprêtes-tu, ô toi mal gouverné, toi, fourrier de trésors payés d'un prix si cher, toi, mon royaume à conquérir, futur » (Italo Calvino, *le Chevalier inexistant*, Seuil, 1962, p. 191). *L'Âge d'or*, film de Buñuel.

□ Origine : Hésiode, *Les travaux et les jours*, vv. 109 ss. (VIIIe s. A.C.N.).

Plutôt que d'âges, les Anciens parlaient de races d'or, d'argent, d'airain et de feu. À la différence du mythe chrétien d'Adam chassé du paradis terrestre, ce ne serait donc pas le même homme qui aurait successivement connu toutes les étapes de la déchéance. Certaines races auraient été décimées par les dieux, d'autres se seraient tuées elles-mêmes à la guerre... Mais à chaque âge correspondait une nouvelle création, toutes ces races étant bien entendu mortelles, à la différence de celle des dieux.

La race d'or, nous dit Hésiode, jouissait d'une éternelle jeunesse. C'est le stade du paradis terrestre, toujours regretté, dont les descriptions sont paradoxalement toujours négatives : il n'y avait ni maladie, ni guerre, ni lois, ni besoin de travailler. C'était l'époque de Cronos-Saturne, l'ère donc qui précède l'histoire, un temps figé dans un éternel printemps. Lorsque Zeus-Jupiter eut détrôné son père, celui-ci se réfugia sous terre avec sa race d'or. Zeus créa alors une race d'argent, qui vivait jusqu'à cent ans une jeunesse heureuse. Mais, dès qu'elle abordait l'adolescence, elle vivait follement et ne tardait pas à mourir. Le roi des dieux la détruisit parce qu'elle se refusait à lui rendre hommage. C'est, nous dit Ovide, l'époque où le cycle des saisons se mit en marche, obligeant les hommes à se protéger de la chaleur ou du froid dans des maisons.

La race d'airain qui lui succède est celle des géants, qui ne songent qu'aux œuvres démesurées et qui inventent armes et outils de bronze. Hésiode parle ensuite d'une « race des héros », distincte selon lui de la troisième, mais qui fut par la suite confondue avec elle. C'était une race guerrière qui fut décimée à la guerre, et notamment à celle de Troie. Cette race surhumaine a notamment inspiré Rodin, dont *l'Âge d'airain* magnifie la force humaine à une époque fascinée par le mythe de l'*Uebermensch*.

La race de fer (cinquième chez Hésiode, mais traditionnellement quatrième) est la nôtre, à laquelle les poètes prêtent tous les vices. À tel point d'ailleurs qu'Astrée, déesse de la Justice qui avait jusqu'alors partagé le sort des hommes, se retira écœurée dans le ciel, où elle apparaît désormais dans la constellation de la Vierge [→ 12 Zodiaque]. En spécifiant que la race de bronze ne connaissait pas encore le fer, Hésiode suggère une origine historique à ce thème : le souvenir devenu mythique d'une découverte capitale, qui nous fit effectivement passer d'un âge du bronze à un âge du fer. Mais, si, symboliquement, le bronze est préférable au fer, la découverte de celui-ci fut un progrès considérable pour l'humanité. De là peut venir la substitution d'âges aux races primitives. Chez Platon, en effet, les quatre métaux sont encore étroitement liés à des types humains, mais selon une division synchronique cette fois, selon les classes de la société : magistrats (hommes mêlés d'or), soldats (mêlés d'argent), laboureurs et artisans (mêlés d'airain et de fer) [*République* 415a].

Le thème des quatre âges, cher au *laudator temporis acti*, ne se limite pas à la mythologie gréco-romaine. Ne rappelons que le rêve de Nabuchodonosor, dans la Bible (Dn 2, 31-45), où un colosse aux pieds d'argile symbolise, par les métaux qui le composent, quatre royaumes successifs d'or, d'argent, de bronze et de fer. Dans le Rig-Veda hindou, les mêmes métaux symbolisent dans le même ordre le Krita-yuga (âge d'or de 24 195 ans), le Tétra-yuga (18 146 ans), le Dvapara-yuga (12 097 ans) et le Kali-yuga (qui débute 3 100 ans avant notre ère). C'est le leitmotiv des nostalgiques, qui rappellent que tout allait mieux dans leur jeunesse pour conclure au déclin inéluctable du monde. La vision chrétienne, qui substitua à ce schéma trois époques ascendantes (âge du Père, passé ; du Fils, présent ; du Saint-Esprit, à venir), eut au moins le mérite d'inverser le sens de l'histoire. La fin du monde (Apocalypse) n'est donc plus une catastrophe, mais une apothéose (Jérusalem céleste). C'est donc dans une optique chrétienne que la philosophie du XIXe siècle proclama la religion du Progrès, qui situe dans le futur et non plus dans le passé le mythique âge d'or (Grand soir marxiste, ère positiviste comtienne, triomphe de la science...).

□ **Iconographie** : Rodin, *l'Âge d'Airain* ; Maurice Denis, *l'Âge d'or* (musée de Beauvais)... Allégoriquement, l'âge d'or porte une corne d'abondance ; l'âge d'argent, des outils agricoles ; l'âge d'airain, un javelot ; l'âge de fer, une épée et un bouclier.

Bande des quatre

TCHANG - YAO - WANG - KIANG KING

HISTOIRE DE CHINE 1. Proches de Mao qui ont tenté de maintenir la ligne dure à la fin du régime. 2. Au figuré, groupe de dirigeants qui monopolisent le pouvoir. Jean-Marie Le Pen parlait de « la bande des Quatre » pour désigner les quatre partis traditionnels (PC, PS, UDF, RPR) qui se partageaient l'Assemblée nationale grâce au scrutin majoritaire. « La bande des quatre prend position autour d'elle, se met à genou, ôte son string, le tout dans une parfaite synchronie. » (Max Genève, *La nuit sera chienne*, Zulma, 1993, p. 51).

□ Origine : Campagne contre les héritiers du maoïsme du 20 octobre 1976.

Tchang (Zhang Chungqao) était l'homme fort de Changaï et commissaire politique en chef des armées. Yao (Yao Wenyuan) était responsable de la propagande (on le surnommait le « Goebbels des Quatre »). Wang (Wang Hongwen), le plus jeune des lieutenants de Mao, a été propulsé en 1974 dans la centrale du parti ; deuxième adjoint de Mao, il était considéré comme son dauphin. Kiang King (Jiang Qing) était la femme du Grand Timonier ; elle régnait sur les arts par fidèles interposés. Leur radicalisme triomphait en 1976 lorsque la mort de Mao bouleversa la politique chinoise. Hua Guofeng les fit arrêter le 6 octobre 1976, et on ne parla bientôt plus que de la « bande des Quatre », qui avait voulu restaurer un maoïsme pur et dur.

Barbus

JACQUES TRITSCH - MARCEL QUINTON - PIERRE JAMET - GEORGES THIBAUT

VARIÉTÉS Groupe de chanteurs de l'après-guerre.

□ Origine : Constitution du groupe en 1938 ; nom donné en 1946.

C'est sous le nom de « Compagnons de la route » que se constitue le premier quatuor vocal. Le nom sous lequel ils deviendront célèbres leur vient d'une pièce montée à la Libération, *les Gueux au Paradis* (A. Obey, M. Fombeure et C. Roy), dans laquelle ils doivent tous quatre porter la barbe. Francis Blanche et Pierre Dac rendirent fameux cet appendice pileux en écrivant pour eux une parodie du *Barbier de Séville* de Rossini (« J'ai de la barbe »). La chanson désormais introduit systématiquement leurs spectacles et sera un de leurs plus grands succès. Ils se spécialisent dans la parodie, la chanson ancienne et la chanson enfantine. Leur groupe est dissous en 1969.

Beatles

JOHN LENNON - PAUL McCARTNEY - GEORGE HARRISON - RINGO STARR

VARIÉTÉS Groupe musical auquel les années 1960 vouèrent un véritable culte.

□ Origine : Nom choisi en 1959 pour une audition de Larry Parnes et une tournée en Écosse.

Quand a commencé l'aventure des Beatles ? En 1955, lorsque John Lennon fonde The Quarrymen, du nom de son collège ? En 1956, à sa rencontre décisive avec Paul McCartney (l'un a alors seize ans et l'autre, quatorze) ? En 1959, quand le groupe adopte le nom de « Silver Beatles », vite abrégé en « Beatles » ? En 1962, quand Richard Starkey (Ringo Starr) le rejoint et que sort le premier disque ? Ou dans cette flambée de 1963 qui ne s'éteindra plus jusqu'à la dissolution du groupe dix ans plus tard ?

Le groupe de Liverpool n'est au départ qu'un des nombreux groupes *beat* qui tentent de renouveler le jazz alors tout-puissant. Des amplis leur permettent de jouer plus fort en soulignant violemment les tempos, d'où leur nom (anglais *to beat*, « battre »). Lennon, en 1959, admirait les *Crickets*, et pensa à donner, sur leur exemple, un nom d'insecte à sa formation. Le jeu de mots entre le scarabée *(beetle)* et le genre de musique qu'il voulait jouer séduisit le groupe.

La *beatlemania* des années 60 traîne dans son sillage bien d'autres modes. Lennon et McCartney s'inspirent volontiers de groupes noirs féminins d'Amérique, qui adoptent souvent une forme dialoguée de questions et de réponses. Celles-ci sont la plupart du temps brèves : « yeah ». Le mot est repris comme un leitmotiv par les Beatles, qui lancent la mode « yéyé ». Au cinéma, ils tournent notamment sous la direction de Richard Lester dans *Quatre garçons dans le vent* (1964). Leurs thèmes inspireront la génération hippy, qui chante avec eux « All you need is love ». La longueur (quoique encore timide) de leurs cheveux sera communicative.

En 1974, après quatre ans de tensions, le groupe se dissout et chacun poursuivra indépendamment sa carrière.

□ **Références** : Hunter Davies, *The Beatles*, 1968 ; Alain Dister, *Les Beatles*, Albin Michel, 1972.

Canopes

AMSET - DOUAMOUTEF - HAPI - QEBEHSENOUF

ÉGYPTOLOGIE Vases funéraires contenant les entrailles des morts.

□ Origine : Ve dynastie (XXVIe s. A.C.N.).

La ville de Canope (l'actuelle Aboukir) fabriquait des statuettes d'Osiris en forme de vases connues depuis longtemps. Aussi, lorsqu'on découvrit dans les premières tombes égyptiennes des groupes de quatre vases à têtes animale ou humaine, les antiquaires du XVIIIe siècle les appelèrent-ils tout naturellement « canopes ». Le nom leur est resté, quoique leur fonction soit plus spécifique. Au cours de l'embaumement, le corps était vidé et les principaux organes internes, embaumés à part. À partir de la XVIIIe dynastie (XIVe s. A.C.N.), ils furent mis sous la protection des quatre fils d'Horus, dont les têtes furent sculptées sur le couvercle des canopes. Amset, à tête humaine, protège ainsi le foie ; Douamoutef, à tête de chien, reçoit l'estomac ; le babouin Hapi garde les poumons et le faucon Qebehsenouf, les intestins.

Cardinales (vertus)

PRUDENCE - JUSTICE - FORCE - TEMPÉRANCE

THÉOLOGIE Vertus fondamentales autour desquelles tourne l'ensemble des vertus morales. « Les trois Théologales / Marchent devant / Les quatre Cardinales / Vont en suivant » (Péguy, *La ballade du cœur qui a tant battu*).

□ Origine : Platon, *République*, IV, 6, 427e (IVe s. A.C.N.) ; Ancien Testament, Sg 8, 7 (Ier s. A.C.N.) ; Cicéron, *Termes*, V, 23, 67 (Ier s. A.C.N.) ; saint Ambroise, Luc, V, 62 (P.L. 15, col. 1653).

Les vertus qui, chez Platon, sont les quatre piliers de la République, ont pénétré la Bible par le milieu helléniste des Septante. Dans la Sagesse attribuée à Salomon, ce sont les quatre vertus « les plus utiles aux hommes dans la vie ». Aussi saint Ambroise, le premier à les intégrer à la pensée chrétienne, les appelle-t-il « cardinales ». À la manière des gonds (lat. *cardines*) sur lesquels s'appuient le mouvement des portes, elles soutiennent les actions des hommes et les aident à pénétrer dans la vraie vie. C'est leur différence avec les trois théologales, qui concernent moins les moyens que les fins, et qui servent de « point d'appui à l'état statique » (saint Thomas). C'est la différence que fait également Péguy entre les vertus données par Dieu (les théologales « naissent chrétiennes ») et les vertus acquises par l'homme (les cardinales « vivent chrétiennes »). Elles participent ainsi au symbolisme du nombre quatre, qui assied l'univers matériel et humain, quand le nombre trois (théologales) concerne les choses divines. Leur somme permet la complétude : les sept vertus résument la sagesse humaine et divine. Saint Ambroise compare les quatre vertus cardinales aux fleuves du paradis [→ 4 Fleuves] ; elles restent la base de la morale catholique (CEC §§ 1805-1809).

Causes

MATÉRIELLE - FORMELLE - EFFICIENTE - FINALE

PHILOSOPHIE Ce qui est à l'origine de la génération, dans la philosophie aristotélicienne.

□ Origine : Aristote, *Physique*, II, 194b ; *Métaphysique*, I, 3, 983 (IVe s. A.C.N.).

La philosophie antique, et la philosophie chrétienne à partir du XIIe siècle, ont emprunté à Aristote sa réflexion sur les causes. Pour qu'il y ait génération (d'un être, d'un objet, d'un mouvement...), il faut quatre choses. La matière, dont l'objet sera fait et qui lui restera immanente : l'airain est cause de la statue. La forme qui sera donnée à cette matière : le rapport de deux à un, dit Aristote, est cause de l'octave (le « la 440 » est à l'octave du « la 220 »...) ; dans l'exemple de la statue, la forme « statue » qu'elle prend plutôt que la forme « coupe » ou « canon » est une cause distincte de la matière. L'agent (ou efficient) est celui qui décide du changement : le père est cause de l'enfant, le sculpteur l'est de la statue. La fin donne son sens à l'action : la santé est cause de la promenade (dans le cas de la statue : le culte d'Apollon sera la fin). Ainsi, pour construire une chaise, il faut du bois (cause matérielle), un assemblage de carrés (cause formelle), un menuisier (cause efficiente) et le désir de s'asseoir (cause finale).

Cavaliers de l'Apocalypse

NOM	CHEVAL	ATTRIBUTS
Conquête (Christ)	blanc	arc et couronne
Guerre	rouge feu	épée
Famine	noir	balance
Mort (peste)	vert jaune	(faux)

SYMBOLISME CHRÉTIEN Quatre cavaliers destructeurs que saint Jean voit surgir à la fin des temps, lorsque sont rompus les quatre premiers sceaux du Livre. « En découvrant le Christ…, j'eus le sentiment qu'il était l'un des cavaliers de notre apocalypse, l'ange destructeur de la mairie moderniste » (Patrick Chamoiseau, *Texaco*, Gallimard, 1992, p. 36). On fait plus volontiers référence au quatrième cavalier et à son « cheval pâle » : «… un motocycliste de la Wehrmacht, avec son casque et son cache-poussière gris, moderne Chevalier de la Mort lui barrant la route, une route jalonnée de pendus… » (Baptiste-Marrey, *le Maître de Stammholz*, Bourin, 1992, p. 55). *The four horsemen of the Apocalypse* : film de Minnelli (1962).

□ Origine : Nouveau Testament, *Apocalypse*, 6, 2-8 (Ier s.).

Saint Jean donne certains attributs des cavaliers (arc, couronne, épée, balance), la couleur de leurs chevaux et le nom du dernier. Pour l'Évangéliste, ils sont investis d'une mission terrible : tuer par « l'épée, la famine, la mort, les fauves ». C'est en partie ces quatre pouvoirs qui ont déterminé leurs noms. Cependant, au Moyen Âge, on vit volontiers dans le premier cavalier, couronné et monté sur un cheval blanc, le Christ triomphant - ce qui explique qu'on entende parfois parler des « trois cavaliers de l'Apocalypse » qui constituent sa suite. C'est à partir du XVIe siècle et de la constitution des États modernes que le premier cavalier devint lui aussi un fléau porteur de mort : l'impérialisme conquérant, symbolisant le roi des vices, l'Orgueil. La guerre est représentée par l'épée ; la famine, par la balance du spéculateur qui vend à usure les denrées de base (« une mesure de blé pour un denier », Ap 6, 6) ; la mort, à la fin du Moyen Âge, fut de plus en plus assimilée à la peste. C'est ainsi qu'elle apparaît dans le *Triomphe de la mort* de Bruegel : un squelette monté sur un cheval pâle tire le chariot des pestiférés, tandis que la guerre, sur son cheval de feu, moissonne à pleine faux.

Chevaux au char du Soleil

EOUS - ETON - PHLEGON - PYROIS

MYTHOLOGIE GRECQUE Attelage d'Hélios, dieu solaire.

□ Origine : Sophocle, *Ajax*, 847 (Ve s. A.C.N.).

Le char solaire appartient au vieux fonds indo-européen, puisqu'il apparaît aussi bien dans la mythologie védique que dans le nord de l'Europe. Ce char d'or, aux rênes d'or et aux chevaux flamboyants symbolise la course diurne du Soleil, concurremment avec la barque, plus répandue dans d'autres civilisations, mais moins fréquente dans la mythologie gréco-romaine. Il existait donc bien avant d'être attesté dans les textes, et bien avant que les noms des quatre chevaux soient donnés par Hygin au Ier siècle A.C.N. et par Ovide, auquel sont empruntés les noms les plus courants (*Métamorphoses*, II, 153-154). Derrière les noms latinisés, on reconnaît les formes grecques, Eôos (« de l'Orient »), Aithôn (« de feu »), Pyroeis (« enflammé »), Phlégon (« brûlant »). Hygin cite Eôos, Aithiops (« le Brûlé », « le Noir », étymon d'Éthiopien), Brontê (« le Tonnerre »), Stéropê (« l'Éclair »).

Couronnés

SÉVÈRE - SÉVÉRIEN - CARPOPHORE - VICTORIEN
ou CLAUDE - NICOSTRATE - SYMPHORIEN - CASTORIUS

MYTHOLOGIE CHRÉTIENNE Quatre saints fêtés le 8 novembre, protecteurs des constructeurs et des sculpteurs. Leur légende est entrée dans la symbolique des sociétés issues des corporations de constructeurs (franc-maçonnerie, compagnonnage).

□ Origine : *Passio Quatuor Coronatorum* (IVe s.), dans A.A.S.S. nov. III, p. 1910.

Ces frères, tous quatre sculpteurs, furent martyrisés sous Dioclétien pour avoir refusé de sculpter une idole (Esculape, le dieu romain de la médecine, précise-t-on souvent). Ils furent donc jetés dans une caisse de plomb avec Simplicius, un autre sculpteur qu'ils avaient converti, ou fouettés à mort et leur cadavre, donné aux chiens. Quatre martyrs inconnus étant fêtés le même jour (8 novembre) et appelés « les quatre couronnés » (ceux qui ont reçu la couronne de martyr), les quatre frères se sont confondus avec eux et leur couronne est devenue un signe de dignité. Une autre légende en fait des tailleurs de pierre pannoniens travaillant dans une mine de porphyre et martyrisés sur le mont Franc (Fruška Gora, près de Metrovitsa). Plusieurs séries de noms ont circulé (jusqu'à treize). La passion primitive parle de Claudius, Castorius, Symphorianus et Nicostratus. L'autre série, qui correspond aux « martyrs d'Albano », est cependant plus fréquente.

Les quatre ouvriers du bâtiment ont incarné différents métiers, mais les listes coïncident rarement. On y a vu à Florence un sculpteur, un architecte, un tailleur de pierres et un maçon ; à Bruxelles, un maçon, un tailleur de pierres, un couvreur et un paveur... Leur patronage permettait sans doute de regrouper diverses corporations du bâtiment.

Outre le patronage des métiers liés directement ou symboliquement à la construction, ils sont devenus patrons de Côme, peut-être sur un jeu de mots : ces sculpteurs ambulants travaillaient « avec leurs outils », *con machine*, et ont été appelés Comacini, comme bien des sculpteurs médiévaux. L'Italie et les Flandres ont particulièrement vénéré les quatre couronnés. À Venise, au XIVe siècle, l'école des tailleurs de pierre s'est mise sous leur protection, imitée par celles d'autres villes italiennes et flamandes (Anvers, Bruxelles...). À Londres, une loge maçonnique s'est créée sous leur nom.

□ **Iconographie** : On les représente couronnés, avec la palme du martyr et les outils du maçon. Ils figurent à Venise sur un chapiteau du palais des Doges et sur une mosaïque de Saint-Marc (exécutée par Gaetano en 1597-1599 sur un carton du Tintoret). Nanni di Banco les a représentés sur un bas-relief de pierre (Orsammichele, Florence, XVe s.). Des tableaux commandés par des corporations flamandes sont conservés à Bruxelles et à Lille.

□ **Références** : REA ; CAH ; Pierre du Colombier, *les Chantiers des cathédrales*, Paris, Picard, 1953.

Dalton

Frères Dalton : ROBERT - EMMETT - GRATTAN - BILL DOOLIN
Cousins Dalton : JOE - WILLIAM - JACK - AVERELL

HISTOIRE AMÉRICAINE Quatre bandits américains de la fin du XIXe siècle, qui ont notamment inspiré des épisodes du *Lucky Luke* de Morris.

□ Origine : Eye Witness, *The Dalton brothers and their astounding career of crime*, 1892.

Le mythe des Dalton est né la même année que leur bande, dans la tête d'un petit journaliste qui amplifia des aventures sans grande envergure. Issus d'une famille de quinze enfants, dix garçons et cinq filles, les Dalton ont d'abord fourni des protecteurs à la loi avant de défrayer sa chronique. Frank, *deputy marshall* tué en service en 1887, est suivi par Bill, qui démissionne de ses fonctions parce qu'il n'est pas payé. Il rejoint alors la « bande » menée par ses trois frères. C'est en 1892 que la bande de hors-la-loi créée par Robert Dalton se trouve au complet. En moins d'un an, ils sont légendaires, à tel point qu'un homme apercevant, sans les reconnaître, des Winchester à travers les vitres d'une banque, lance avec cent ans d'avance le cri de Joe Dassin : « Voilà les Dalton ! » Ils se font surtout connaître par des attaques de trains, et lorsque, le 5 octobre 1892, ils tentent une double attaque de banque à Coffeyville, une bataille sanglante met fin à leurs activités. Robert et Grattan sont tués ; Emmett, blessé et capturé. Doolin fonde par la suite sa propre bande. Libéré en 1907, Emmett tente en 1918 de rectifier la légende *(Beyond the law)*, puis il en prend son parti et l'exploite lui-même (*When the Dalton rode*, 1931).

Pourtant, le mythe des Dalton prend mal. On ne dénombrera que huit films les mettant en scène, une paille à côté des James ou des Younger, qui inspirèrent plus de quarante longs-métrages. C'est Morris qui les lance réellement en les incorporant en 1954 à la saga de Lucky Luke. Des quatre frères malchanceux, il retient le côté « bête et méchant ». Bête, surtout : le banquier de Coffeyville gagnera du temps en leur faisant croire qu'un mécanisme d'horlogerie interdit l'ouverture du coffre avant 9 h 45, et, dans un de leurs butins, on retrouvera 1,98 dollar de trop... L'album connut un gros succès, et Morris regretta d'avoir suivi la vérité historique jusqu'à la mort des héros. Goscinny, qui conçut les scénarios suivants, imagine alors les quatre cousins qui n'ont qu'une idée en tête : venger les quatre frères tués par Lucky Luke. Au moral et au physique, ce sont les portraits des premiers héros... et on se gardera bien, cette fois, de les supprimer.

□ **Référence** : Emmett Dalton, *Nous les frères Dalton*, Paris, Lattès, 1974.

Docteurs de l'Église

Église latine : SAINTS AMBROISE - JÉRÔME - AUGUSTIN - GRÉGOIRE LE GRAND
Église grecque : SAINTS BASILE LE GRAND - ATHANASE - GRÉGOIRE DE NAZIANCE - JEAN CHRYSOSTOME

HISTOIRE RELIGIEUSE Écrivains ecclésiastiques qui, par leur vie, leur orthodoxie et l'importance de leur œuvre, ont été honorés de ce titre par décision du pape ou d'un concile général.

Parmi les écrivains ecclésiastiques, certains se recommandent par leur ancienneté (les Pères), d'autres par leur prestige (les docteurs de la foi), d'autres enfin par leur autorité, sanctionnée par une approbation solennelle de l'Église (les docteurs de l'Église). Durant tout le Moyen Âge, ceux-ci n'ont été que quatre pour chacune des deux Églises. Ce n'est qu'en 1568 qu'on institua un nouveau docteur, saint Thomas d'Aquin. La liste s'est ensuite allongée jusqu'à trente-deux [→ 32 Docteurs]. Ce sont les seuls dont la liste soit restreinte et officielle.

Dans la tradition médiévale, on ne parle donc que des quatre docteurs reconnus par la tradition, qui sont les quatre piliers de la théologie comme les quatre prophètes sont ceux de l'Ancienne Loi et les quatre Évangélistes, ceux de la Nouvelle. Ils apparaissent souvent de concert, quoique les rapports entre les trois groupes varient souvent. Par exemple, le lion de saint Marc peut correspondre à saint Jérôme (qui en apprivoisa un dans le désert) ou à saint Ambroise (pour sa vaillance devant Théodose). Aussi vaut-il mieux les identifier à leurs attributs. Saint Grégoire se reconnaît à ses habits de pape (et parfois à l'hostie qui se convertit en chair entre ses mains) et saint Jérôme à ceux de cardinal (ou à son lion, quand il est nu dans le désert). Le problème se pose pour les deux évêques. Saint Ambroise est souvent accompagné d'abeilles, ou d'une ruche : elles se seraient posées sur sa bouche, dans sa jeunesse, pour signaler ses dons oratoires (paroles melliflues). Le jeu de mots sur son nom (ambroisie) a dû jouer dans l'origine de la légende, comme pour celle de saint Jean Chrysostome (« Bouche d'or ») ou de saint Bernard (le docteur melliflue), eux aussi représentés avec des abeilles. Quant à saint Augustin, ses attributs sont variables et assez répandus (calice, cœur, colombe, coquille, église, plume...).

D'autres docteurs ont parfois été ajoutés au Moyen Âge, selon les églises locales. On fête parfois, en Grèce, les trois docteurs (sans Athanase) ou les cinq (avec Cyrille d'Alexandrie).

□ **Iconographie** : Les quatre docteurs apparaissent souvent sur les portes, sur les jouées de stalles, sur les boiseries... On les trouve à Beauvais, au portail nord de la cathédrale. Rubens les a représentés tous les quatre penchés sur les Écritures, qu'ils commentent (Musée de Stockholm) ; on les retrouve avec saint Thomas (nouvel agrégé) dans la *Dispute du Saint Sacrement* de Raphaël.

Éléments

TERRE - EAU - AIR - FEU

À la théorie des quatre éléments (voir tableau p. 111) sont liées celles des quatre :
Qualités : CHAUD - HUMIDE - FROID - SEC
Humeurs : SANG - FLEGME (pituite) - ATRABILE (bile noire) - COLÈRE (bile jaune)
Tempéraments : SANGUIN - FLEGMATIQUE - ATRABILAIRE - COLÉRIQUE

PHILOSOPHIE ET MÉDECINE ANTIQUES Constituants primitifs du monde et de toute matière. « D'abord, pour aborder le monstre, j'emploierai la conjuration des quatre. Qui ne connaîtrait pas les éléments, leur force et leurs propriétés, ne se rendrait jamais maître des esprits » (Goethe, *Faust* ; « Cabinet d'étude »). « L'ange mélancolique qui distille les humeurs de l'âme et en extrait états de grâce et épiphanies » (Italo Calvino, *le Château des destins croisés*, Seuil, 1976, p. 112). Le cinquième élément (ou la quintessence) : l'éther (matière supposée qui constitue les astres, chez Aristote, ou qui emplit le « vide » du ciel).

□ Origine : Empédocle, *Peri physeôs* (de la nature), prologue, v. 59-60 (Ve s. A.C.N.).

Les quatre éléments sont issus des spéculations sur l'origine du monde. Les philosophes ioniens cherchaient l'élément fondamental dont tous les autres seraient issus. Empédocle le premier considéra que quatre éléments étaient les racines de tout ce qui existe. Il s'agit moins, pour les Anciens, des matières qu'ils désignaient sous les mêmes noms (terre, eau,

LES 4 POINTS CARDINAUX, LES 4 ÉLÉMENTS, LES MOIS DE L'ANNÉE, LE ZODIAQUE.

Ainsi que les saisons, les lunes,
les humeurs, les tempéraments,
les âges de l'homme,
les organes, les évangélistes,
les vertus cardinales,
les sens, les fleuves du paradis,
les âges du monde, les facultés
et les divisions du jour.

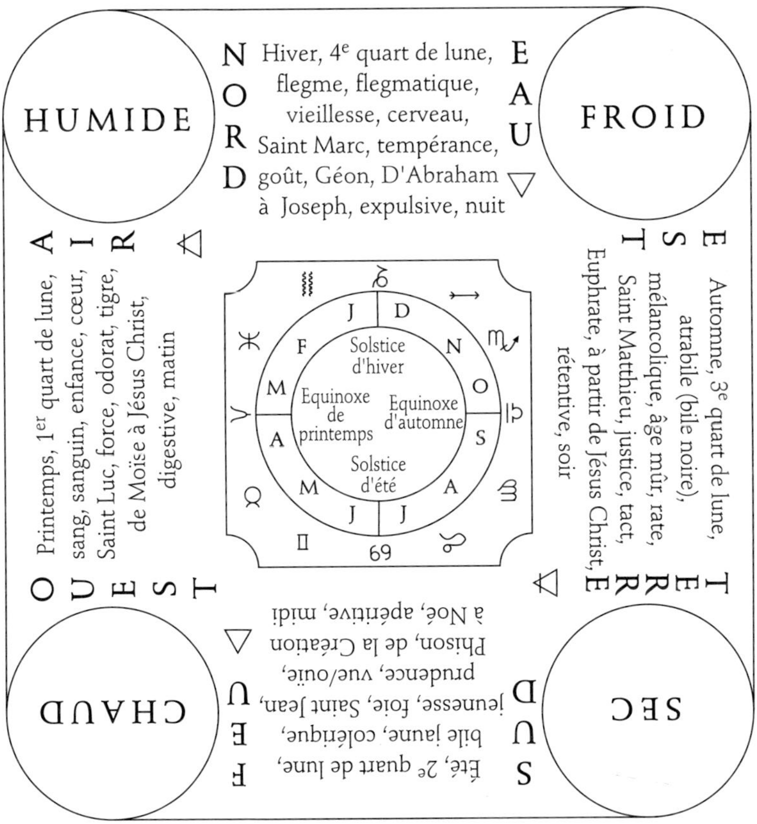

air, feu) que d'états fondamentaux de la matière (solide, liquide, gazeux, subtil). Isidore de Séville considère que les quatre éléments sont présents partout, et que chacun porte le nom de celui qui prédomine dans sa composition.

Jusqu'à Aristote, le quatrième élément était l'éther, et non l'air : c'est lui qui supposa l'existence d'un cinquième élément, qu'il appela éther et qu'il distingua de l'air. Lui aussi qui combina la théorie avec celle des quatre qualités (chaud, sec, froid, humide). En médecine, Hippocrate définit les quatre humeurs et Galien les quatre tempéraments. Toute la médecine médiévale et classique reposa sur les théories galéniques.

La première remise en question des quatre éléments est en effet celle de Descartes, qui définit de façon théorique une matière subtile, globuleuse et rameuse. Mais sa théorie fut controversée et le XVIIIe siècle n'osa pas se prononcer sur la question. La chimie moderne isola peu à peu les éléments fondamentaux. Dans la table de Mendeleïev (1869), ils sont 66, une place étant laissée aux inconnus. Ils sont aujourd'hui 109.

□ **Iconographie** : Le symbolisme des quatre éléments est multiple. La terre a été évoquée par Cybèle, une corne d'abondance, des épis, un lion, une taupe, un lapin, le paradis terrestre... L'eau, par Neptune, des naïades, une sirène, un fleuve, des plantes aquatiques, des dauphins, des poissons (en particulier des harengs), le Déluge... L'air, par Iris, Junon, Zéphyr, Éole, un aigle, un caméléon, la Jérusalem céleste... Le feu, par Vulcain, une vestale, une salamandre, le phénix, l'enfer... Parmi les plus célèbres représentations, celles de Le Brun (pavillon de l'Aurore à Sceaux), de Bruegel de Velours (plusieurs tableaux), du Véronèse (fresques de la villa Barbaro à Maser), du Louvre (coupole de la salle ronde, stucs des appartements d'Anne d'Autriche)... Les quatre tempéraments sont représentés par des hommes habillés de couleurs différentes (bleu, sanguin ; rose, flegmatique ; rouge, coléreux ; bicolore, mélancolique...) ou identifiés par leur posture (le sanguin embrasse une femme, le flegmatique lui fait une cour platonique, le colérique la bat, le mélancolique rêve ou dort à ses côtés).

□ **Références** : *Les quatre éléments dans la culture médiévale*, Colloque du Centre d'études médiévales de l'université de Picardie, 25-27 mars 1982, Kümmerle Verlag, 1983 ; R. Klibansky, E. Panofsky, F. Saxl, *Saturne et la Mélancolie*, Paris, Gallimard, 1989.

Enseignes

FRANCE	ESPAGNE	ALLEMAGNE	SUISSE
cœur	coupe	rouge	rose
carreau	denier	grelot	grelot
trèfle	bâton	gland	gland
pique	épée	vert	écusson

JEUX Les quatre grandes familles du jeu de cartes, appelées également « couleurs ». « Rodrigue, as-tu du cœur ¿ - Je n'ai que du carreau » (Boisrobert, parodie du *Cid* rapportée par Tallemant des Réaux).

□ Origine : Jeux du XVe siècle (1420-1440).

D'où viennent les quatre couleurs (en fait, quatre symboles sur deux couleurs, le rouge et le noir) de nos jeux de cartes ? On a pensé qu'elles avaient été créées sur le modèle des couleurs espagnoles, où l'allusion aux quatre classes sociales semble plus évidente : le clergé (les coupes évoquent des calices), la noblesse (épées), la bourgeoisie (deniers), les travailleurs (bâtons). On a donc fait du cœur la couleur du clergé (par jeu de mots sur chœur), du pique celle de la noblesse (par allusion à l'arme), du carreau celle de la bourgeoisie (par allusion à ses maisons pavées) et du trèfle celle des travailleurs (paysans).

Mais l'explication peut sembler laborieuse, et on a tout aussi bien expliqué les couleurs par des allusions à la guerre, le jeu de cartes étant à l'origine une « bataille » : pour aller au combat il faut du courage (cœur), des armes offensives (piques) et défensives (carreau, selon la forme du bouclier), et du fourrage pour les chevaux (trèfle). D'autres y virent les symboles de quatre vertus, vaillance (cœur), sagesse (trèfle), fermeté (carreau), force (pique). Avouons surtout que nous ne savons pas grand-chose sur leur signification, et que c'est ce mystère qui constitue toute leur richesse interprétative.

□ **Références** : R. Merlin, *Origine des cartes à jouer*, Paris, 1869 ; André François, *Histoire de la carte à jouer*, Paris, Fréal, 1974.

Évangélistes

NOM	SYMBOLE	RÉGION ÉVANGÉLISÉE	PROPHÈTE
Matthieu	Ange	Parthes, Éthiopie	Isaïe
Marc	Lion	Égypte	Daniel
Luc	Bœuf	Bithynie	Jérémie
Jean	Aigle	Asie Mineure	Ézéchiel

CHRISTIANISME Les quatre auteurs des vies de Jésus retenues pour constituer les Évangiles canoniques. « Le Christ n'a laissé derrière lui que le tombeau vide pour éprouver notre foi et quatre évangiles au lieu d'un pour éprouver notre raison. » (René Swennen, *le Roman du linceul*, Gallimard, 1991, p. 108-109).

□ Origine : Tertullien, *Adversus Marcionem*, IV, 2 (fin IIe s.).

Le Christ n'ayant pas laissé d'écrits, nous ne connaissons sa vie et ses paroles que par des témoins en principe directs qui ont recueilli son enseignement. Les quatre Évangiles ont été écrits en grec. Un « protoévangile » est cependant postulé, écrit en syriaque et attribué à Matthieu. C'est lui qui servit de source aux trois premiers Évangiles, appelés « synoptiques » à cause des nombreux passages parallèles qu'ils présentent. Le quatrième Évangile fut rédigé par Jean dans sa vieillesse, peut-être en réaction contre les précédents, ou contre la prolifération de récits mythiques et de paroles apocryphes attribuées au Christ. Il se distingue en effet par sa plus grande élévation spirituelle. Outre ces quatre Évangiles, nous avons aussi ceux de Jacques, de Thomas, de Pierre, pour ne parler que de ceux attribués à des apôtres... Tous ces textes ont été considérés comme authentiques dans certaines communautés locales, et parfois dans certaines sectes hérétiques. Le canon des textes bibliques reconnus par l'Église catholique sera fixé entre le IIe et le IVe siècle. En 367, Athanase d'Alexandrie lui donne sa forme définitive.

Les évangélistes sont donc les porteurs de la « Bonne Nouvelle » (gr. *euaggelion*). Depuis saint Jérôme (*Commentaires sur Matthieu*, Prol.), ils sont identifiés aux quatre animaux soutenant le trône de Dieu dans l'Apocalypse (4, 6s), qui renvoient eux-mêmes à la vision d'Ézéchiel (1, 5-18). Ils sont également, mais plus sporadiquement, identifiés aux quatre vents, aux quatre points cardinaux, aux quatre fleuves du paradis, aux quatre régions du monde... (Voir, dans la même collection, *les Allusions bibliques*.)

□ **Iconographie** : Le tétramorphe (représentation des quatre évangélistes sous forme de leur symbole animal) est un des thèmes les plus fréquemment illustrés au Moyen Âge, surtout sur les tympans des portails d'églises, à l'époque romane. Sa plus ancienne représentation sculpturale semble être le sarcophage d'Adon, à Jouarre (VIIe s.).

Fils Aymon

RICHARD - GUICHARD - ALLARD - RENAUD

MYTHOLOGIE FRANÇAISE Héros populaires en Ardenne pour leurs exploits fabuleux. « Ne soupçonnes-tu point qu'agité du Démon / Ainsi que ce Cousin des quatre Fils Aymon... / Je rumine en marchant quelque endroit du Grimoire ? » (Boileau, *Épître* XI, vv. 19-22).

□ Origine : *Renaut de Montauban ou les Quatre Fils Aymon* (chanson de geste de la fin du XIIe s.).

Selon la geste, Aymes de Dordogne (qui, en se déclinant, devient Aymon) était un fidèle serviteur de Charlemagne. Mais, à la suite d'une double querelle où furent tués le frère d'Aymon et le neveu de l'empereur, les quatre fils d'Aymon fuient la cour sur le cheval enchanté Bayard. Grâce à l'épée Froberge et à leur cousin, l'enchanteur Maugis, ils défient longuement les armées de l'empereur, jusqu'à ce qu'une paix soit conclue. La légende fut extrêmement populaire et entra dans la bibliothèque bleue lorsque les chansons de geste ne furent plus à la mode. Le théâtre de marionnettes en perpétue encore la tradition. On montre encore le long de la Meuse les ruines du château de Poilvache, construit par nos quatre héros, ou le rocher Bayard, à Dinant, une aiguille que le cheval enchanté aurait fendue d'un coup de sabot en voulant fuir les troupes impériales. À Alost, à Ath, le cheval géant avec ses quatre cavaliers est de sortie pour le carnaval, le dimanche précédant le Mardi gras.

Fleuves des enfers

ACHÉRON - COCYTE - STYX - PHLÉGÉTON (ou PYROPHLÉGÉTON)

MYTHOLOGIE ANTIQUE Les quatre fleuves qui entourent le séjour des morts. « On ne voit point deux fois le rivage des morts… / Et l'avare Achéron ne lâche point sa proie » (Racine, *Phèdre*, acte II, sc. 5).

□ Origine : Homère, *Odyssée*, X, 513-514 (IXe s. A.C.N.).

L'un étant le nombre céleste et le quatre, celui des choses terrestres, la plupart des mythologies connaissent la division en quatre branches du fleuve céleste. Ce qui, dans la Bible, distingue le paradis céleste du paradis terrestre oppose, dans la mythologie grecque, le monde terrestre au monde infernal. C'est du fleuve Océan qui entoure le monde, en effet, que naissent les quatre fleuves des enfers. Il alimente d'abord le Styx, le plus anciennement attesté, puisque, déjà dans l'*Iliade,* les dieux ont coutume de prononcer sur lui leurs serments les plus solennels. Le Styx (« objet d'horreur », en grec) alimente à son tour le Pyrophlégéton (« qui brûle par le feu »), affluent de l'Achéron (d'*achea*, « chagrins »), qui reçoit également le Cocyte (« lamentations »). De nombreux fleuves, en Grèce ou en Asie Mineure, ont porté ces noms, sans qu'il soit possible de dire si la géographie terrestre est à la source de l'infernale, ou l'inverse. Notons que le Léthé, ce fleuve d'oubli auquel boivent les âmes admises aux Champs Élysées, n'est pas compris dans la liste des fleuves infernaux. C'est peut-être parce qu'originellement il s'agissait d'une source ou parce que, destiné aux élus, il ne véhiculait pas les images terrifiantes des quatre autres. Dans la doctrine néoplatonicienne, c'est là que les âmes destinées à se réincarner oubliaient leurs vies antérieures et leur passage dans l'au-delà.

Chaque fleuve avait sa fonction aux enfers. L'Achéron en constitue la frontière avec le monde terrestre : c'est celui que Charon fait traverser contre l'obole mise dans la bouche des morts. Fils de la Terre et du Soleil, Achéron fut précipité dans les enfers par Zeus, pour avoir abreuvé les Titans au cours de leur révolte contre les dieux. Le Cocyte, qui se gonflait régulièrement des larmes des méchants, était une barrière infranchissable pour les morts sans sépultures, condamnés à errer sans fin sur ses rives. Le

Phlégéton roulait des flammes au lieu d'eau, mais il ne semble pas qu'elles aient servi de châtiment aux criminels, quoiqu'il ait été adapté de cette manière à la vision chrétienne, dans les églises orientales. Le Styx, aux eaux bourbeuses et glacées, avait pris le parti de Zeus contre les Titans. Aussi, dans leurs serments solennels, ceux-ci faisaient-ils venir une coupe de son eau pour garantir leur foi. En cas de parjure, ils étaient privés d'ambroisie et bannis pour neuf ans de l'Olympe.

Fleuves du paradis

PISHÔN (lait ; prudence) - GIHÔN (miel ; tempérance) - TIGRE (vin ; force) - EUPHRATE (huile ; justice)

HISTOIRE SACRÉE Les quatre bras du fleuve céleste qui engendrent, dans le jardin d'Éden, les quatre grands fleuves terrestres. *Les quatre fleuves,* cahiers de recherche et de réflexion religieuse (Seuil, 1975 s.).

□ Origine : Ancien Testament, *Genèse,* 2, 10-14 (IXe-IVe s. A.C.N.).

Au troisième jour de la Genèse, les eaux ont été réparties entre « eaux d'en haut » (celles des pluies et du Déluge) et « eaux d'en bas » (les mers). Le fleuve céleste depuis descend selon l'axe du monde pour resurgir dans le paradis terrestre, et se répandre selon les quatre points cardinaux jusqu'aux limites des terres. Cette vision ne se limite pas au monde hébraïque, puisque Mircea Eliade l'a retrouvée dans les cosmologies suméro-babylonienne, égyptienne, hindoue... Pour le Vishnu-Purana, le Gange prend sa source dans le mont Meru (montagne cosmique) et se divise en quatre fleuves pour arroser toute la terre.

Le Tigre et l'Euphrate, qui enserrent la Mésopotamie, rappellent que cette terre fut le berceau de nombreux récits bibliques. Les deux autres fleuves sont inconnus - sauf à rapprocher le Gihôn d'une source située près de Jérusalem. Leur identification a considérablement varié. Le Gihôn, dont il est dit qu'il entoure le pays de Koush (Éthiopie), a le plus souvent été identifié au Nil. Le Pishôn entoure le pays inconnu de Hawila, et s'est vu rebaptiser Gange, Nil, Cyrus, Danube, Hyphasis... On semblait admettre que les quatre grands fleuves du monde connu prenaient leur source en Éden, et, après un trajet souterrain, resurgissaient sur les différents continents. Certaines cartes médiévales représentent ces résurgences.

Les localisations du paradis n'étaient pas innocentes. La source commune aux quatre fleuves fut identifiée à la « fontaine scellée » qu'on trouve entre Bethléem et Hébron, et le paradis récupéré en Terre promise. Al-Idrīsī, géographe arabe du XIIe siècle, le recula jusque dans les hauts plateaux chinois. Saint Jean Damascène identifia aux quatre fleuves l'Océan entourant les terres, ce qui faisait de la Terre tout entière le lieu du Paradis (*De fide orthodoxa*, II, 9). Une hypothèse originale avait été avancée par Calvin (*Commentaires sur la Genèse*) et Scaliger, et développée par Pierre-Daniel Huet en 1691 : le paradis aurait été planté le long du Chatt al-Arab, ce cours constitué par la réunion du Tigre et de l'Euphrate. Le Gihôn et le Pishôn seraient les deux branches méridionales de son delta. Il est dit en effet qu'un fleuve « sortait » d'Éden pour irriguer le jardin : si le jardin n'était qu'une partie de l'Éden, on peut comprendre que le fleuve n'avait pas sa source en Éden, mais qu'il le traversait avant de se diviser en quatre dans le jardin. Cette explication est restée la plus cohérente.

Plus que la localisation problématique du paradis, les quatre fleuves ont permis un discours allégorique dont l'exemple remonte à l'Ecclésiaste : ils représentent la sagesse divine qui se déverse par la bouche de Moïse et dont les prophètes sont les canaux dérivés du grand fleuve (Si 24, 23-27). Dans l'art roman primitif, on représente volontiers les quatre fleuves sur les faces des bénitiers ou des fonts baptismaux : l'eau bénite qu'ils contiennent devient ainsi la source céleste des quatre bras. Une prose médiévale les identifie aux quatre évangélistes qui, d'une même source, répandent au loin la bonne parole. Pour le mystique flamand Jean Ruusbroec, l'Humilité est la source des quatre fleuves, obéissance, douceur, patience, renoncement à la volonté propre (*Sept degrés d'amour*)... Saint Ambroise les identifie aux quatre vertus cardinales (*De paradiso*, III, 14-18) [→ 4 Cardinales]. Le pseudo-Bède (*Flores ex diversis*, P.L. 94, col. 543) les rapproche des pays de lait et de miel que promet le Seigneur à son peuple, et complète l'image par celle du vin et de l'huile, dont la signification liturgique est évidente. Une riche thématique s'est développée autour de ce thème.

□ Références : CHA ; CHE ; Mircea Eliade, *Cosmologie et alchimie babyloniennes*, Gallimard, 1992 ; Pierre-Daniel Huet, *Traité de la situation du paradis terrestre*, Paris, Jean Anisson, 1691.

Folies de Platon

THÉOS (DIEU) - ERÔS (AMOUR) - MOUSIKÊ (ART) - MANTIKÊ (DIVINATION)

SCIENCES HUMAINES Les quatre sources de désordre de l'esprit.

□ Origine : Platon, *Phèdre*, 244a-245 (IVe s. A.C.N.).

Pour répondre aux détracteurs de l'amour, qui le considèrent comme une folie, Socrate est amené à faire un « éloge de la folie » (*mania*), dont il fait un don divin. Outre l'amour (*erôs*), il distingue trois autres délires : la divination *(mantikê)*, qui donne l'inspiration aux pythies ; un « transport télétique » (relatif aux mystères religieux) peu clair, qui fait allusion à des rites de guérison, et le « délire des Muses », qui concerne surtout l'inspiration poétique. Quoique deux des termes ne figurent pas tels quels dans le texte, la psychanalyse a généralisé ces quatre délires : le délire mystique, l'enthousiasme artistique, la superstition et la libido en sont les expressions modernes.

Les domaines où l'irrationnel fait irruption dans le monde cartésien ont nourri de vieilles oppositions. Platon déjà oscillait entre une conception irrationnelle de l'art (surtout pour la poésie) comme inspiration divine et une conception plus technique (surtout pour la musique). Cette opposition sera revivifiée au XIXe siècle dans l'affrontement entre classicisme et romantisme. Les rivalités entre théologie et mystique, entre amour et mariage, entre culte et superstition, sont du même ordre. C'est l'opposition entre une attitude active (on forge la poésie, on rend un culte à Dieu...) et une réception passive (on se laisse posséder par la poésie ou par Dieu...).

Groupes sanguins

0 - A - B - AB

PHYSIOLOGIE Classification des individus en fonction de certains antigènes contenus dans leur sang.

□ Origine : Landsteiner, « Ueber Agglutinationserscheinungen normalen menschlichen Bluter », *Wien. Klin. Woch.*, 1901, pp. 1132-1134.

La classification dite ABO est la première qui fut entreprise pour le système sanguin. Elle permit de comprendre pourquoi certains sangs étaient incompatibles. En mélangeant les sérums et les globules de différentes personnes, les chercheurs se rendirent compte qu'il y avait tantôt agglutination et tantôt non, selon quatre types de réactions différentes. La présence d'agglutinine (anticorps) dans le sérum et d'agglutinogène (antigène) dans les globules détermine les groupes. L'absence d'antigène correspond au groupe 0 (44 % de la population), celui des « donneurs universels » (leur sang est accepté par les autres groupes, mais ils ne peuvent recevoir que le sang de leur groupe). La présence d'antigène A correspond au groupe A (45 % de la population) et celle d'antigène B au groupe B (8 % de la population). La présence simultanée de ces deux antigènes correspond au groupe AB (3 % de la population), celui des « receveurs universels » (ils peuvent recevoir du sang de tous les groupes, mais ne peuvent le donner à d'autres groupes). Les classifications se sont affinées depuis, mais le système ABO est resté à la base. Landsteiner avait réparti en trois groupes les réactions qu'il avait observées. Ses assistants Decastello et Sturli ajoutèrent le quatrième groupe en 1902, mais plusieurs nomenclatures furent en concurrence jusqu'en 1910, époque où V. Dungern et Hirszfeld proposèrent le système ABO. Celui-ci fut adopté le 15 juillet 1929 par la Commission internationale pour les groupes sanguins, vite suivie par le Comité d'hygiène de la S.D.N. Les nombreuses applications du système (enquêtes criminelles, recherche de paternité, dons de sang…) ont immédiatement suivi sa découverte.

Marx Brothers

CHICO - HARPO - GROUCHO - ZEPPO

CINÉMA Groupe d'acteurs comiques américains. « Nous avons regardé un film des Marx Brothers dont le titre, que je connais pourtant bien, m'échappe pour l'instant, mais j'entends encore Harpo et Chico jouer de la harpe et du piano » (Francis Dannemark, *Mémoires d'un ange maladroit*, Labor, 1993, p. 129).

□ Origine : 1912 (constitution du groupe) ; 1929 (*Cocoanuts*, premier film).

Chico, c'est Léonard, le pianiste et l'aîné de la famille (né en 1887). Avec son chapeau mou et ses manières de maffioso, c'est le séducteur de la bande (son surnom lui vient de *chick*, « pépée ») ; mais c'est aussi le farceur toujours en quête d'un bon tour à jouer. Harpo, c'est Adolphe, né en 1888, qui tire son surnom de sa virtuosité à la harpe. C'est d'ailleurs son principal mode de communication, puisqu'il ne dit jamais un mot dans les films. Avec sa perruque blonde et son imperméable dont il tire les objets les plus farfelus, c'est le clown de l'équipe et le plus populaire des Marx Brothers. Groucho, le ronchonneur *(grouser)*, c'est Julius Henry, né en 1890, qui pose en intellectuel avec sa moustache peinte au bouchon brûlé, son gros cigare et ses lunettes. Gummo, qui n'a tourné aucun film mais qui faisait partie de la bande dans ses tournées théâtrales, c'est Milton, né en 1883, et qui portait des semelles de caoutchouc *(gum)*. Zeppo, c'est le cadet, Herbert, né en 1901 et confiné dans ses rôles de jeune premier. Il n'avait aucune vocation pour les rôles comiques et, lassé de jouer les utilités, il renonça à jouer en 1934. Les *four Marx Brothers* sont donc trois, quatre ou cinq selon la façon dont on les compte. Ils naissent en 1910, lorsque leur groupe, appelé jusque-là les « quatre rossignols », devient les *Marx Brothers and Cie*. Marx est leur vrai nom : leur père, d'origine alsacienne, avait « raccourci » son nom de Marrix pour lui donner une consonance plus américaine. En 1912, Chico, qui se produisait seul, rejoint ses frères ; en 1914, ils reçoivent leurs surnoms et entament une carrière théâtrale triomphale avant de se lancer dans le cinéma. Entre 1929 et 1949, ils sortiront treize films.

□ **Référence** : Alexis Tchernoff, *Les Marx Brothers*, Paris, Pygmalion, 1990.

Mendiants

FRANCISCAINS (frères mineurs, cordeliers)
DOMINICAINS (frères prêcheurs, jacobins)
CARMES
AUGUSTINS (petits pères)

HISTOIRE ECCLÉSIASTIQUE 1. Quatre ordres religieux constitués au XIIIe siècle et qui ont étendu le vœu de pauvreté à la communauté. 2. Les quatre mendiants : par analogie avec les quatre ordres mendiants, dessert constitué de quatre fruits secs, attesté depuis 1640 (figues, raisins, amandes, noisettes).

□ Origine : Jean de Meung, *Roman de la Rose*, v. 8070, semble le premier à parler des « mendiants » pour désigner ces nouveaux ordres (1275-1280).

Les quatre ordres primitifs, issus des croisades et des réformes de l'Église, ont reçu leur constitution au XIIIe siècle : les frères mineurs de saint François en 1223, les frères prêcheurs de saint Dominique en 1216, les Carmes en 1224, les ermites de saint Augustin en 1256. Certains existaient auparavant : les Carmes se sont constitués autour de Berthold, croisé calabrais qui s'est installé en Syrie, sur le mont Carmel, aux alentours de 1150. Le mont Carmel ayant jadis été le lieu de retraite du prophète Élie, les Carmes firent remonter leur ordre au prophète hébreu, ce qui engendra des procès célèbres au XVIIe siècle. Mais c'est sur l'impulsion de saint François, qui réunit des compagnons vers 1208-1209, que l'idéal de pauvreté fut véritablement à la mode.

Le vœu de pauvreté existait sans doute avant l'apparition des ordres mendiants, mais il ne concernait que les individus et non la communauté : les monastères pouvaient donc posséder des biens considérables qui faisaient vivre les moines. Les quatre ordres mendiants furent les premiers à refuser la possession non seulement pour eux-mêmes, mais aussi pour la communauté, et ils ne vivaient que d'aumônes. D'autres ordres mendiants se sont ajoutés aux XIVe et XVIe siècles, mais dépendant souvent d'un des quatre primitifs : Clarisses, Tertiaires, Capucins, Servites de Marie, Jésuates de saint Jérôme... La règle de pauvreté s'assouplissant petit à petit, les ordres mendiants furent à leur tour réformés : aux Carmes primitifs s'ajoutèrent ainsi en 1654 les Carmes déchaussés (en sandales), constitués par Jean de la Croix sous l'impulsion de Thérèse d'Avila.

Le désintérêt que garantissait leur vœu les fit apprécier dans de nombreuses affaires publiques ou privées. Ils étaient volontiers choisis pour aider à écrire un testament ou pour une mission diplomatique. Deux grands domaines leur furent réservés : les Franciscains enseignèrent à l'université de Paris, ce qui provoqua une querelle célèbre au XIIIe siècle ; aux Dominicains, créés pour aider à la lutte contre les cathares, fut confiée l'Inquisition - et l'on sait ce qu'ils en firent.

Aussi les quatre mendiants, en dehors du discours religieux, firent-ils l'objet de nombreuses accusations, dont celle d'hypocrisie n'était pas la moindre, et de non moins multiples railleries. Robert Estienne les envoie respectivement « jacobins en chaire, cordeliers en chœur, carmes en cuisine, augustins en bordeau ». Tabourot des Accords les identifie à l'assassin de la Genèse grâce au sigle CAIM (Carmes, Augustins, Jacobins, Mineurs). Béroalde de Verville, d'après les Quatre-Temps, résume : Pan pour les Cordeliers (ils ont la corde pour se pendre…) ; Cru pour les Jacobins (ils ont la croix, symbole de l'argent parce qu'elle figure sur les pièces de monnaie) ; Lu pour les Augustins (la luxure), et Bran pour les Carmes (m…). Ces plaisanteries dans le goût de la Renaissance témoignent de l'estime dans laquelle les quatre ordres mendiants étaient tenus à la fin du Moyen Âge.

Opérations alchimiques

MORTIFICATION (œuvre au noir, melansis, nigredo)
BLANCHIMENT (leukosis, albedo)
JAUNISSEMENT (xanthosis, citrinitas)
RUBIFICATION (iosis, rubedo)

ALCHIMIE Les quatre étapes du Grand Œuvre, qui permettent d'obtenir la pierre philosophale. « Le président a fait de la construction européenne le grand œuvre de son second septennat » (France Info, 3 septembre 1992).

□ Origine : Zosime, *Œuvres*, XVI, 11 (IIIe s.).

La quête alchimique repose sur la croyance en l'unité de la matière [→ 1 Matière]. La transmutation d'un métal en un autre (du plomb en or) suppose qu'on retrouve la matière originelle, « matière confuse », « matière première », pour lui imposer une autre évolution, vers un état plus pur. C'est la première étape, la plus connue, du Grand Œuvre. Par oxydation, dissolution, combustion, la matière est « mortifiée » et passe par la première couleur, le noir. Elle est ensuite blanchie par des réactions chimiques qui lui permettront d'obtenir une teinte durable. La teinte est généralement celle de l'or, qui se donne dans la troisième opération, le jaunissement. Mais le but est d'atteindre la pierre philosophale, rouge, qui exige une quatrième opération. Au-delà d'un banal résumé d'une technique de faussaire pour imiter l'or, les quatre opérations symbolisent la croyance dans la hiérarchisation de la matière (matière vile, argent, or, rubis), et surtout une quête mystique plus profonde, qui s'opère sur le chercheur tout autant que sur la matière. En effet, la mortification, au sens fort de « mise à mort », est le renoncement à la vie terrestre nécessaire à la purification. Chez Zosime déjà, le long martyre du grand prêtre Eon, la macération des hommes dans l'eau bouillante, le barbier plongé dans le feu, l'homme décapité répètent la mise à mort du corps pour le dégagement de l'esprit.

Points cardinaux - Vents

DIRECTION	GREC	LATIN	FRANÇAIS
Nord	Boreas	Septentrio	Aquilon
Est	Euros	Subsolanus	Eurus
Sud	Notos	Auster	Auster
Ouest	Zephyros	Favonius	Zéphyr

GÉOGRAPHIE Les vents soufflant des points cardinaux et qui structurent la rose des vents. « Il retrouva son habitation d'origine palpitant sous la braise. La Grand-case épargnée, mais ouverte aux quatre vents, obombrait des champs abandonnés » (Patrick Chamoiseau, *Texaco*, Gallimard, 1992, p. 119).

Les quatre points cardinaux : Principaux (lat. *cardinalis*) points de repères qui permettent de s'orienter. « Puis les oiseaux, déjà donnés pour éteints, se multiplient, ils fondent par bandes des quatre points cardinaux, avec des cris assourdissants » (Italo Calvino, *le Château des destins croisés*, Seuil, 1976, p. 80).

« Les quatre point cardinaux » : Fénelon (« le cygne de Cambrai »), Bossuet (« l'aigle de Meaux »), Massillon, Fléchier. Quatre prélats du XVIIe siècle qui restèrent évêques et ne furent « point cardinaux », malgré leur célébrité et leur importance sociale. Le surnom a été donné à la fontaine où ils sont représentés, place Saint-Sulpice, à Paris.

□ Origine : *Enûma elis (Poème de la Création)*, I, 105 (Babylone, XIIe s. A.C.N. ¿).

Les vents, les points cardinaux, les piliers du monde font partie des plus antiques réflexions de tous les peuples. On les retrouve dans les plus vieux textes grecs (chez Homère) aussi bien que dans les premiers cycles babyloniens, ou dans les mythologies indiennes du Nouveau Monde. Leur importance pour la navigation comme pour l'agriculture explique le culte qui leur fut voué chez tous les peuples antiques, ainsi sans doute que le symbolisme universel de la croix, qui symbolise les quatre directions fondamentales. La course du Soleil suffisait à les définir : le lever, le zénith et le couchant correspondent à l'est, au sud et au nord. Les Indiens Pawnies expliquent ainsi comment le dieu Trirawa créa quatre esprits pour servir de piliers au ciel aux quatre points cardinaux ; c'est eux qui, en battant l'eau pour en faire sortir la terre, ont créé le monde (NAT p. 52).

Le plus souvent, ce culte se limitait aux quatre vents fondamentaux, mais, à l'époque classique, les Athéniens en ajoutèrent quatre autres et firent construire un temple octogonal en leur honneur. Les roses des vents traditionnelles, dans l'Antiquité et au Moyen Âge, en répertoriaient plus souvent douze, voire vingt-quatre chez Vitruve. La première rose à douze vents apparaît, incomplète, chez Aristote (*Météorologiques*, II, 6) et est transmise, avec de minimes variations, par Timosthène, Vitruve, Bède, Isidore de Séville...

On y retrouve, en partant du nord et dans le sens des aiguilles d'une montre : le Borée (Aparctias, Septentrion, Nord), le Mésès (Borée, Aquilon), le Caecias (Volturnus, Boetias), l'Apéliote (Aphéliote, Subsolanus, Est), l'Euros (Vulturnus), le Phénicias (Euronotus, Euroauster), le Notos (Auster, Sud), le Libonotos (Leuconotos, Austroafricus), le Lips (Africus), le Zéphyr (Favonius, Ouest), l'Argeste (Olympias, Corus), le Thracias (Circius). Les différences de dénomination, et parfois les légères variations de direction, tiennent au fait que les vents étaient souvent désignés par les régions dont ils semblaient souffler.

Ces roses trop complexes ne détrônèrent pas, dans les expressions populaires, la croyance en quatre vents fondamentaux qui se partageaient l'espace et le temps. La tradition voulait que dans les carrefours (les croisements à quatre bras), la nuit du premier janvier, les quatre vents se disputaient l'année. Du résultat de cette bataille dépendait le sort des moissons. Si le vent du sud l'emportait, l'année serait chaude et prospère ; le vent d'ouest apporterait laitages et poissons ; du nord, tempêtes et vagues de froid ; l'est garantirait des arbres chargés de fruits. Ces traditions, qu'on retrouve dans tous les folklores, variaient d'une région à l'autre.

La réunion des quatre vents symbolise la totalité du monde. Avec, souvent, une impression de tristesse et de désolation : une maison ouverte aux quatre vents est délabrée ; l'expression « les quatre coins du monde » est plus neutre. Il y avait dans le vieux Paris une rue des Quatre-Vents, entre la rue de Seine et le carrefour de l'Odéon, que Balzac juge « une des plus horribles rues de Paris » *(la Messe d'un athée)*.

Prophètes (grands)

ÉSAIE - JÉRÉMIE - ÉZÉCHIEL - DANIEL

HISTOIRE SACRÉE Auteurs de livres inspirés de l'Ancien Testament. Sur les seize livres, on distingue les quatre grands prophètes des douze petits. « Les Prophètes auraient besoin d'être époussetés, mais, vu le climat général, il est peut-être préférable, provisoirement, de les ignorer » (Baptiste-Marrey, *le Maître de Stammholz*, Bourin, 1992, p. 53). À l'ancienne forme Isaïe, on préfère aujourd'hui la forme Ésaïe, introduite jadis par les Bibles protestantes, pour éviter la confusion avec Isaï (anciennement transcrit par Jessé).

□ Origine : Ancien Testament, Es - Jr - Dn- Ez (VIIIe-IIe s. A.C.N.).

Les prophètes appartiennent à un mouvement actif en Israël sous la royauté, entre l'époque de Samuel (XIe s. A.C.N.) et le retour de captivité (Ve s. A.C.N.). Ils vivent en communauté sous la conduite d'un chef religieux et sont par moments possédés par une exaltation interprétée comme la descente de l'Esprit divin. Au cours de ces crises spectaculaires et communicatives, au milieu des danses, des cris et des contorsions, ils annoncent des châtiments terribles qui s'abattront sur les ennemis d'Israël ou sur le peuple hébreu infidèle à son Dieu.

Quatre d'entre eux ont laissé des livres volumineux qui ont profondément marqué l'histoire juive et chrétienne. Ésaïe (VIIIe s. A.C.N.) annonce le châtiment d'Israël, mais aussi la venue d'un Messie qui écrasera les ennemis de la nation et la rétablira purifiée à la tête des nations. On a surtout retenu sa vision de Dieu entouré de séraphins et les prophéties sur le Messie (Emmanuel), interprétées comme l'annonce de la venue du Christ. Jérémie (le « prophète de malheur ») prophétisa durant la chute d'Israël, juste avant la déportation à Babylone (597-587 A.C.N.), et prêcha la résignation devant le châtiment divin. On lui attribua les *Lamentations* et on oublia qu'il avait prédit « un avenir plein d'espérance ». Ézéchiel fut le prophète des déportés à Babylone. Il annonça la chute d'Israël et la restauration prochaine. Sa vision de Dieu entouré d'animaux à quatre têtes est célèbre pour avoir inspiré l'Apocalypse [→ 4 Évangélistes]. Daniel, dont l'historicité a été contestée, aurait vécu à la cour de Babylone, où il aurait été remarqué pour avoir interprété un rêve de Nabuchodonosor (le fameux « colosse aux pieds d'argile »).

□ **Iconographie** : On identifie souvent les prophètes grâce à des extraits de leurs prophéties portés en phylactères. Sinon, Ésaïe a souvent une scie (ce fut son supplice sous Manassé, selon une légende juive) ; Daniel, un lion rappelant la fosse où il fut jeté, ou un bonnet phrygien signalant qu'il devint grand de Perse ; Jérémie est souvent prostré et pleure. Ils apparaissent souvent dans la sculpture médiévale en rapport avec les évangélistes, les vertus cardinales, les Docteurs de l'Église… On les retrouve dans de grands ensembles sculptés (le puits de Moïse de Sluter) ou peints (fresques de la Sixtine de Michel Ange).

Races

BLANCHE - NOIRE - ROUGE - JAUNE
LEUCODERME (caucasoïde) - MÉLANODERME (négroïde) -
XANTHODERME (mongoloïde) - « PRIMITIVE »

PHYSIOLOGIE Ancienne subdivision de l'espèce humaine selon les caractères biologiques, et particulièrement la couleur de la peau, de façon à l'adapter à la division du monde en quatre continents. La notion de race est de plus en plus contestée, notamment grâce aux progrès de la génétique.

□ Origine : Buffon, *Variétés de l'espèce humaine*, 1749 ; Kant, *Von den verschiedenen Racen der Menschen*, 2 (1775).

La distinction des groupes ethniques est vieille comme les premiers groupements humains, et les différences les plus patentes, comme celle des couleurs de la peau, sont les premières remarquées. Il est amusant de retrouver appliquée dans la peinture égyptienne la schématisation des couleurs qui sera celle du XVIIIe siècle occidental : les Égyptiens se voyaient en rouge, quand ils peignaient en jaune les Asiatiques, en blanc les peuples du Nord et en noir ceux du Sud.

Mais cette différence de traitement dans la représentation n'était guère remarquée et, comme la plupart des peuples antiques, les Égyptiens ne semblent pas s'être posé comme nous le problème de la race. Plus que les types raciaux, en effet, c'est la répartition géographique qui définit d'abord les races, et leur nombre par conséquent n'est guère limité. La Bible parle des 72 (parfois 73) races issues de Noé plus volontiers que des trois races représentées par ses fils (Sem, Cham et Japhet, Gn 10). Ni les Grecs ni les Romains n'ont de mot spécifique pour désigner la race, et ils parlent des peuples étrangers selon leur pays plutôt que selon leur continent ou la couleur de leur peau.

La division primitive du monde en trois parties [→ 5 Continents] et la coïncidence avec les trois fils de Noé semble avoir été à la base du premier regroupement des ethnies en races. Au Ier siècle de notre ère, l'historien juif Flavius Josèphe (*Antiquités*, I, 6) tente pour la première fois cette identification, qui sera reprise par les commentateurs chrétiens de la Genèse (IVe s., saint Jérôme, *Commentaires sur la Genèse*, X) et les encyclopédistes médiévaux (VIIe s., Isidore de Séville, *Étymologies* IX, 2). Les descendants de Sem (principalement les Hébreux et les Arabes) sont repoussés vers l'Asie (dont on connaît surtout le Moyen-Orient) ; ceux de Japhet ont désigné tous les peuples d'Europe ; ceux de Cham, d'abord au sud et à l'est de la Méditerranée, se sont regroupés en Afrique. Quelques étymologies hasardeuses ont rattaché aux descendants de Japhet les Gaulois (les Galates descendant de Gomer), les Goths (de Magog), les Grecs (Ioniens, de Javan), les Italiens (de Tubal)… Certains épisodes mythiques, comme le départ de Didon pour Troie, ont permis de reléguer en Afrique les Cananéens, descendants de Cham qui occupaient la Terre promise... Au Moyen Âge, le système est cohérent, mais correspond toujours à une répartition géographique et jamais à des critères de race. Aux trois parties du monde correspondent les trois Rois mages et les trois « races » *(gentes).*

C'est au XVIe siècle que ce système éclate avec les grandes explorations. D'une part, par la découverte d'une quatrième partie du monde et donc d'un quatrième peuplement ; d'autre part, par l'apparition d'autres critères, comme la couleur de la peau, qui ne répondent pas aux répartitions géographiques. Il est symptomatique que le mot « nègre » apparaisse en français dans les voyages de Parmentier à Sumatra (1529). On n'éprouve cependant pas le besoin de revoir les cadres traditionnels. Témoin un conte de La Fontaine, « l'Abbesse », où « les noirs, les blancs et les tannés » ne représentent pas, comme une lecture rapide pourrait le suggérer, des races, mais des ordres religieux.

La notion de race naquit en fait avec le racisme. C'est lorsqu'on voulut, au XVIIIe siècle, justifier ou combattre certaines pratiques barbares (esclavage des « noirs », massacre des « rouges »...), qu'apparut la répartition classique des quatre races parmi les quatre continents. Buffon, le premier à la faire nettement, s'oppose en fait à la hiérarchie qu'elle suppose alors dans les esprits : « L'Homme, blanc en Europe, noir en Afrique, jaune en Asie et rouge en Amérique, n'est que le même homme teint de la couleur du climat. » On voit que, chez lui, la distinction reste toujours géographique. Mais, « indépendamment des raisons théologiques », Buffon croit à l'unité de l'espèce humaine : tous les êtres qui peuvent se reproduire ensemble appartiennent à une même race. Le concept est encore mal défini chez Buffon, qui l'emploie dans un sens parfois très large, parfois très étroit. Cette distinction est de moins en moins évidente : on la voit déjà éclater chez Linné, qui distingue les Européens, les Américains, les Asiatiques et les Noirs, ceux-ci ne pouvant pas se limiter aux Africains. Quant aux « Peaux-Rouges », on s'aperçut vite qu'il fallait les rattacher à des groupes asiatiques, et l'on se retrouva bientôt avec trois races, cinq continents, et peu de rapports évidents entre les uns et les autres.

Curieusement, cet éclatement du système obnubila philosophes et savants. On vit apparaître la conception moderne de la race fondée sur des caractéristiques physiologiques et non sur une répartition géographique (Kant, *la Définition de la notion de race*), on multiplia les critères de regroupement selon la forme du crâne (dolichocéphales, brachycéphales...) ou des narines (leptorhiniens, platyrhyniens), la nature des cheveux ou l'angle facial... On tenta, avec le succès catastrophique que l'on sait, d'appliquer aux distinctions géographiques de la Bible des critères biologiques : on créa le mot « sémite » et son ombre noire, « antisémite ». Toutes les tentatives échouèrent, et l'on finit par revenir aux vieux critères de couleur de peau, en les habillant tout au plus de noms barbares pour essayer de faire oublier leur passé sanglant. Les progrès de la génétique et la confusion née des multiples métissages ont enfin remis en cause la notion même de race, qui ne survit plus que par sa métastase pathologique, le racisme.

Saisons

PRINTEMPS - ÉTÉ - AUTOMNE - HIVER

MÉTÉOROLOGIE 1. Chacune des quatre parties de l'année délimitées par les équinoxes et les solstices. 2. Au figuré : âges de la vie : « Au hasard alors ces matrones, / Faisant deux lots de notre temps, / J'eus les hivers et les automnes, / Vous les étés et les printemps » (Béranger, « Ma contemporaine ») [compliment à une dame de son âge, à qui les Parques n'ont donné que les années de jeunesse].

□ Origine : Hippocrate, *Du régime*, LXVIII, 2 (environ 400 A.C.N.).

La division de l'année en quatre saisons marque le triomphe des considérations astronomiques sur les nécessités de l'agriculture. Les anciens Grecs comme les Égyptiens ne connaissaient que trois saisons, liées à la vie agricole. Homère et Hésiode n'ont pas même de nom pour les désigner et parlent de la « saison nouvelle », de la « saison des chaleurs », de la « saison des orages ». Les traités hippocratiques introduiront la quatrième saison et donneront à l'année une définition astronomique : le printemps commence à l'équinoxe ; l'été, au lever des Pléiades ; l'automne, au lever du Bouvier ; l'hiver, au coucher des Pléiades. Le médecin a besoin de repères précis pour adapter le régime de vie à la saison. Pourtant, l'auteur reconnaît que, à son époque, cette division en quatre de l'année est « le plus souvent admise par la foule. »

Par la suite, Galien (IIe s.) nommera même sept saisons, qui auront cette fois des définitions plus vagues, liées à l'agriculture : le printemps, l'été, l'arrière-saison, l'automne finissant, l'époque des semailles *(sporêtos)*, l'hiver, l'époque des plantations *(phytalia)*. De fait, malgré la prépondérance des définitions astronomiques, on sent encore le besoin de références agricoles. L'astronome Geminos (Ier s. A.C.N.) lie le printemps aux fleurs, l'été aux chaleurs, l'automne aux fruits, l'hiver à la froidure. Et le terme français « saison » renvoie à un étymon *satio* qui signifiait primitivement « semailles »...

□ **Linguistique** : **Assaisonner** : Répartir les cultures en fonction des saisons, puis laisser mûrir, puis préparer les aliments.

Les mots et les expressions

cardeuil (quart d'œil) : commissaire de police (argot) : le quart est le commissariat.

carré : qui a quatre côtés ; la carrée : une chambre d'étudiant.

carreau : plaque généralement carrée.

carrefour : embranchement au départ de quatre voies.

carrure : largeur du dos (avoir les épaules carrées.).

contrecarrer : entraver (les objets carrés étant plus difficiles à ranger, « contre-carre », en moyen français, signifiait résistance).

écarquiller : au départ, mettre en quatre, d'où ouvrir en grand.

écart, écarter : au départ, partager en quatre, puis séparer, éloigner.

écarteler : tirer en quatre directions opposées. Diviser l'écu en quatre.

équarrir : rendre carré (sens technique originel) ; dépecer un animal en quartiers.

équerre : instrument servant à tracer les angles droits des carrés.

incartade : au départ, coup d'épée porté en se tirant de côté, donc en faisant un quart de tour sur soi-même, puis blessure involontaire d'amour-propre, manquement aux bonnes manières.

quadragénaire : de quarante à quarante-neuf ans.

quadrille : troupe de cavaliers dans un manège ; danse qui s'effectue par groupes de quatre.

quadriller : diviser par carrés. Inspecter soigneusement un terrain, carré par carré.

quart : temps de faction (quart d'une journée).

quartan : sanglier de quatre ans.

quarte : intervalle musical de quatre degrés ; suite de quatre cartes à jouer ; la *fièvre quarte* revient tous les trois jours.

quarteron : vingt-cinq (quart de cent). Mot remis à la mode par le général de Gaulle en 1961 pour désigner les quatre officiers putschistes d'Alger et utilisé depuis pour désigner un groupe de quatre, ou un grand nombre. « Devant le Kremlin, un quarteron de hippies trinquaient avec une poignée de décembristes. » (Raoul Vaneigem, *Lettre de Staline à ses enfants enfin réconciliés avec l'ouest*, Manya, 1992).

quarterot : quatrième rameur de chaque banc dans la chiourme d'une galère.

quartier : quart, et notamment d'une ville, d'où groupe d'habitations, logis. On « donnait quartier » en laissant un gibier rentrer dans son terrier, d'où l'expression « faire quartier à quelqu'un » (l'épargner). Quartier de noblesse : chaque génération, d'après les quatre quartiers de l'écu écartelé. La « preuve des quatre quartiers » remonte jusqu'aux grands-parents.

square : jardin public en équerre (mot emprunté par l'anglais au français).

De cent en quatre : très rarement. Sans doute de l'ancien français « cent tanz quatre » (quatre fois sur cent).

Comme quatre (manger, avoir de l'esprit...) : à l'excès.

Faire le diable à quatre : faire un grand tapage ; se démener. Dans les pièces médiévales mettant en scène des diables, il y avait de petites diableries, à deux diables, et de grandes diableries, à quatre...

Couper les cheveux en quatre : ergoter, se montrer pointilleux sur des détails, chercher des distinctions trop subtiles. « Si ça n'était pas à cet endroit, c'était ailleurs ; qu'est-ce que ça peut bien changer, du moment que les choses se sont passées de la sorte... À toujours vouloir couper les cheveux en quatre… » (Italo Calvino, *le Chevalier inexistant,* Seuil, 1962, p. 105).

Fil en quatre : eau-de-vie très forte.

Se mettre (se couper) en quatre (1686) : se décarcasser. « Gaston était un brave homme, dénué de sens artistique, mais prêt à se couper en quatre pour Constance et pour son enfant. » (Robert Montal, *Tous feux éteints,* L'Âge d'homme, 1992, p. 114).

Quatre à quatre (1381) [d'abord « **quatre et quatre** »] : monter les escaliers à toute vitesse, comme si on enjambait quatre marches à la fois. « Monseigneur l'Évêque montait déjà quatre à quatre les marches du perron - sa robe lisérée de violet virevoltait autour du pantalon noir qu'il portait dessous. » (Baptiste-Marrey, *le Maître de Stammholz,* Bourin, 1992, p. 58).

Se retenir à quatre (tenir quelqu'un à quatre, se tenir à quatre) : se contenir difficilement (comme si l'on devait être retenu par quatre hommes) ; être particulièrement correct.

Avoir la tête en quatre : souffrir de migraines violentes.

Les quatre articles : quatre points décidés par le clergé français en mars 1682, rédigés par Bossuet, et qui constituent la base du gallicanisme religieux (publiés dans le *Recueil des anciennes lois françaises,* t. XIX, pp. 379-386).

Lac des Quatre Cantons : lac suisse dont les rives appartiennent aux cantons de Lucerne, d'Uri, d'Unterwald et de Schwyz.

Quatre au cent : cadeau de quatre unités à chaque centaine achetée (voir « treize à la douzaine »).

Les quatre châteaux : Castel-Vetro, Bobianello, Monte-Lucio, Monte-Zani, dans l'ancien duché de Modène.

Ne pas y aller par quatre chemins (1656) : être direct. « Sans aucune gêne, elle rendit visite à l'épouse partie… n'y alla pas par quatre chemins. » (François Coupry, *L'enfant qui lisait dans le ciel,* Laffont, 1993, p. 87).

Tirer à quatre chevaux : écarteler.

Quatre de chiffre : piège à souris constitué par trois tiges de fer disposées en forme de chiffre 4.

Jouer aux quatre coins : jeu où quatre joueurs occupent les quatre coins d'un quadrilatère ; un cinquième tente d'investir un coin libre à chaque déplacement des joueurs.

Aux quatre coins du monde : partout.

Courir les quatre coins et le milieu de la ville : se démener pour faire aboutir une affaire.

Quatrième de couverture : quatrième page d'une couverture, correspondant au dos d'un livre.

Les quatre degrés de connaissance (scolastique médiévale) : *quia* (je sais que telle chose existe : connaissance du vulgaire), *quid* (ce qu'elle est), *quae* (sa nature : connaissance du philosophe), *quare* (pourquoi elle est : connaissance de Dieu).

Ordre des quatre empereurs : ordre fondé en 1768 par le prince de Holstein-Limbourg en l'honneur des quatre empereurs que sa famille avait donnés à l'Allemagne.

Quatre-épices : poivre, girofle, muscade et gingembre. La nigelle cultivée, dont la poudre séchée a un goût analogue, a pris le nom.

Tiré à quatre épingles : être bien habillé, avec des vêtements dans leurs plis comme s'ils étaient tendus par des épingles.

Faire feu des quatre fers : courir, comme un cheval au galop dont les fers font des étincelles sur le pavé.

Freiner des quatre fers : ralentir brutalement, refuser toute progression.

Ne pas valoir les quatre fers d'un chien : ne rien valoir du tout, le chien n'étant pas ferré.

Les quatre fers en l'air : sur le dos. « Quand je me suis dirigé à tâtons vers la sortie en suivant mon Strogoff, je me suis pris les jambes dans sa laisse et j'ai volé les quatre fers en l'air. » (Paul Emond, *Plein la vue,* Jacques Antoine, p. 40).

Trèfle à quatre feuilles : porte-bonheur, le trèfle ayant habituellement trois feuilles.

Les quatre filles de Cîteaux : La Ferté

(1113), Pontigny (1114), Clairvaux et Morimond (1115).

Les quatre fins du monde : mort, jugement, enfer, paradis.

Tisane des quatre fleurs : tisane adoucissante à base de mauve, de pied-de-chat, de pas-d'âne et de coquelicot.

Les quatre fondateurs de Cîteaux : Robert de Molesme, Albéric, Etienne Harding, Bernard de Clairvaux.

Un quatre heures : goûter.

Passer un mauvais quart d'heure : être ennuyé par une situation, harcelé par quelqu'un.

Quart d'heure de Rabelais : moment de payer l'addition (par allusion à une légende du XVIIe siècle montrant Rabelais se tirant habilement de ce mauvais pas dans une auberge de Lyon ; voir, dans la même collection, *les Grandes allusions*).

Les quatre illettrés : les quatre magistrats de Norcia, dans les anciens États de l'Église, qui ne devaient savoir ni lire ni écrire.

La semaine des quatre jeudis : jamais.

Les quatre Labdacides : Étéocle, Polynice, Antigone, Ismène, fils d'Œdipe, lui-même petit-fils de Labdacos.

Morceau à quatre mains : morceau joué par deux pianistes.

Un de ces quatre matins : bientôt : « Ne vous en faites pas, il trouverait bien un moyen de me retomber sur le paletot un de ces quatre matins. » (Paul Emond, *Plein la vue*, Jacques Antoine, p. 91).

Donner cinq et quatre, la moitié de dix-huit : un soufflet (cinq doigts) aller et retour (deux joues, paume et dos de la main).

Entre quatre murs : en prison.

Collège des Quatre-Nations : Collège ouvert en 1688 à l'initiative de Mazarin, qui avait demandé par testament (1661) qu'y soient élevés soixante écoliers, fils de gentilshommes pauvres des quatre pays entrés sous domination française au cours de son ministère, par les traités de Munster et des Pyrénées. Les quatre nations (Pignerol en Piémont, Alsace, Pays-Bas, Roussillon et Conflans) y envoyaient chacune quinze élèves. Sous l'Empire, les bâtiments, fermés depuis 1790, furent affectés à l'Institut. La fameuse coupole de l'Académie française en occupe la chapelle.

Les quatre opérations fondamentales : addition, soustraction, multiplication, division.

À quatre pas d'ici (var. **à deux pas**) : tout près. « À quatre pas d'ici je vous le fais savoir. » (Corneille, *le Cid*, acte II, sc. II).

À quatre pattes : en s'humiliant, en marchant comme un animal et non comme un homme. « L'image d'un philosophe lâche est une image que je ne supporte pas... Surtout si c'est moi qui vais à quatre pattes lécher leurs bottes... » (Baptiste-Marrey, *le Maître de Stammholz*, Bourin, 1992, p. 68).

Quatre pelés et trois tondus : pas grand monde.

Entre quatre (six) planches : mort (dans un cercueil).

Les quatre qualités (Galien) : attractive, expulsive, rétentive (ou coercitive), altératrice (ou digestive) [qualités nécessaires à toute partie qui doit être nourrie].

Quatre-quarts : gâteau où il entre en égale quantité du beurre, de la farine, des œufs et du sucre.

Marchande des quatre saisons : marchande ambulante de fruits et légumes, dont l'étal change selon la saison.

Les quatre semences majeures : anis, fenouil, carvi, cumin.

Les quatre sens de l'Écriture : littéral (historique), allégorique (qui concerne le Christ), moral (qui concerne l'homme) [= tropologique], anagogique (qui concerne la vie éternelle).

Quatre-temps : quatre jeûnes institués par l'Église catholique les premiers mercredi, vendredi et samedi des quatre saisons de l'année. Ils semblent remonter au pape Calliste (218-222), mais n'ont été généralisés que par un capitulaire de Charlemagne en 769 (art. 11).

Les Quatre-Vallées : pays de l'Armagnac

constitué par les vallées de Magnoac, d'Aure, de Neste et de Barousse.

Se saigner aux quatre veines : faire des sacrifices, comme si on s'ouvrait les veines des poignets et des chevilles.

Dire ses quatre vérités : Parler avec une franchise brutale. « Si vous aimez tant la vérité, peut-être me permettrez-vous de vous dire les quatre qui vous reviennent. » (*Regain*, film de Pagnol d'après Giono).

En quatrième vitesse : à tout allure. « L'heure elle la regardait avec Alexandre et repartait en quatrième vitesse. » (François Coupry, *L'enfant qui lisait dans le ciel*, Laffont, 1993, p. 78).

Le vinaigre des quatre voleurs : vinaigre très fort et aromatisé au camphre et à l'ail, inventé par quatre voleurs (de Toulouse ou de Marseille, selon les traditions) pour se protéger contre la peste de 1720, lorsqu'ils dévalisaient les maisons des morts.

Faire les quatre volontés : être tout dévoué à quelqu'un.

Entre quatre (z) yeux : en privé, en tête à tête.

Les Cinq sens

Francken

Musée du Louvre

LE SYMBOLISME DU NOMBRE 5

Cinq, dit Hugues de Saint-Victor, résume le monde des sens. Sans doute, puisque, depuis l'Antiquité, on a limité à cinq le nombre des sens humains... Les cinq sens, mais aussi les cinq doigts qui nous servent à appréhender le monde, ont fortement marqué le symbolisme du nombre. L'étoile à cinq branches représente l'homme bras et jambes ouverts (les quatre membres et la tête). Si trois est le nombre de Dieu et quatre, celui de la matière, cinq est celui de l'homme, formé par l'addition (génération) du premier nombre pair, donc féminin (deux), et du premier nombre impair, donc masculin (trois). Les cinq vierges sages et les cinq vierges folles (Mt 25, 1-13) sont traditionnellement interprétées comme l'usage raisonnable et peccamineux des cinq sens. Quant aux cinq plaies du Christ, elles purifient les cinq sens de l'homme.

C'est cet aspect du nombre que l'on trouve dans la parabole de la Samaritaine : la femme convertie par Jésus au puits de Jacob avait eu cinq maris (Jn 4, 18), symboles de son errance dans le monde des sens avant la rencontre de la Vérité incarnée par le Christ. On comprend que cinq ait fini par devenir, pour Robert Amadou, le nombre corruptible et démoniaque de la matière. D'autres traditions font, au contraire, du cinq (homme) le quatre (matière) purifié, en se référant au char d'Ézéchiel, porté par les quatre animaux du tétramorphe, et sur lequel trône le « semblant d'homme », figure du Christ. Le cycle 3-4-5 (Dieu, monde, homme) trouva sa justification théorique dans le théorème de Pythagore, dont il constitue l'illustration ($3^2 + 4^2 = 5^2$). Le cinq, extension du trois et du quatre, se distingue alors de la moitié de dix.

Car cinq est aussi le nombre des livres de Moïse (le Pentateuque), rappelle Raban Maur, et en cela il a quelque chose de sacré. De même que les cinq vierges sages répondent à leurs sœurs folles, le cinq est la traduction humaine de la parole divine. Imparfaite, sans doute, mais nécessaire pour s'adresser aux sens humains. Les cinq livres de Moïse (parole humaine) sont la moitié des dix commandements (paroles divines). On retrouve le même symbolisme chez saint Paul, lorsqu'il oppose ceux qui parlent en langue (à Dieu) à ceux qui prophétisent (qui parlent aux hommes) : « J'aime mieux dire cinq paroles avec mon intelligence, afin d'instruire aussi les autres, que dix mille paroles en langue » (1 Co 14, 19). Les nombres de la perfection (dix) et de la multitude (mille) s'opposent à celui de l'humanité (cinq). Mais le bon usage de l'humanité peut être supérieur au mauvais usage (l'usage égoïste) de la divinité.

•

Académies

ACADÉMIE FRANÇAISE - ACADÉMIE DES INSCRIPTIONS ET BELLES-LETTRES - ACADÉMIES DES SCIENCES - ACADÉMIE DES SCIENCES SOCIALES ET POLITIQUES - ACADÉMIE DES BEAUX-ARTS

HISTOIRE CULTURELLE Les cinq sociétés de savants, d'hommes de lettres et d'artistes réunies officiellement au sein de l'Institut de France. « Mon cher ami, dans cette situation désespérée, nous avons cru devoir faire appel à la plus haute autorité qui soit ici… voici monsieur le doyen des cinq académies » (Flers et Caillavet, *l'Habit vert*, A. III).

□ Origine : Décret du 26 octobre 1832.

L'organisation des Académies a suivi l'histoire politique et intellectuelle de la France. La première en date et la plus illustre, l'Académie française, a été fondée en 1635 sous l'impulsion de Richelieu. Gardienne de la langue par son dictionnaire et par l'autorité de ses quarante « Immortels », elle incarne la volonté classique d'ordre et de rigueur. L'Académie des inscriptions et celle des sciences furent l'œuvre de Colbert, respectivement en 1663 et 1699. La première, surnommée « Petite Académie », était composée de quatre membres de l'Académie française, chargés de rédiger les inscriptions destinées aux monuments et aux médailles à la gloire de Louis XIV, d'où son nom. Mais sa mission a été élargie en 1701 ; elle compte depuis quarante membres qui s'occupent d'histoire, d'archéologie, de linguistique... La Révolution, qui supprima les Académies en 1793, créa en 1795 l'Institut de France, divisé en trois « classes », parmi lesquelles apparaissent nos deux dernières académies. La classe des sciences sociales et politiques était chargée de disciplines qui fleurent bon leur siècle des Lumières, la philosophie, la morale, la législation, l'économie politique, l'histoire-géographie - cinq sections regroupant cinquante membres. Elle fut supprimée en 1803 sous le Consulat et ne devint Académie qu'en 1832, sous la monarchie de Juillet. La Convention avait aussi créé, en 1795, une « classe de littérature et des beaux-arts » pour remplacer l'Académie française. C'est la scission de cette classe, en 1803, et le retour au vocabulaire de l'Ancien Régime, en 1815, qui engendrèrent l'Académie des beaux-arts. Elle compte cinquante membres issus des milieux artistiques et musiciens. Après avoir épousé les visages de l'Ancien Régime, de la République, du Consulat et de la Restauration, les Académies acquirent leur structure définitive sous la monarchie de Juillet.

Club des cinq

anglais *The famous five*
CLAUDE - MICK - FRANÇOIS - DAGO - ANNIE

LITTÉRATURE ENFANTINE Bande de jeunes héros de romans pour adolescents.

□ Origine : Enid Blyton, *Five on a treasure Island* (1942) ; *le Club des cinq* (1955).

Lorsqu'Enid Mary Blyton (1897-1968) crée *le Club des cinq,* elle est déjà un célèbre auteur de littérature enfantine. C'est pendant la guerre que lui vient l'idée d'aventures menées par des groupes de jeunes, dont on suit la curieuse progression dans sa bibliographie : on en trouve deux (*Deux jumelles en pension,* 1941), trois (les aventures de Josie, Bun et Click, 1940), quatre (*The adventurous four,* 1941), cinq (le Club des cinq, 1942), six (*Six cousins at Mistletoe Farm,* 1948), sept (*The secret seven,* le Clan des sept, 1949)... La course semble s'arrêter là, le succès des cinq compagnons écrasant les autres groupes, excepté celui des sept, qui vivra malgré tout quinze aventures. Car, dans la plupart des cas, Enid Blyton travaille par cycles plus que par romans.

Le succès du Club des cinq, dont les vingt et un romans (1942-1963) totalisèrent des millions d'exemplaires du vivant même de leur auteur, ne s'est jamais démenti. À la mort d'Enid Blyton, une nouvelle série commença, qui, après quinze ans, comptait déjà plus de titres que la première. En 1952, la romancière avait fondé un club, *The famous five club*, suivi en 1953 d'un magazine. En français, la carrière du club commença en 1955 par le second roman (*Five go adventuring again*, traduit sous le titre *le Club des cinq*), le premier n'arrivant qu'en quinzième dans la liste des traductions.

Les raisons d'un tel succès sont nombreuses. Notons juste l'équilibre du groupe, qui réunit deux garçons, deux filles et un chien (Dagobert), les uns jouant sur la séduction, les autres sur le caractère. Annie, sage et mignonne, s'oppose à Claude (Claudine), garçon manqué ; François, éveillé et séduisant, répond à Mick, le gamin joufflu. Chacun peut s'identifier à un des personnages. Le mélange sera moins convaincant dans les groupes postérieurs. Le clan des sept (Jacques, Pierre, Jeannette, Pam et Babette, Colin, Georges) est plus secret, et il fonde sa cohésion sur des mots de passe, des réunions, un insigne… L'animal intégré dans le groupe semble une idée de génie, à en juger par les imitations qui s'en firent. Moustique, le chien des sept, deviendra membre temporaire quand le groupe perdra un membre ; les trois D de Georges Chaumet, autre auteur de romans pour enfants, comprendront également Do (minique), Dalia et le chat Diplodocus…

Commandements de l'Église

MESSE DOMINICALE - CONFESSION ANNUELLE - COMMUNION PASCALE - RESPECT DES FÊTES - RESPECT DES JEÛNES

RELIGION CATHOLIQUE Obligations morales et liturgiques imposées aux chrétiens.

□ Origine : Saint Antonin de Florence, *Summa theologica* (1439).

L'idée d'ajouter à la liste traditionnelle des dix commandements [→ 10 Commandements] une autre liste contenant les devoirs du chrétien vis-à-vis de l'Église a mûri lentement au cours du Moyen Âge. Elle a trouvé son aboutissement dans les catéchismes du XVe siècle, où elle a vite adopté la forme versifiée des commandements de Moïse. Les premiers distiques mnémotechniques apparaissent dans le *Livre de Jhésus pour les simples gens,* publié en 1491. L'ordre des commandements a parfois varié, mais leur contenu reste le même depuis le catéchisme de Canisius (1556). Souvent, un sixième est ajouté, pour imposer de manger maigre les vendredis et samedis, ou pour rappeler le devoir de la dîme. Voici la forme qu'ils ont prise dans le Bréviaire romain : «1. Les Fêtes tu sanctifieras/Qui te sont de commandement./2. Les Dimanches Messe ouïras/Et les Fêtes pareillement./3. Tous tes péchés confesseras/À tout le moins une fois l'an./4. Ton Créateur tu recevras/Au moins à Pâques humblement./ 5. Quatre-Temps, vigiles jeûneras/Et le Carême entièrement./6. Vendredi chair ne mangeras/Ni le samedi mêmement. » Le nouveau catéchisme (§ 2041) n'a maintenu que les cinq traditionnels, mais ajoute que « les fidèles ont encore l'obligation de subvenir, chacun selon ses capacités, aux nécessités matérielles de l'Église ».

Continents - Parties du monde

EUROPE - ASIE - AFRIQUE - AMÉRIQUE - OCÉANIE

GÉOGRAPHIE Divisions du monde connu dont le nombre et la répartition ont varié au cours des siècles. Les grands boulevards parisiens sont « le rendez-vous de l'univers, le point de ralliement de tous les peuples : forum cosmopolite ouvert à toutes les langues, centre merveilleux où aboutissent tous les chemins des cinq parties du monde » (Texier, *Tableau de Paris*, 1852).

□ Origine : Géographie du XIXe siècle, élargissement des quatre parties traditionnelles.

Le nombre quatre étant, par référence aux points cardinaux, celui du monde terrestre, les Anciens avaient défini quatre parties du monde de façon théorique, en coupant le globe selon l'équateur et un méridien. Le rapport entre ces quatre régions (contiguës, symétriques, opposées, antipodes) a suscité une querelle célèbre dans l'Antiquité et au Moyen Âge, celle des antipodes, ces pays où l'on marchait « la tête en bas »... Deux de ces parties seulement étaient connues et divisées à leur tour en trois : l'Asie, l'Europe et la Lybie (Afrique). Mais la division théorique en quatre influait sur celle du monde connu : Ératosthène le divisait par exemple en quatre sphragides. Tout rentra dans l'ordre quand on découvrit réellement une quatrième partie du monde, l'Amérique.

C'est donc du XVIe siècle qu'on peut dater le thème des « quatre parties du monde », et plus précisément de l'année 1507, quand Waldssemüller, dans sa *Cosmographiae Introductio*, signale qu'« Americo Vespuci a découvert une quatrième partie du monde », à laquelle il propose de donner le nom du navigateur. À la même époque, on commença à parler de « continent » (terre qui « tient ensemble »), mais le mot ne s'imposa que chez les géographes du XIXe siècle. Le thème depuis a été largement illustré. Un tableau de Rubens, au Belvédère de Vienne, figure les quatre parties par les fleuves qui les traversent (Gange, Nil, Danube, Maragnon, ancien nom de l'Amazone). Un groupe de Carpeaux (musée d'Orsay) représente les quatre races des quatre parties soutenant la sphère du monde. Les Bourses, les banques, les compagnies commerciales ont adopté ce symbole, qui permettait d'orner d'allégories évocatrices les quatre coins d'une salle ou d'un bâtiment. On le retrouve, par exemple, dans la galerie dorée de la Banque de France, à Paris.

Le XIXe siècle compliqua les choses en ajoutant un cinquième continent, l'Océanie, et même un sixième, l'Antarctique. Certains artistes suivirent l'évolution, mais le thème fut beaucoup moins populaire depuis et se confina surtout dans les livres de géographie.

Doigts

POUCE - INDEX - MAJEUR - ANNULAIRE - AURICULAIRE

PHYSIOLOGIE Appendices articulés de la main. « Les cinq filles de ma main gauche aux cinq fils de ma main droite, unissez-vous, soyez bénis, ayez respect de ma prière car je vous laisse mon cheptel... » (Werner Lambersy, *Architecture nuit*, « Présence des dieux furtifs », Phi, Noroît, Eperonniers, 1992, p. 91). En serrer cinq : donner la main. « Salut l'Ancêtre, dit Renard-l'Enfoiré, avec une voix d'travelo./ Serre-m'en cinq, on fait la paix, on est des poteaux » (Jean Alexandre, *les Fables de La Fontaine en argot*, Nigel Gauvin, 1992, « Le Coq et le Renard »). Être comme les cinq doigts de la main : s'entendre parfaitement. Les dix doigts : « Ces dix doigts, c'était autant de bâtons fourchus fichés dans un métacarpe de bois. » (Diderot, *le Neveu de Rameau*). Ne rien faire de ses dix doigts : être paresseux.

Chaque doigt a non seulement son nom, mais sa fonction, relativement constante et volontiers rappelée par des comptines enfantines. Le pouce, c'est « l'écrase-poux », le « petit marteau des poux » ; en latin, *pollex* était le doigt du pouvoir *(pollere)* : c'est lui qui permet de tenir un objet, et en particulier une arme. Aussi était-il parfois coupé à l'ennemi, et les mutilés étaient-ils dispensés du service militaire. Mais, si la mutilation était volontaire, la sanction était sévère (cf. Montaigne, *Essais*, II, 26). Le pouce avait un autre pouvoir, symbolique : étendu ou pointé vers le bas, il graciait ou condamnait le gladiateur vaincu.

L'index, dont le nom rappelle qu'il « indique », était pour les enfants le « lèche-plat », le « doigt de la bouillie ». Le majeur se veut le « plus grand » *(major)* de tous, et les comptines le désignait souvent comme « grand malin ». Mais c'est aussi un doigt redoutable : celui de la volupté, que la littérature galante du XVIIIe siècle appelle « portier de l'Amour » ; celui des sorcières, qui préparent avec le majeur des avortons des philtres abortifs.

L'annulaire a également des pouvoirs magiques. S'il est, comme son nom l'indique, le « doigt de l'anneau », c'est parce que, selon une tradition antique, une petite veine le reliait directement au cœur : en la comprimant avec une alliance, on était sûr de la fidélité conjugale. Lemne, médecin hollandais du XVIe siècle, avait l'habitude de soigner les « deffaut de cœur » en frottant l'annulaire et l'oreille avec du safran. Il prétendait que ce doigt était le dernier à être atteint par la goutte « à cause de la voisinance & sympathie qu'il a auec le cœur. » Mais, dès qu'il devient « glanduleux & enflé », c'est que la mort est proche. L'annulaire avait un autre pouvoir. L'Antiquité l'appelait « doigt médicinal », car rien de venimeux, disait-on, ne pouvait adhérer à son extrémité. Aussi les médecins l'utilisaient-ils pour mêler leurs potions.

Quant à l'auriculaire, vulgairement appelé le « cure-oreille », il a gardé la même fonction aujourd'hui que dans l'Antiquité (lat. *auricula*, oreille).

Groupe des Cinq

russe *Moguchaya Kuchka,* « la puissante petite bande »
MILI BALAKIREV - CÉSAR CUI - MODESTE MOUSSORGSKI - NICOLAS RIMSKI-KORSAKOV - ALEXANDRE BORODINE

HISTOIRE DE LA MUSIQUE Réunion de compositeurs russes dans le sillage de Glinka, entre 1862 et 1872.

□ Origine : Article de Vladimir Stassov dans la *Gazette de Saint-Petersbourg* sur le concert du 12 mai 1867.

Très influencé par Glinka et soucieux de donner à la musique russe une nouvelle impulsion, Mili Balakirev réunit autour de lui, entre 1855 et 1862, une série de jeunes compositeurs qui partagent ses vues. Lorsque les quatre principaux l'ont rejoint, en 1862, le plus jeune, Rimski-Korsakov, a dix-huit ans et le plus vieux, Borodine, trente. C'est un critique russe qui leur donnera leur nom, cinq ans plus tard, en parlant d'un « groupe de musiciens russes modeste, mais déjà puissant. » La critique s'empara de l'expression, et railla la « puissante petite bande ». Nos musiciens sont connus en France comme « groupe des Cinq », un peu abusivement puisqu'ils n'avaient pas songé à se limiter. Si les Français n'ont retenu que les plus connus du groupe, celui-ci comptait aussi des compositeurs oubliés depuis, Liadov, Goussakovski, Lodygenski, Stcherbatchov... Ils représentent l'école de Saint-Pétersbourg par opposition à celle de Moscou, dont les plus illustres représentants furent Tchaïkovski et Rubinstein.

Leur esthétique est surtout concentrée sur l'opéra et se résume en quelques points finalement très vagues : bannir la vulgarité et la banalité, harmoniser musique et livret, tout en donnant à la musique une valeur absolue, indépendante du texte… Ils visent surtout le bel canto italien, qui limite son esthétique à la recherche du contre-ut, et se rapprocheraient volontiers de Wagner, si celui-ci ne privilégiait pas à leurs yeux l'orchestre sur les voix. Ce qui les relie, c'est d'abord le sentiment que la musique symphonique a atteint son épanouissement avec Beethoven, Schumann, Liszt et Berlioz, et que c'est à l'opéra de prendre la relève. C'est aussi leur admiration pour Glinka, qui vient juste de mourir (1857), et qui avait œuvré pour la constitution d'un opéra national. Sans oublier leur intérêt pour les musiques populaires russes, qui influenceront leur œuvre. Balakirev, pour aller en cure à Essentuke, descend la Volga depuis Nijni-Novgorod et recueille sur son passage de nombreux chants qu'il publie en 1866. Parmi eux, le célèbre chant des bateliers.

Leur quête d'une musique nationale culmina au concert de 1867, donné à l'occasion du premier congrès panslave. En l'honneur des invités, chaque partie était un hommage à une des grandes familles slaves, de la fantaisie sur des thèmes tchèques de Balakirev à la symphonie slave de Rimski-Korsakoff ou à la polonaise de Moniuszko.

□ **Références** : Victor Serov, *le Groupe des Cinq*, Paris, Plon, 1949 ; César Cui, *la Musique en Russie*, Paris, Fischbacher, 1880.

Groupe des Cinq

PAUL ALEXIS - JORIS-KARL HUYSMANS - HENRY CÉARD - LÉON HENNIQUE - GUY DE MAUPASSANT

HISTOIRE LITTÉRAIRE Groupe de jeunes romanciers qui se sont constitués autour d'Émile Zola et du naturalisme.

□ Origine : 1876 (Constitution du groupe). *Gil Blas*, 22 avril 1881.

C'est vers 1875 que cinq jeunes romanciers sympathisent dans le milieu parisien et décident de présenter leurs hommages au maître de la littérature contemporaine, Zola. Ils se retrouveront régulièrement aux jeudis de Zola, et décideront en 1876 de se retrouver un soir par semaine dans de petits restaurants, où ils invitent de prestigieux aînés (Zola, Flaubert, Goncourt, Coppée…). Ils n'ont guère conscience de former un « groupe des cinq » - aussi bien sont-ils parfois six, avec Octave Mirbeau. C'est dans les souvenirs de Paul Alexis qu'ils forment un groupe soudé autour de la doctrine naturaliste.

Maccabées

SIMON - JEAN - JUDAS - ELÉAZAR - JONATHAN

HISTOIRE SACRÉE Frères héros de l'histoire d'Israël.

□ Origine : Ancien Testament (Deutéro - canonique) 1 M 2, 2-5 (Ier s. A.C.N.).

Les Maccabées sont les fils de Mattathias, prêtre de Jérusalem sous l'occupation des Séleucides. Seul Judas portait au départ ce nom, que l'on rattache à *maqqaba* («marteau »). Ses frères étaient respectivement surnommés Jean Gaddi, Simon Thassi, Eléazar Avaran, Jonathan Apphous. On étendit ensuite le surnom à ses quatre frères, qui combattirent avec lui contre Antiochos IV Épiphane (vers 165 A.C.N.). Judas Maccabée reconquit le Temple, qu'Antiochos avait consacré à Zeus Olympien, le purifia et rendit l'indépendance à Israël. Il mourut dans la bataille, mais ses frères et leurs descendants (les Asmonéens) régnèrent sur le pays. Les sept Maccabées sont sept frères qui se laissèrent torturer à mort plutôt que de manger du porc (2M, 7). Le culte des Maccabées fut important à la fin du Moyen Âge, lorsque se développa un sentiment national autour du roi de France. C'est à cette époque qu'apparut en Bourgogne la « danse Macabré » (Maccabée) qu'une mauvaise lecture changera en « danse macabre » .

□ Linguistique : **Macchabée** (cadavre) ; **macabre** (lugubre).

Piliers de l'islam

arabe *Arkân ad-dîn* (« soutiens de la religion »)
CHAHĀDA (PROFESSION DE FOI) - SALĀT (PRIÈRE RITUELLE) - ZAKĀT (AUMÔNE LÉGALE) - SAWM (JEÛNE DU RAMADAN) - HADJDJ (PÈLERINAGE À LA MECQUE)

ISLAM Les obligations de tout musulman. Le sixième pilier : la guerre sainte (djihad).

□ Origine : Coran et premiers credos musulmans (VIIe-VIIIe siècle).

La profession de foi consiste en la formule bien connue : « Il n'y a pas d'autre dieu que Dieu et Muhammad est son prophète. » La prière rituelle doit se faire individuellement cinq fois par jour et collectivement une fois par semaine, le vendredi à la mosquée. Elle se fait en direction de La Mecque et exige l'état de pureté rituelle, des ablutions, l'absence de chaussures, un tapis pour isoler du sol... L'aumône obligatoire aux pauvres ne se fait que de musulman à musulman ; pour certains, elle a été remplacée par les impôts, dont une partie est affectée à l'aide sociale. Le jeûne sanctifie le mois du ramadan, neuvième mois de l'année lunaire, au cours duquel le Coran fut révélé à Muhammad. Le jeûne dure toute la journée, du moment où l'on peut distinguer un fil blanc d'un fil noir jusqu'au coucher du soleil. Le pèlerinage à La Mecque doit être accompli une fois dans sa vie par quiconque en a les moyens matériels.

Sens

VUE - ODORAT - TOUCHER - GOÛT - OUÏE

PHYSIOLOGIE Fonctions par lesquelles un organisme vivant capte des informations sur le monde extérieur. « Avant, je pensais, comme tout le monde, que l'être humain possède cinq sens, et que la vue n'est que l'un d'eux. Maintenant, j'ai appris que sans voir, l'odorat, le toucher ou le goût ne valent pas grand chose » (Georges Ferdinandy, *Mémoires d'un exil terminé,* Denoël, 1992, p. 72).

Le sixième sens : Intuition qui fait prendre conscience de choses ou de dangers imperceptibles pour les autres sens. « Dans ses incursions désespérées à la recherche des odeurs et des traces estompées des années lointaines, s'était éveillé en lui depuis longtemps un sixième sens dont il n'avait pas conscience lui-même » (Herman Hesse, « Iris », dans *Contes merveilleux,* Calmann-Lévy, 1992, p. 138).

□ Origine : Aristote, *Traité de l'âme,* III, I, 1 (IVe s. A.C.N.).

Dans le *Micromegas* de Voltaire, l'Académicien de Saturne se plaint fort de n'avoir que soixante-douze sens. L'habitant de Sirius compatit : « car dans notre globe nous avons près de mille sens, et il nous reste encore je ne sais quel désir vague, je ne sais quelle inquiétude, qui nous avertit sans cesse que nous sommes peu de chose, et qu'il y a des êtres beaucoup plus parfaits. » Le regret était d'autant plus vivement ressenti au XVIIIe siècle, époque où se développe une philosophie sensualiste selon laquelle toutes les connaissances devaient venir des sens.

Si les sens et les organes qui y répondent sont connus de toute éternité, je n'ai pas rencontré chez les prédécesseurs d'Aristote la liste limitative sur laquelle nous vivons encore. « Il n'y a pas d'autre sens que les cinq sens ordinaires », affirme le Stagirite, quand Platon professait encore qu'« infinies sont les sensations qui n'ont pas de nom, et multitude sans nombre, celles qui en ont » (*Théétète,* 156b). Il est vrai qu'à côté de la vision, de l'audition, de l'olfaction il rangeait la froidure et l'ardeur, le plaisir et la peine, le désir et la crainte… La limitation à cinq sens vient donc d'une définition plus stricte du concept, qui sera généralement suivie. On trouve un écho de Platon chez le pseudo-Bède (*Flores ex diversis,* P.L. 94 col. 542), qui ajoute saveur, amour, crainte, changement *(mutatio)* et parole *(locutio)* aux cinq sens traditionnels. Le témoignage est isolé.

Est-ce pour égaler le Saturnien que l'on chercha le mythique « sixième sens », que les humoristes identifient au sens de l'orientation, au sens de l'humour ou à la fameuse intuition féminine ? Si l'on considère que tout ce qui nous donne des informations sur le monde constitue un sens, nous en avons effectivement plus de cinq, et l'on parle aussi du sens kinesthésique (par lequel nous prenons conscience de la position des différentes parties du corps), du sens musculaire (par lequel nous évaluons le poids des objets)... Le bouddhisme a intégré depuis longtemps cette notion de sixième sens, l'« organe mental » qui perçoit les « objets d'esprit ». Les six organes internes et les six objets externes qu'ils perçoivent forment ainsi les douze bases de la connaissance *(ayatana)*. Dans les traditions ésotériques, les cinq sens symbolisent la division de l'homme après la chute. Le sixième les unifiera et manifestera le retour à l'Adam régénéré.

Notre conception des cinq sens reste malgré tout influencée par la réflexion théologique. Les sens sont les outils de la connaissance et par conséquent classés selon la fidélité des informations ou la distance à laquelle ils les donnent : ainsi se définit la hiérarchie traditionnelle toucher - goût - odorat - ouïe - vue que l'on trouve déjà au XIIIe siècle chez Brunet Latin (*Livre du trésor,* I, 15). Mais les sens sont facilement abusés et leur témoignage est sujet à caution. La connaissance fondamentale leur échappe. La Présence réelle, dit saint Thomas, n'est pas enseignée par les sens, mais par la foi seule. Et le catéchisme actuel estime encore que, dans sa connaissance de Dieu, « l'esprit humain... souffre difficulté de la part des sens et de l'imagination, ainsi que des mauvais désirs nés du péché originel » (CEC § 38). Les sens sont les portes du corps par lesquelles le désir entre en nous. Pour Hildegarde de Bingen (*Scivias*, I, 6), ils doivent être purifiés par les cinq plaies du Christ (deux mains, deux pieds et flanc). Saint Edmond de Canterbury (mort en 1240) le prendra au sérieux, lorsque, recevant le viatique, il lavera à l'eau et au vin les cinq plaies du crucifix et boira le liquide. Dans la liturgie orientale, à la confirmation, on purifie les sens par une onction avec le saint chrême sur les organes correspondants. Tout fut fait, pendant deux mille ans, pour minimiser la fiabilité des sens et condamner les plaisirs qu'ils nous font éprouver.

□ **Iconographie** : De nombreux tableaux, surtout à l'époque classique, symbolisent les sens par des objets ou des animaux. Un des ensembles les plus connus est celui de la « dame à la licorne », suite de tapisseries conservées au musée de Cluny à Paris.

Les mots et les expressions

esquinter : *exquintiare : primitivement, couper en cinq.

quinconce : primitivement, pièce de cinq as, qui était frappée de cinq points disposés « en quinconce » (⁙).

quinte : toux qui revient toutes les cinq heures ; aux cartes, annonce de cinq cartes qui se suivent ; en musique, intervalle de cinq notes.

quinquagénaire : de cinquante à cinquante-neuf ans.

quintaine : dans un camp romain, ruelle qui sépare la cinquième et la sixième manipule, où se tient le marché. Une allée plus large que les autres, puisqu'elle divise en deux le camp romain. Le mot désigne ensuite une ruelle, ou le jeu qui s'y tient. Au Moyen Âge, la quintaine finit par désigner un jeu d'entraînement au tournoi.

La collégiale aux cinq clochers : Tournai.

La cinquième colonne : les services secrets installés en territoire ennemi (par allusion à ceux qui soutenaient en 1936 les quatre colonnes attaquant Madrid).

La cinquième compagnie : la mort (argot).

Se battre à cinq contre un : se masturber (argot) : allusion aux cinq doigts.

Les cinq fêtes : (judaïsme) les fêtes instituées par la Torah : Trois joyeuses : Pessah (« passage », Pâque), Shabouot (« semaines », Pentecôte), Soukhot (« tentes »). Deux austères : Rosh Ha-Shana (« jour de l'an »), Yom Kippour (« jour des expiations »).

La giroflée à cinq feuilles : une gifle. « Je ne me défendais jamais, même quand une beigne plus violente me faisait pisser du sang ou m'imprimait sur la joue le sceau brûlant de la giroflée. » (Robert Montal, *Tous feux éteints*, L'Âge d'homme, 1992, p. 24.)

La marquise sortit à cinq heures : allusion à une formule prononcée par Paul Valéry et rapportée par André Breton. (Voir, dans la même collection, *les Allusions littéraires*.)

Les cinq lettres : merde (euphémisme).

Les cinq nations (ou les cinq cantons) : la communauté des Iroquois, aux XVIIe-XVIIIe siècles.

Veau (mouton) à cinq pattes : un phénomène rare. « J'étais resté pour lui le canard boiteux, le mouton à cinq pattes, le garçon manqué. » (Michel Braudeau, *Mon ami Pierrot*, Seuil, 1993, p. 65.)

Les cinq positions : les positions fondamentales, en danse classique.

Le cinquième quart de la journée : la prostitution des ouvrières, après un travail à temps plein (argot).

Être la cinquième roue du char (du carrosse) : ne servir à rien.

En cinq (-) sec (s) : en un temps très bref (une seule partie en cinq points, au jeu de l'écarté).

Un cinq (-) à (-) sept : une réception en fin d'après-midi et, souvent, un rendez-vous galant entre le travail et le dîner.

Les cinq sous de Lavarède : allusion à un roman de Paul d'Ivoi (1894).

Recevoir cinq sur cinq : avoir bien compris (allusion au classement des qualités de réception dans les télécommunications).

Un cinq et trois font huit : un boiteux.

NFERNO
LA · EST
REDEMPTIO

L'Enfer

Hans Memling

Musée des Beaux-Arts, Strasbourg

LE SYMBOLISME DU NOMBRE 6

Six est le nombre le plus ambigu que nous ayons à étudier. Dans la théorie, il se rapproche de la perfection, puisque la somme de ses diviseurs est égale à leur produit (1 x 2 x 3 = 1 + 2 + 3). Hugues de Saint-Victor rappelle cette particularité, et Raban Maur évoque l'œuvre des six jours, la Création du monde. Ce devrait donc être un nombre sacré, alors qu'il véhicule un symbolisme négatif.

Sans doute est-ce dû à l'attraction du sept, nombre universel de la perfection qu'il n'atteindra jamais. Dans la symbolique des chiffres, l'unité manquante ou excédentaire a une grande importance. Six est le chiffre de l'impossibilité à la perfection comme huit sera le dépassement de cette perfection. Le sept étant un chiffre essentiellement temporel, sa valeur déteint sur le six : c'est le temps terrestre, inaccompli tant qu'il ne débouche pas sur le temps divin. Les six jours ne sont rien sans le septième ; les six âges du monde (d'Adam à Noé, puis à Abraham, David, la chute de Jérusalem, le Christ, la fin du monde) englobent le temps humain et non le temps de Dieu.

C'est ainsi que le six est devenu le nombre diabolique. L'ouverture des six premiers sceaux, dans l'Apocalypse, provoque la destruction, avant la résurrection des morts, au septième. Le chiffre de la Bête, 666, est une « Trinité diabolique » qui s'oppose à la Trinité christique (888). Or le même nombre se retrouve dans l'Ancien Testament : chaque année, Salomon reçoit 666 talents d'or (1R 10, 14). Le roi qui incarne la puissance d'Israël et qui construisit le premier Temple a sa face d'ombre : sa richesse, son goût pour les femmes qui le conduisit à l'idolâtrie. Salomon, comme le diable, est marqué par le nombre six. Outre les 666 talents, il y a les 600 sicles d'or que pesaient les 200 grands boucliers, les six degrés qui mènent à son trône, et, surtout, les six nations qui lui fournirent des épouses ou des concubines : Égyptiennes, Moabites, Ammonites, Édomites, Sidoniennes, Hittites (1R 11, 1). Sans doute d'autres nombres, et plus sacrés, ont joué un grand rôle dans l'histoire de Salomon. Le six frappa car c'est celui de l'hexagramme, l'étoile à six branches appelée « sceau de Salomon » et qui était utilisée dans les œuvres de magie. Une étoile obtenue par le doublement du triangle (✡) : symbole d'idolâtrie, puisqu'il n'y a qu'un Dieu. Salomon, qui avait reçu tout pouvoir sur les démons, était la référence obligatoire de la magie noire. Comment ne pas rapprocher son chiffre de celui du diable ?

•

Femmes de Henri VIII

CATHERINE D'ARAGON - ANNE BOLEYN - JANE SEYMOUR - ANNE DE CLÈVES - CATHERINE HOWARD - CATHERINE PARR

HISTOIRE Épouses successives du roi d'Angleterre, prises comme symboles de la victoire du charnel sur le spirituel. « Bienheureuse Marguerite-Marie Atouscoqs ! - Et l'Henri aux six femmes sans compter les belles amies du ban et l'arrière-ban, ainsi que chante Lawn Tennyson, gentleman-poète » (James Joyce, *Ulysse*, éd. Folio n° 771, t. I, p. 295).

Les sept femmes de Barbe-Bleue : mythe fondé sur l'histoire de Henri VIII et sur la légende de Gilles de Rais, consigné par Charles Perrault dans *Contes du temps passé* (1897).

□ Origine : Mariages de Henri VIII (1509-1543).

Si Henri VIII est resté dans la mémoire collective le type de « l'homme à femmes », c'est surtout par la brièveté de certains mariages (deux rompus par divorce, deux par exécution, deux par mort naturelle) et par le schisme que provoqua son premier divorce. Mais son premier mariage fut long (1509-1533) et ne fut rompu que par l'absence d'héritier mâle à la Couronne. Des cinq enfants de Catherine d'Aragon, seule avait survécu la future Marie Tudor. La reine ayant en premières noces épousé le frère de Henri VIII, il avait fallu une dispense pontificale pour permettre le mariage. Le roi était un fin connaisseur de la Bible - le pape l'avait nommé « Défenseur de la Foi » après la publication d'un livre contre les thèses de Luther, et le titre Fid. Def. apparaît encore sur les monnaies anglaises. Aussi, lorsqu'il souhaite une épouse plus jeune pour assurer sa descendance, invoque-t-il tout naturellement le Lévitique (20, 21 : « si un homme prend la femme de son frère, c'est une impureté ») pour faire annuler son mariage. L'annulation des mariages royaux est fréquente et compte bien d'autres exemples moins justifiés. Mais le pape est alors prisonnier de Charles Quint, neveu de Catherine d'Aragon, et refuse d'annuler le mariage. Henri VIII, qui avait épousé secrètement Anne Boleyn (15 janvier 1533), fit prononcer l'annulation de son premier mariage par Thomas Cranmer, archevêque de Canterbury (23 mai) et immédiatement officialiser son second mariage (1er juin). Il fut aussitôt excommunié et l'Acte de suprématie (1534) consacra le schisme entre l'Église catholique et la toute nouvelle Église anglicane.

La méconduite d'Anne Boleyn la mena à l'échafaud (19 mai 1536), et elle n'avait donné à Henri qu'une fille (la future Elisabeth Ire). Il se remaria aussitôt à Jane Seymour (29 mai), qui mourut en couches en lui donnant l'héritier souhaité, futur Édouard VI (12 octobre 1537). Les conseillers du roi ménagèrent un mariage politique avec Anne de Clèves, pour rapprocher le schisme anglican de l'Allemagne protestante, mais le roi se lassa vite de sa « Jument de Hollande » et divorça après six mois de mariage (janvier à juillet 1540). Catherine Howard, épousée dans le même mouvement, fut exécutée le 13 février 1542 pour inconduite. Il semble que le roi trouva alors l'âme sœur auprès de Catherine Parr, épousée le 12 juillet 1543 : elle en était à son troisième mariage, et ne resta pas veuve après la mort du roi.

Les six mariages de Henri VIII auraient pu avoir leur référence dans les six peuples ayant fourni des femmes à Salomon. Mais le nombre ne fut sans doute pas jugé assez symbolique, puisque la littérature consacra sur l'exemple du roi les sept femmes de Barbe-Bleue.

Groupe des Six

GEORGES AURIC - LOUIS DUREY - ARTHUR HONEGGER - DARIUS MILHAUD - FRANCIS POULENC - GERMAINE TAILLEFERRE

HISTOIRE DE LA MUSIQUE Réunion de compositeurs français en 1918-1921.

□ Origine : « Les cinq russes, les six français et Erik Satie », article d'Henri Collet dans *Comœdia*, n° 2587 du 16 janvier 1920.

C'est pour les comparer au « groupe des Cinq » russe [→ 5 Groupe] qu'Henri Collet baptisa les Six en 1920, en comparant un livre de Rimski-Korsakov, à peine traduit en français, au manifeste de Jean Cocteau. Ils ont alors trois ans de concerts communs et représentent le nouvel espoir de la musique française. Sous le parrainage d'Erik Satie, ils se sont constitués à la fin de la guerre. Blaise Cendrars encourage leur premier concert en 1918, et, la même année, Jean Cocteau publie *le Coq et l'Arlequin*, qui leur servira de manifeste. Le coq, c'est la musique nationale qui tente de « s'évader d'Allemagne » - c'est Wagner qui est ici visé, ce « vieux dieu » à qui « l'ennui semble une drogue utile pour obtenir l'hébétement des fidèles ». Mais il faut se garder tout autant du « piège russe » dans lequel est tombé Debussy - « la pédale fond le rythme, crée une sorte de climat flou, propice aux oreilles myopes ». L'arlequin, avec ses habits rapiécés, était le compositeur tenté par l'éclectisme. Au lendemain de la guerre, la poussée nationaliste était inévitable. Les Six prônent donc un retour à la mélodie, au contrepoint, à la précision, contre le flou et l'emphase. Ils sont attentifs au café-concert et à l'inspiration « naïve » des bals populaires, mais ils ont aussi une solide formation théorique. Leur réaction, c'est Rameau contre Wagner, et on leur reprocha de prendre l'histoire musicale à rebrousse-poil. Ils ne publièrent ensemble que l'*Album des Six* en 1920 et une œuvre à cinq sur un argument de Jean Cocteau, *les Mariés de la tour Eiffel* (1921). La même année, le groupe était dissous.

□ **Références** : Christian Doumet, Claude Pincet, *les Musiciens français*, Ouest-France, 1982. Jean Cocteau, *le Coq et l'Arlequin*, Stock Musique, 1979.

Patriarcats

PATRIARCATS	SIÈGES	RELIGIONS
Alexandrie	Le Caire	coptes
Antioche	Beyrouth	syriens
Antioche	Bkerké (Liban)	maronites
Babylone	Bagdad	chaldéens
Cilicie	Beyrouth	arméniens
Jérusalem	Damas	grecs melkhites

ÉGLISE CATHOLIQUE « Ressorts juridictionnels qui se sont constitués, en Orient, au profit de certains sièges plus particulièrement importants, et dont les titulaires, ou patriarches, occupent le premier rang, après le souverain pontife, dans la hiérarchie catholique » (D.T.C. t. XI, col. 2253).

□ Origine : Concile de Chalcédoine, 15e session, canon 28 (451).

Dès le concile de Nicée (325), on entendait préserver les droits de certains sièges épiscopaux, comme celui d'Alexandrie. Le concile de Chalcédoine, en divisant la chrétienté en cinq grandes circonscriptions, a jeté les bases des patriarcats : Alexandrie, Constantinople, Jérusalem, Antioche et Rome. Adopté à la quinzième session contre l'avis des représentants de l'Église occidentale, le canon fut contesté dès la seizième session et ne figure que dans les listes orientales. L'empereur Justinien (VIe s.) entérina cette division, mais la papauté se refusa longtemps à reconnaître les patriarches. Elle ne le fit qu'en 1215 (Latran IV), quand tous les sièges furent occupés par des Latins. Une hiérarchie fut alors définie par le concile œcuménique de Florence (1439) : Rome (pape) - Constantinople, Alexandrie, Antioche, Jérusalem.

Après diverses péripéties, et en particulier la chute de Constantinople en 1453, l'organisation actuelle fut mise en place, mais les sièges des patriarcats furent dispersés. Les Églises catholiques orientales constituent d'ailleurs des minorités dans la chrétienté actuelle. À ces patriarcats de l'Église catholique s'ajoutent ceux de l'Église orthodoxe.

□ **Références** : R. Vancourt, D.T.C. t. IX, col. 2253-2297 ; *Quid* 1993.

Les mots et les expressions

bissextile : dans le calendrier julien, jour intercalé tous les quatre ans entre le 24 et le 25 février, pour compenser le retard de l'année civile sur l'année solaire ; il doublait donc *(bis)* le sixième jour *(sextus)* avant les calendes de mars.

semestre : six mois.

sénaire : qui va par six.

setier : mesure de capacité pour les grains et les vins, valant le sixième d'un conge *(sextarius)*.

sexagénaire : de soixante à soixante-neuf ans.

sextant : instrument formé de la sixième partie d'un cercle, qui sert à mesurer les angles et les distances.

sieste : repos après l'heure de sixte, emprunté à l'espagnol *siesta*.

sixte : heure canoniale, sixième du jour (midi).

Tirer un double-six : avoir de la chance ; par allusion au jeu de domino.

Les six directions : les quatre points cardinaux [→ 4 Vents], le haut et le bas.

L'œuvre des six jours : La Création du monde. « Naturellement, quand un Dieu se met à l'œuvre pendant six jours, et se dit bravo à lui-même, il doit en rester quelque chose de passable. » (Goethe, *Faust*, « Cuisine de sorcière ».)

La guerre des Six-Jours : guerre qui opposa Israël au monde arabe en 1967.

À six pieds sous terre : enterré.

Tête de six pieds de long : visage qui exprime la tristesse, le désappointement.

À la six-quatre-deux : sans recherche :

être vêtu à la six-quatre-deux. Par extension : en vitesse, sans détailler. « On les voyait parfois surgir. Observer à la six quatre et deux. Disparaître en longeant les raziés où s'étouffaient les cannes. » (Patrick Chamoiseau, *Texaco,* Gallimard, 1992, p. 108). On a suggéré comme origine de l'expression le profil de tête humaine approximativement formé par les trois chiffres superposés :  Dessiner à la six-quatre-deux aurait signifié faire un portrait d'un trait rapide. Mais il peut aussi s'agir d'une progression décroissante qui amène l'idée du zéro.

Six-vingts : cent vingt, vestige d'une ancienne façon de compter par vingtaines, dont il ne nous reste plus que quatre-vingts.

Les Sept péchés capitaux : l'orgueil

Jérôme Bosch

Musée du Prado, Madrid

LE SYMBOLISME DU NOMBRE 7

Nombre mythique par excellence, sept est avant tout un nombre astronomique. C'est le quart du mois lunaire, et, dans les civilisations dont le calendrier épouse les quatre phases de la Lune, c'est tout naturellement le nombre de la semaine. Le hasard fit que c'est également le nombre des « astres errants » visibles à l'œil nu. Les sept « planètes » (y compris le Soleil et la Lune), qui s'opposent aux étoiles fixes, patronnèrent donc les sept jours de la semaine. Le nombre sept prit alors une importance symbolique considérable dans les principales civilisations antiques (Égypte, Israël, Mésopotamie…).

En Grèce, les pythagoriciens (VIe s. A.C.N.) donnèrent au culte du sept des bases théoriques. C'est pour eux l'emblème de la Virginité par excellence, puisqu'il est « archipremier » (Jouven). Tous les nombres premiers, qui ne se laissent diviser par aucun autre, sont sacrés et incorruptibles. Parmi ceux-ci, sept est le premier à ne pas s'inscrire dans le cercle euclidien (l'heptagone ne peut être construit dans un cercle à 360° comme le triangle ou le pentagone) [→ 22 Polygones]. Les sept notes de la gamme pythagoricienne permirent alors de formuler la théorie de l'harmonie céleste. Philon ajoute que la somme des sept premiers chiffres (1 + 2 + 3 + 4 + 5 + 6 + 7 = 28) correspond au cycle lunaire (CHE).

Le sept, nombre astronomique, symbolise l'achèvement d'un cycle. Achèvement spatial, puisqu'il totalise les six directions et le centre, ou l'union du ciel et de la Terre (3 + 4). Achèvement temporel, surtout, puisqu'il complète l'œuvre des six jours (Gn 2, 2), que Salomon construisit le Temple en sept ans (1R 6, 38), qu'une année sabbatique clôt les cycles de six ans (Lv 25, 4), que la fête pascale compte sept jours (Ex 12, 15)… Aussi ne faut-il pas s'étonner qu'il traverse l'Apocalypse attribuée à Jean : les sept églises, les sept esprits, les sept étoiles, les sept chandeliers, les sept sceaux, les sept fléaux, les sept anges, les sept têtes du dragon, les sept coupes, les sept montagnes… La fin du monde terrestre sera un bouquet de sept dans le feu d'artifice qui embrasera la Terre.

•

Anneaux

anglais *The seven rings*
FREUD - RANK - ABRAHAM - EITINGON - JONES - FERENCZI - SACHS

HISTOIRE CONTEMPORAINE « Comité secret » réuni autour de Sigmund Freud.

□ Origine : 1913. Hanns Sachs, *Freud, Master and Friend* (1944).

Après la défection d'Adler et de Stekel, et au moment des tensions avec Jung, en 1912, Jones eut l'idée de former une vieille garde de fidèles autour du maître de la psychanalyse. La première réunion eut lieu chez Freud, le 25 mai 1913. Le groupe, qui entendait assurer la survie de la psychanalyse de stricte observance, ne se donna qu'une seule règle : si un de ses membres souhaitait renoncer à un des principes fondamentaux de la théorie psychanalytique, il devait d'abord en débattre avec les autres avant de rendre publique sa décision. Pour sceller cette amitié, Freud offrit à chacun une intaille grecque de sa collection personnelle, que tous firent monter en chevalière. « Le don des anneaux avait une certaine signification symbolique, note Sachs ; il nous rappelait que nos relations mutuelles avaient le même centre de gravité. » Le groupe ne fut pleinement constitué qu'en 1919, quand Eitingon le rejoignit. C'est Hanns Sachs qui le baptisa - J.R. Tolkien, faut-il le dire, n'avait pas encore écrit *le Seigneur des anneaux* (1954)... En revanche, chez ces fins érudits, peut-être y avait-il un souvenir des sept anneaux donnés par le brahmane Iarchas à Apollonius de Tyane (Philostrate, *Vie d'Apollonius de Tyane*, III, 41).

□ **Références** : Ernest Jones, *la Vie et l'Œuvre de Sigmund Freud*, t. II, ch. VI ; Hanns Sachs, *Freud, Master and Friend*, Cambridge, Harvard Univ. Press, 1946.

Archanges

Trois canoniques : MICHEL - GABRIEL - RAPHAËL et quatre apocryphes :
Liturgie orthodoxe : SALATHIEL - BARACHIEL - EGOUDIEL - URIEL
Tradition rabbinique : BARACHIEL - JEHUDIEL - ZEADKIEL - URIEL
Hénoch : RAGUEL - SARIEL - REMIEL (JÉRÉMIEL) - URIEL (I Hén 20)
Également cités : PHAMAEL - PHANUEL - VREVEIL - ASAEL - SALATHIEL

THÉOLOGIE Anges appartenant à un ordre supérieur, qui se tiennent devant la gloire du Seigneur.

□ Origine : Ancien Testament (deutérocanonique) : Tobit 12, 15 (IIIe s. A.C.N.).

Le problème des archanges est complexe. Le livre de Tobit dit bien qu'il existe sept anges « qui se tiennent devant la gloire du Seigneur et pénètrent en sa présence », auxquels les Grecs ont donné le nom d'archanges (*archê*, « commandement »). Mais il n'en cite qu'un, Raphaël, qui protège le jeune Tobie dans son voyage. D'après le Nouveau Testament, on identifia rapidement deux autres : Gabriel, qui annonce à Marie qu'elle enfantera le Messie (Lc 1, 26), et Michel, l'archange du Jugement (Jude 9). Seuls ces archanges sont reconnus canoniques par l'Église catholique. D'après la vision d'Esaïe, on a compris que quatre archanges étaient particulièrement proches du Seigneur, et la plupart des listes se sont mises d'accord sur le nom d'Uriel, qui apparaît dans plusieurs apocryphes (IV Esd 4, 1 ; I Hén 20). Quant aux trois autres, leurs noms varient d'une tradition à l'autre.

Les noms des archanges sont construits sur la racine El (Dieu) : Raphaël (« Dieu guérit »), Gabriel (« Héros de Dieu »), Mikhael (« Qui est comme Dieu » ¿), Uriel (« Lumière de Dieu »)... Hénoch leur attribue des fonctions bien précises. Uriel est ainsi préposé au monde et au Tartare, Raphaël aux esprits humains, Gabriel au paradis... Michel, particulièrement vénéré, était le patron d'Israël. Il est devenu l'archange préposé au genre humain dans sa lutte contre le mal et le protecteur de l'Église (Ap 12, 7). La balance avec laquelle il pèse les âmes en a fait le patron des merciers et des balanciers.

□ **Iconographie** : Dans l'art byzantin notamment, on reconnaît les archanges à leur labarum (bannière romaine rectangulaire), quand les anges se contentent d'un bâton à l'extrémité tréflée. Les principaux ont leurs attributs : Michel a un étendard (chef de la milice céleste), une lance (il terrasse le démon) ou une balance (préposé au Jugement dernier) ; Raphaël a un bourdon de pèlerin (il guide Tobie) ou un bocal d'apothicaire (référence à son nom) ; Gabriel a un lys (référence à l'Annonciation). On les trouve parfois représentés ensemble, notamment sur des fresques de l'église d'Ébreuil.

Arts libéraux

Trivium : GRAMMAIRE - DIALECTIQUE - RHÉTORIQUE
Quadrivium : MUSIQUE - GÉOMÉTRIE - ASTRONOMIE - ARITHMÉTIQUE

CIVILISATION MÉDIÉVALE Disciplines enseignées dans les écoles, puis les universités médiévales et qui se sont regroupées dans la Faculté des Arts. « La prééminence des arts libéraux sur les arts mécaniques s'est établie dans l'opinion, sans égard à l'utilité » (Marmontel, cité par GDU). Le huitième art : la nigromancie (Pseudo-Turpin, trad. de William de Briane, ch. XXXI).

□ Origine : Saint Augustin (IVe s.), *De ordine*, II, 12-15 ; Martianus Capella, *Noces de la Philologie et de Mercure* (ca 400).

La prééminence des quatre disciplines mathématiques (la musique désigne en effet l'étude théorique des rapports entre les notes plutôt que la pratique d'un instrument) était effective depuis Platon, et leur nom, sinon leur contenu, n'a guère varié depuis. Les arts « rationnels », arts « de la parole », étaient certes enseignés, mais ils ne formaient pas un ensemble structuré comme les *tessares methodoi,* les « quatre voies », les arts des « choses ». Tout au plus les intégrait-on dans l'*eleutheria paideia,* la « culture libérale », celle donc qui convient à l'homme libre. Le travail manuel, celui qui demande des connaissances techniques, est celui de l'artisan ou de l'esclave ; à l'homme libre s'adressent les arts libéraux. Certains, comme Cassiodore, seront gênés par cette étymologie fort peu chrétienne et parleront d'arts libéraux pour ceux qu'on étudie dans les livres *(libri)*.

C'est au quatrième siècle que toute la réflexion antique sur les arts libéraux va se fixer chez un auteur chrétien, saint Augustin, et chez un latin, Martianus Capella, dont les *Noces de la Philologie et de Mercure* influenceront profondément le Moyen Âge. Philologie (« l'amour du savoir ») reçoit de son divin époux sept servantes, les sept arts libéraux, qui décrivent en détail leurs connaissances, dans une encyclopédie qui résumera pour tout le Moyen Âge la science antique. Le nombre sept est justifié par la numérologie. Le nom égyptien de Mercure (Thouth) et celui de Philologie, chiffrés et réduits par les procédés de l'onomatomancie, donnent en effet 3 et 4. Leur addition représente donc la perfection de la sagesse divine.

Augustin intègre cette vision dans la perspective chrétienne et néo-platonicienne de la descente de l'âme dans le domaine des sens, et de son retour par étapes à la raison et à l'intellect divin. La connaissance sensorielle est inférieure à la connaissance intellectuelle, qui s'acquiert elle-même selon une hiérarchie rigoureuse. La raison, pour ramener à elle l'âme exilée, se manifeste en trois domaines : les mœurs, qui règlent les actions en fonction de fins honorables ; la parole, qui concerne les affaires humaines ; la contemplation, qui se rapporte aux choses divines. Le domaine de la parole, ce sont les trois arts du trivium ; celui de la contemplation, ceux du quadrivium, qui permettent de contempler l'harmonie divine du monde. Il s'agit bien d'une purification des sens, la musique apprenant à entendre au-delà de l'ouïe, la géométrie et l'astronomie transcendant la vue. L'arithmétique achève le cursus en nous faisant pénétrer dans un monde purement mathématique. Ces sept arts sont à leur tour couronnés par la philosophie - plus tard, la théologie -, science fondamentale.

Augustin comme Martianus Capella parlaient plus volontiers de « disciplines ». Le mot « art », qui se rapporte plutôt au contingent, était dévalorisant, et son utilisation pour le prestigieux cursus entraîna des confusions dans la hiérarchisation des sciences. Boèce, au VIe siècle, introduisit les termes de *quadrivium* (la voie quadruple), qui traduisait le *tessares methodoi* antique, et de *trivium* (la voie triple), qui désignait les trois nouvelles disciplines. Ce dernier n'était qu'une voie d'accès aux arts mathématiques ; s'y arrêter était le fait d'étudiants ordinaires, *triviaux*. Dans les universités du XIIIe siècle, d'ailleurs, les sept arts libéraux étaient le plus souvent une formation de base qui permettait d'entrer dans les facultés de droit, de médecine ou de théologie. Le développement de nouvelles sciences (médecine, sciences naturelles, alchimie...) posa en effet bien des problèmes de hiérarchie : la médecine était tantôt classée parmi les « arts mécaniques », à côté de l'agriculture ou du théâtre, tantôt intégrée aux arts libéraux (comme dans le vitrail de Laon) ou bien à la philosophie naturelle, supérieure donc aux arts libéraux. On représente généralement les sept arts comme les servantes d'une connaissance suprême, philologie, philosophie ou théologie.

De plus en plus, de nouveaux arts s'ajouteront aux sept libéraux. Déjà, au Moyen Âge, on voit se glisser la médecine, la théologie, la peinture dans certaines représentations. Au XVIIIe siècle, de nouvelles classifications seront nécessaires. On ajoutera d'autres catégories, les arts scientifiques, les arts mécaniques, les arts industriels... Les arts libéraux deviendront ainsi les « beaux-arts » [→ 7 Beaux-arts], qui s'adressent à la sensibilité ; les arts scientifiques, des sciences, qui enseignent des connaissances ; les arts mécaniques et industriels, des techniques.

□ **Références** : I. Hadot, *Arts libéraux et philosophie dans la pensée antique*, Paris, Études augustiniennes, 1984 ; Ugo Gualazzini, *Trivium e quadrivium*, Milan, Giuffrè, 1974 ; Claude Lafleur, *Quatre introductions à la philosophie du XIIIe siècle*, Paris, Vrin, 1988.

□ **Iconographie** : Les arts libéraux sont souvent représentés dans les voussures des portails de cathédrale (par exemple à Chartres) ou dans les vitraux (rosace de Laon). Ils portent des instruments divers en rapport avec ce qu'ils enseignent. On leur adjoint souvent un huitième, théologie ou philosophie, dont ils sont les servantes (ou les branches par rapport à l'arbre, les rivières par rapport à la source...).

□ **Linguistique** : Trivial, trivialité... (digne du *trivium,* vulgaire).

Beaux-arts

Arts des sons : POÉSIE - ÉLOQUENCE - MUSIQUE
Arts plastiques ou de l'espace (quat' z-arts) : PEINTURE - SCULPTURE - ARCHITECTURE - GRAVURE (remplacée par la PHOTOGRAPHIE)
Arts du temps : MUSIQUE - DANSE - CINÉMA (« le septième art »)
Le huitième art : LA TÉLÉVISION
Le neuvième art : LA BANDE DESSINÉE
Le noble art : LA BOXE

HISTOIRE CULTURELLE Ensemble des disciplines qui s'adressent à la sensibilité plus qu'à la mémoire ou à l'intelligence. « Il avait dû dire un peu partout que Melchior était une des rares mémoires encore vivantes du septième art » (François Weyergans, *la Démence du boxeur,* Grasset, 1992, p. 169).

□ Origine : Réaménagements au XIXe, puis au XXe siècle, de la liste traditionnelle des arts libéraux [→ 7 Arts].

L'art désignant de plus en plus, au XIXe siècle, un mode d'expression fondé sur l'esthétique plutôt que sur la connaissance ou l'intelligence, la vieille classification héritée de saint Augustin fut réaménagée, sans pour autant abandonner le nombre symbolique sept, ni la répartition en deux groupes, de trois et de quatre... Pierre Larousse se fait l'écho d'un regroupement entre arts des sons et arts plastiques (GDU). Les nouvelles formes d'expression artistique ont rendu caduque cette classification, au profit de celle que nous connaissons encore aujourd'hui. Les arts de l'espace (anciens arts plastiques) s'opposent aux arts du temps. On ne fait d'ailleurs référence à cette classification que pour le septième art, et pour tous ceux qu'on a ajoutés par la suite.

Circonstances

QUIS - QUID - QUANDO - UBI - CUR - QUEMADMODUM - QUIBUS ADMINICULIS (ou QUIBUS AUXILIIS)

ART ORATOIRE Questions mnémotechniques de la rhétorique gréco-romaine pour résumer les circonstances d'un acte. « Laissez-le... Cet homme dit vrai... Je suis effectivement le chef des trafiquants de serpes d'or... - Quis, quid, ubi, quibus auxiliis, cui, quomodo, quando ¿ - J'ai fait cela pour me distraire. Je m'ennuie tant ! » (Goscinny, *la Serpe d'or*, Dargaud, 1963, p. 43).

□ Origine : Hermogène, *Peri heureseôs* (De l'invention), III, 5 (IIe-IIIe s.) ; saint Augustin, *Principia rhetorica*, 4 (Ve s.).

Volontiers attribuées à Cicéron ou à Quintilien, les deux piliers de l'art oratoire, les sept circonstances n'ont été dégagées que dans la rhétorique grecque tardive. Empruntées aux nombreux « attributs de la personne » et « attributs de l'affaire » définis par Cicéron (*De l'invention*, I, 34 s.), elles sont six pour les rhéteurs du temps d'Hermogène, mais déjà les philosophes en ajoutent une septième, la matière. Tout ce qui « constitue la substance de la question » se résume à la personne *(prosôpon, persona),* la chose *(pragma, res),* le temps *(chronos, tempus),* le lieu *(topos, locus),* la cause *(aitia, causa),* la manière *(tropos, modus),* la matière ou le moyen *(hylê - aphormê, materia)*. Les questions qui les résument en latin se traduisent : « qui, quoi, quand, où, pourquoi, comment, avec quels appuis ¿ » Elles apparaissent surtout dans la rhétorique chrétienne mérovingienne et carolingienne. Elles servent à structurer la cause judiciaire, sinon l'enquête policière : coupable, crime, heure du crime, lieu du crime, mobile, arme du crime, complice.

Collines

lat. *Septimontium*
AVENTIN - CAPITOLE - PALATIN - ESQUILIN - VIMINAL - QUIRINAL - CÆLIUS

GÉOGRAPHIE Les hauteurs réunies dans l'enceinte primitive de Rome. « La ville aux sept collines » : Rome. «... quant à moy, pour tous je veulx chanter / Les sept costaux Romains, sept miracles du monde » (Joachim du Bellay, *Les Antiquitez de Rome*, II, vv. 13-14).

□ Origine : Varron, *Langue latine*, V, 41 (Ier s. A.C.N.).

La légende veut que les sept collines aient été encloses dans la première enceinte de Rome - non l'enceinte sacrée de Romulus, tracée à la charrue sur le mont Palatin, mais sans doute celle de Servius Tullius. Si le souvenir est sans doute exact, les sept collines traditionnelles forment un espace bien plus grand que la ville primitive. Il est probable que les sept villages primitifs aient été dispersés sur trois d'entre elles. Ils devaient former au VIIIe s. A.C.N. une sorte de « ligue des sept montagnes » (Septimontium) qui devint ville sous l'occupation étrusque. Certains portaient des noms topographiques, comme Querquetual (« la Chesnaie ») ou Fagutal (« la Hêtraie »). D'autres sont d'origine plus obscure : Germal, Palatual, Velia, Oppius, Cispius.

Au fur et à mesure de l'expansion urbaine, on ajouta des collines en regroupant les primitives par massifs. Le Fagutal, l'Oppius et le Cispius formèrent l'Esquilin ; le Palatual, le Germal et le Velia sont devenus le Palatin. On a ainsi pu ajouter quatre noms qui ont permis une extension vers le sud (Aventin), l'ouest (Capitole) et le nord (Viminal, Quirinal). Quant au Querquetual, il prit le nom d'un conquérant étrusque, Cælius. Aucun nom des collines primitives n'est ainsi demeuré dans la liste classique.

On justifia par la suite les noms par de multiples étymologies fantaisistes. Le Quirinal renvoyait manifestement à Quirinus, le nom de Romulus divinisé, et aux Quirites, les citoyens romains. On a longtemps cru qu'il s'agissait d'une colline sabine exclue de la confédération primitive, hypothèse infirmée par les travaux de Jacques Poucet. L'Aventin fut réputé contenir le tombeau d'un prince sabin du même nom ; il avait été exclu de la Rome primitive parce que Rémus y aurait reçu le mauvais présage qui le retint de fonder sa ville. Au Capitole, on aurait trouvé une tête *(caput)* en creusant les fondations du temple - la même légende se retrouve au Golgotha, « mont du crâne », où serait inhumé celui d'Adam : dans l'un et l'autre cas, il s'agit sans doute d'un mont qui s'élève au-dessus des autres, comme une tête, ou d'un « mont chauve ».

□ **Références** : Raymond Bloch, *les Origines de Rome,* P.U.F. 1946 (coll. Que sais-je ?) ; Jacques Poucet, *les Origines de Rome*, Bruxelles, 1985.

Couleurs de l'arc-en-ciel

ROUGE - ORANGÉ - JAUNE - VERT - BLEU - INDIGO - VIOLET

PHYSIQUE Sept couleurs simples traditionnellement distinguées dans l'arc-en-ciel. « Sur la place stationnait une camionnette neuve peinte aux couleurs de l'arc-en-ciel » (Pedro Zarraluki, *l'Abbaye des grenouilles*, Belfond, 1993, p. 141).

□ Origine : Newton, expériences de 1666 publiées dans *Philosophical Transactions* n° 80, 19 février 1672.

La différence de perception entre les couleurs de l'arc-en-ciel est un des exemples les plus classiques invoqués par les linguistes pour expliquer les rapports entre la réalité référentielle et la convention verbale. Pas besoin pourtant de se pencher sur les civilisations africaines qui n'y voient que deux ou trois couleurs pour faire l'expérience. Aristote, ainsi, ne distinguait que trois couleurs dans « l'écharpe d'Iris » : le rouge, le vert et le violet, quoique, lui semble-t-il, il apparaisse souvent du jaune entre le rouge et le vert (*Météorologiques*, III, 2). Pas souvent : toujours. S'il arrive au Stagirite de ne pas le voir, c'est qu'il a aussi une approche théorique de l'arc-en-ciel : il y apparaît, explique-t-il, les couleurs que l'artiste ne peut reproduire.

Approche plus théorique encore au Moyen Âge, où, à la suite de Bède (*De natura rerum*, 31), on distingue quatre couleurs, correspondant aux quatre éléments. Le feu apporte à l'arc-en-ciel une couleur rouge *(igneum)* ; l'eau, du pourpre ; l'air, une couleur hyacinthe (jaune rougeâtre) ; la terre, du vert (*gramineum*, couleur de gazon). On voit surtout qu'on était attentif à faire correspondre les couleurs avec des matières évoquant l'élément (gazon, pierre précieuse), et on peut se demander si Isidore de Séville a regardé le ciel avant de trouver dans son arc du blanc et du noir.

La même démarche théorique se retrouve dans notre décompte des sept couleurs. Newton en effet décrit cinq couleurs, rouge, jaune, vert, bleu, violet, et signale en même temps « de l'orange, de l'indigo, et une variété infinie de gradations intermédiaires ». Les deux couleurs ajoutées semblent donc bien dans son esprit faire partie de ces gradations. Mais la magie du nombre sept joua pour imposer le nombre définitif. Depuis Hérodote (*Histoires* I, 98) qui parle des sept enceintes d'Ecbatane toutes peintes différemment, on cite volontiers les couleurs par sept. Mais cela, jusqu'à Newton, n'exclut pas les autres couleurs. Dès le XVIIIe siècle, en revanche, on prétendra qu'il n'existe que sept couleurs simples, indécomposables, toutes les autres n'étant que des mélanges entre celles-là.

Le XIXe siècle cependant remit en question le nombre des couleurs, soit en en supprimant (notamment l'indigo), soit en en ajoutant. Helmholtz est ainsi amené à scinder le vert en « bleu verdâtre » et « jaune verdâtre » pour former quatre couples de couleurs complémentaires (dont l'addition forme du blanc) : violet / jaune verdâtre ; indigo / jaune ; bleu / orangé ; bleu verdâtre / rouge (GDU). Si ces querelles semblent aujourd'hui dépassées, l'imprimerie est parvenue à restituer toute la gamme des couleurs par le mélange de quatre couleurs fondamentales (quadrichromie), ce que le siècle passé tenait pour impossible : jaune, magenta (rouge), cyan (bleu) et noir. La télévision se contente de son côté de trois couleurs fondamentales.

Diacres

ÉTIENNE - PHILIPPE - PROCHORE - NICANOR - TIMON - PARMÉNAS - NICOLAS

RELIGION CATHOLIQUE Clercs qui ont reçu le premier des ordres majeurs [→ 7 Ordres], et en particulier ceux qui ont été ordonnés par les apôtres.

□ Origine : Nouveau Testament, Ac 6, 5 (Ier s.).

Les premiers chrétiens ayant mis en commun toutes leurs richesses, ils devaient recevoir de ce fonds ce qui était indispensable à leur survie. Au fur et à mesure du développement des communautés, cette répartition amena des contestations, en particulier de la part des « hellénisants » (chrétiens juifs de la diaspora), qui accusaient les « hébreux » (chrétiens juifs de Palestine) de les désavantager dans le partage. Les apôtres, pris à témoins, n'acceptèrent pas de se laisser détourner de leur mission par ces soucis matériels et proposèrent de désigner sept « hommes de renom, pleins d'esprit et de sagesse », qui se chargeraient de la répartition des biens. Les sept furent élus et reçurent l'imposition des mains, ce qui donnait à leur charge la force d'un sacrement. C'est la première attestation dans le Nouveau Testament d'un geste fréquent dans l'Ancien.

Les sept hommes ne sont pas appelés diacres. Le texte les investit simplement d'une « fonction » (*ministerium* en latin, *diaconia* en grec). Mais, comme on n'a pas d'autre source au diaconat et que, dès les premiers siècles, on s'est référé à ce passage, on y voit en général l'origine de l'ordre. Pourtant, les deux diacres qui réapparaissent par la suite (Étienne et Philippe) ont un rôle plus large que celui des diacres, notamment dans la prédication et l'évangélisation. On s'est également étonné que le diaconat soit le seul ordre instauré dès l'Évangile, avant même les prêtres et les évêques, pour lesquels on n'invoque qu'un passage vague.

Surtout, les sept noms des diacres sont tous grecs, ce qui peut surprendre dans l'atmosphère de contestation qui les vit naître : les Hébreux n'auraient pas manqué de protester si la communauté hellénisante avait été aussi ouvertement avantagée. On croit donc qu'il y avait déjà des diacres, tous hébreux, et que les sept nouveaux sont venus contrebalancer leur influence. Pendant longtemps, cependant, l'autorité du texte et la valeur sacrée du nombre sept imposèrent aux communautés chrétiennes un nombre trop restreint de diacres. Il faut attendre le IVe siècle pour en rencontrer plus de sept à Alexandrie, puis à Édesse au Ve siècle, et à Rome, plus soumise à la tradition évangélique, au VIe. Dans les grandes villes, plusieurs centaines de diacres se révèlent alors nécessaires, qu'on ordonne parfois sous d'autres noms correspondant à la spécialisation de leur fonction (*martyrii*, pour veiller sur les reliques...).

□ **Référence** : J. Forget dans D.T.C. t. IV, col. 703 -731.

Dons de l'Esprit

SAGESSE - DISCERNEMENT - CONSEIL - VAILLANCE - CONNAISSANCE - PIÉTÉ - CRAINTE

RELIGIONS CHRÉTIENNES « Dispositions permanentes qui rendent l'homme docile à suivre les impulsions de l'Esprit Saint » (CEC § 1830). « Tu m'as dit parfois qu'il m'était facile d'être homme, parce que j'avais les sept dons. » (Hadewijch, première vision).

□ Origine : Ancien Testament, És 11, 2 dans la traduction grecque des Septante (IIIe-IIe s. A.C.N.).

L'esprit du Seigneur, dit Isaïe, reposera sur le rejeton de Jessé, le Messie que le Nouveau Testament identifiera à Jésus. « Esprit de sagesse et de discernement, esprit de conseil et de vaillance, esprit de connaissance et de crainte du Seigneur. » Les traductions grecque (Septante) et latine (Vulgate) dédoubleront le sixième don pour y ajouter la piété : la tradition pythagoricienne de la perfection accordée au nombre sept entra sans doute pour beaucoup dans cette adaptation. Les Bibles françaises et latines actuelles ont cependant rétabli le texte original, et la seule référence aux sept dons reste désormais l'Apocalypse de Jean (5, 6). L'Agneau mystique, qui représente le Christ, a en effet sept cornes et sept yeux « qui sont les sept esprits de Dieu envoyés sur toute la terre ». C'est à partir de ce texte que les dons primitivement réservés au Messie ont été interprétés comme les armes de tout chrétien.

La réflexion sur les sept dons s'est surtout développée chez les Pères et dans le Moyen Âge gothique (XIIe-XIIIe s.). On nota une progression de la crainte à la sagesse (« la crainte de Dieu est le commencement de la sagesse », Pr 1, 7) et on fit des sept dons une échelle dans l'approche de Dieu. On les mit en relation avec les sept branches du chandelier juif, avec les sept commandements du décalogue qui concernent la conduite sociale [→ 2 Tables], on discuta de leur position entre les sept vertus et les huit béatitudes... Grégoire le Grand leur opposa sept maux, folie, sottise, précipitation, crainte, ignorance, dureté, orgueil (*Morales* II, 49, 77).

□ **Référence** : Dict. spir. t. III, col. 1597-1641.

□ **Iconographie** : Ils sont souvent représentés par des flammes ou des colombes. On les trouve régulièrement sur les vitraux des cathédrales (Saint-Denis, Chartres, Le Mans...) et, bien sûr, sur les Agneaux mystiques des Apocalypses.

Dormants d'Éphèse

MAXIMIEN - MALCHUS - MARTINIEN - DENIS - JEAN - SÉRAPION - CONSTANTIN

MYTHOLOGIES CHRÉTIENNE ET ISLAMIQUE
Jeunes gens miraculeusement sauvés des persécutions par un sommeil prolongé.

□ Origine : Jacques, évêque de Sarug (mort en 522), homélie syriaque *De pueris Ephesi* ; les noms sont donnés par Grégoire de Tours (mort en 594), *De Gloria martyrum*, ch. 95 ; la légende est répandue par le Coran, sourate XVIII (« La Caverne »).

À l'époque de Dèce (250 après le Christ), au plus fort des persécutions contre les chrétiens, sept jeunes gens se retirèrent dans une caverne en priant le Seigneur de les soustraire à la fureur de l'empereur. Celui-ci l'apprit et fit murer la grotte pendant leur sommeil. Mais ce sommeil dura près de deux siècles, et c'est vers 447, sous l'empereur bien chrétien Théodose, que le mur fut rompu par un tremblement de terre ou par un berger qui voulait construire un abri pour ses brebis avec des pierres.

Le plus jeune compagnon, croyant n'avoir dormi qu'une nuit, descend à Éphèse pour acheter du pain. Il est surpris de trouver les symboles chrétiens dans toute la ville. Plus surpris sera le marchand qu'il veut régler avec une monnaie vieille de deux siècles. Pris pour un pilleur de trésor, le jeune homme est mené à l'évêque, qui comprend le miracle. Une plaque de bronze posée jadis à l'entrée de la grotte le confirme. Les sept dormants réveillés seront considérés comme une preuve en faveur de la résurrection des corps, ce qui tombe bien puisque celle-ci est précisément niée par les sadducéens. Cela fait, ils pourront se rendormir, pour toujours, cette fois.

Cette légende d'origine syrienne connaîtra un extraordinaire écho puisqu'on retrouve sept dormants dans des légendes norvégiennes aussi bien que dans la mythologie bretonne. Grégoire de Tours lui-même, le premier à raconter l'aventure en détail, signale l'existence de sept dormants à l'abbaye de Marmoutiers, près de Tours : cousins de saint Martin, qui les convertit, ils s'endormirent après quarante et un ans de vie érémitique dans les grottes de la Loire. On les vénéra pendant sept jours, assis à leur place habituelle dans leur oratoire, avant de les enterrer. L'évêque leur donne des noms qui n'ont rien à voir avec les dormants d'Éphèse (lettre à Sulpice de Bourges). Sous sa forme syrienne, la légende a elle-même connu bien des avatars ; d'autres noms sont donnés à certains dormants, surtout dans la tradition grecque et éthiopienne (Jamblique, Exacustidien, Maximilien…). Les listes ont tellement varié que les auteurs des *Acta sanctorum* proposent d'y voir les noms qu'ils portaient avant et après le baptême. Quant à la durée de leur sommeil, elle oscille entre 170 et 360 ans. Le nombre de dormants est parfois de huit, d'après Jacques de Sarug lui-même, qui parle du « fils de préfet et de ses sept compagnons ». Et, si le Coran dit qu'ils étaient sept, et leur chien le huitième, il conclut avec sagesse : « Mon Seigneur connaît leur nombre, mais il en est peu qui le sachent. »

On a expliqué ce thème par une confusion entre deux sens d'un même mot grec (*koimêsis*, « sommeil » ou « mort ») ou par la fusion de deux thèmes bibliques, ceux des trois Hébreux dans la fournaise et des sept Maccabées [→ 5 Maccabées]. Il s'agit plus probablement de l'avatar chrétien d'une croyance attestée dans de nombreuses mythologies : le séjour d'un mortel dans l'au-delà, souvent représenté par une montagne. À sa sortie, il ne se rend pas compte que le temps a passé plus vite à l'extérieur et n'en prend conscience qu'en interrogeant les habitants du pays. Il tombe alors en poussière s'il met pied à terre. Le vieux rêve de vaincre le temps - que l'on retrouve, dans une adaptation moderne, dans *Hibernatus* - a sa contrepartie : on découvre un autre âge en conservant des réactions et des références surannées, et on ne peut profiter de la victoire sur le temps.

□ Références : AASS 27 juillet, VI, 374-397. REA, art. « Dormants d'Éphèse ».

Douleurs de la Vierge

SYMÉON - ÉGYPTE - TEMPLE - PORTEMENT DE CROIX - CRUCIFIXION - DÉPOSITION - SÉPULTURE

RELIGION CHRÉTIENNE Souffrances infligées à la mère du Christ, malgré sa pureté, pour la faire participer au rachat du genre humain.

□ Origine : *Speculum humanae salvationis* (vers 1324) et *Officium de compassione* (ms B.N. 10527, vers 1350).

Le thème de la « compassion de la Vierge », endurant les souffrances de son fils, est très ancien et trouve son origine dans la prophétie de Syméon : « Toi-même un glaive te transpercera l'âme » (Lc 2, 35). Très tôt aussi, on fit le rapprochement avec les souffrances promises à la femme dans la Genèse (3, 16) : de la même façon que le nouvel Adam (le Christ) devait souffrir pour racheter le péché de l'ancien, la nouvelle Ève (Marie) devait partager ses souffrances. Mais les douleurs de la Vierge ne furent comptabilisées qu'à partir du XIIIe siècle, dans le développement du culte marial. Encore n'en recensait-on primitivement que cinq, pour répondre aux cinq joies de ses mystères [→ 15 Mystères]. La liste fut élargie au XIVe siècle et se répandit rapidement dans le nord de l'Europe. C'est Jean de Coudenberghe qui donne, à la fin du XVe siècle, la nomenclature définitive. Autour de Notre-Dame des Sept-Douleurs s'organisent alors des congrégations, des messes, des chapelets, une littérature foisonnante et de nouveaux thèmes artistiques : la pietà (XIVe siècle) et la mise au tombeau (XVe siècle).

La première douleur est traditionnellement la présentation au Temple, au cours de laquelle le vieillard Syméon prédit à Marie qu'un glaive lui transpercera le cœur. Pour d'autres, c'est la circoncision, première effusion de sang. La seconde est la fuite en Égypte, ou le massacre des Innocents qui la justifie. La troisième survient lorsque le jeune Jésus est perdu par ses parents et retrouvé dans le Temple, où il enseigne aux docteurs. « Nous te cherchons tout angoissés », se plaint la Vierge (Lc 2, 48). Ces trois douleurs de l'enfance s'opposent aux douleurs de la Passion : le portement de Croix (quatrième station du chemin de Croix, → 14 Stations) ; la crucifixion, la déposition (qui inspire la pietà) et la mise au tombeau, qui se distingue au XVe siècle de la descente de Croix.

□ **Iconographie** : La Vierge des Sept Douleurs est généralement représentée avec sept glaives lui perçant le cœur, par référence à la prophétie de Syméon.

Évêques évangélisateurs

TORQUAT - SECOND - INDALÈCE - CTÉSIPHON - EUPHRASE - CÉCILIUS - HÉSYCHIUS

MYTHOLOGIE CATHOLIQUE Les sept confesseurs qui ont évangélisé l'Espagne.

□ Origine : Bréviaire mozarabe selon la règle du Bienheureux Isidore, édité à Tolède en 1500.

Depuis le Moyen Âge, et peut-être depuis Isidore de Séville (VIIe siècle), l'Espagne a vénéré sept évêques fondateurs qui l'auraient évangélisée au Ier siècle. Ils auraient été ordonnés directement par les saints Pierre et Paul et, après un miracle à Cadix, auraient converti les païens de toute la Péninsule. Torquat devint évêque de Cadix ; Second, d'Avila ; Indalèce, d'Urci ; Ctésiphon, de Vierze ; Euphrase, d'Andujar ; Cécilius, d'Elvire, et Hésychius, de Gibraltar. Sur leur modèle, on réunit les sept évêques évangélisateurs de la Gaule (Gatien de Tours, Trophime d'Arles, Paul de Narbonne, Sernin de Toulouse, Denys de Paris, Austremoine d'Auxerre, Martial de Limoges), voire de Bretagne (Paul de Léon, Samson de Dol, Tugdual de Tréguier, Corentin de Quimper, Paterne de Vannes, Brieuc de Saint-Brieuc, Malo de Saint-Malo).

Félibres

FRÉDÉRIC MISTRAL - JOSEPH ROUMANILLE - THÉODORE AUBANEL - PAUL GIÉRA (GLAUP) - JEAN-GABRIEL BRUNET - ALPHONSE TAVAN - ANSELME MATHIEU

HISTOIRE LITTÉRAIRE Poètes qui ont renouvelé l'intérêt pour la langue et la littérature d'oc, au XIXe siècle. Leurs héritiers à l'Académie du Félibrige. « Ce nom sonore et doux, Nyons, a le prestige / De son ciel sans nuage et presque oriental / Où naguère a blanchi l'aube du Félibrige / Parmi les chants nouveaux du Réveil provençal » (Poème anonyme cité par R. Jouveau, *Histoire du félibrige*, t. III, p. 9).

□ Origine : Lettre de Paul Giéra à Roumanille, 23 mai 1854, relatant la réunion du 21.

Parmi tous les artisans du réveil provençal, dans les années 1850, la personnalité et le génie de Frédéric Mistral ont permis la constitution d'un mouvement vaste et durable, dont parla toute la France. C'est le 21 mai 1854 que quelques poètes se réunissent à Font-Ségugne, dans le château de Paul Giéra et décident de fonder un mouvement poétique provençal. Les mémoires de Mistral firent suffisamment autorité pour imposer, après coup, les noms des sept premiers félibres, quoiqu'il soit assuré que Brunet et Mathieu aient été absents ce jour-là. Dans les souvenirs des félibres, d'ailleurs, la liste connut certains flous.

Le nombre sept cependant avait son importance. C'est dans une vieille prière provençale, l'oraison dite de saint Anselme, que le groupe choisit en effet son nom. Parmi ses sept douleurs, la Vierge rappelait au Christ qu'elle avait dû aller le chercher au milieu des docteurs, « Emé li sèt felibre de la Lei ». Le mot était inconnu, mais la traduction évidente : « avec les sept docteurs de la Loi ». Comme les poètes étaient sept (du moins dans les souvenirs de Mistral !), ils décidèrent d'être eux aussi félibres, docteurs d'une loi nouvelle, que Mistral s'engagea à rédiger, dût-il y passer vingt ans de sa vie : c'est *Lou Tresor dou Felibrige*, le grand dictionnaire provençal qu'il publia en 1874. Une des tâches essentielles du félibrige (quoique des plus contestées) était d'unifier les différents parlers et d'imposer une orthographe unique.

Le mot est immédiatement décliné sur tous les tons, chacun y allant de son néologisme - le plus fameux, « félibrige », revenant bien sûr à Mistral, selon ses Mémoires. La lettre de Giéra à Roumanille montre bien l'émulsion créatrice qu'entraîna ce mot nouveau : « Nous avons *felibreja* hier, nous ferons dimanche une *felibrée* comme à Font-Segugno, que nous avons affirmé être la première *felibrejado*, puisque c'est sous ses arbres qu'est né le *felibrige*. Il me semble que tu n'es guère *afelibri*, et que, si tu n'es pas *felibre*, tu ne voudrais pas que *t'enfelibrèsson* (qu'on te fasse félibre). Pourtant quand tu verras *l'afelibramen* d'hommes de têtes, au crâne déplumé, à la tête blanche, tu n'oseras pas te *desafelibri* « (cité et traduit par Jouveau).

Pourtant, s'il faut en croire l'astucieuse lecture de Paul Souchon, le mot mystérieux proviendrait tout simplement d'une erreur de transmission. La Vierge aurait retrouvé Jésus parmi les docteurs, « Emé lou Sefer, Libre de la Lei », avec le Sépher, Livre de la Loi (cité par Bayle). Ici encore, la magie du nombre sept devait jouer. Quoique à la première publication commune, l'almanach de 1855, les félibres soient déjà dix, on conserva la structuration septénaire. Les statuts de 1862 prévoient la constitution d'une académie de cinquante membres, un président nommé à vie et sept sections de sept membres. À ces sections de « félibres majoraux », définies selon les secteurs d'activité (littérature, arts plastiques, musique...) s'ajoutaient des « mainteneurs » en nombre illimité... mais eux aussi répartis en sept « maintenances », selon leur région d'origine. Les assemblées se perpétuèrent à la Sainte-Estelle, anniversaire de la réunion originelle, placée sous l'invocation d'une sainte hélas disparue depuis du martyrologe, mais qui continue à guider le félibrige de sa bonne Étoile.

□ **Références** : René Jouveau, *Histoire du félibrige,* chez l'auteur, 1970-1984 ; Louis Bayle, *Considérations sur le félibrige,* L'Astrado, 1977.

Fléaux de l'Apocalypse

Sept coupes de la colère de Dieu répandues sur :
LA TERRE - LA MER - LES SOURCES - LE SOLEIL - LE TRÔNE DE LA BÊTE - L'EUPHRATE - LES AIRS

CHRISTIANISME Signes annonciateurs de la fin du monde et de la colère de Dieu.

□ Origine : Nouveau Testament, Ap 15, 1 (Ier s.)

Il y a deux séries de fléaux dans l'Apocalypse. Les premiers sont les plus connus, mais ne sont que six, et correspondent aux six premières trompettes sonnées à l'ouverture du septième sceau. Une pluie de grêle, de feu, de sang s'abat sur la terre, une montagne de feu tombe dans la mer, l'étoile Absinthe tombe et infecte les eaux ; les astres s'obscurcissent d'un tiers de leur éclat ; des sauterelles tourmentent les sujets de la Bête ; les quatre anges exterminateurs mettent à mort le tiers des hommes. La septième trompette annonce la résurrection des morts et le Jugement dernier.

Sept fléaux (« les derniers, car en eux s'accomplit la colère de Dieu ») arrivent ensuite, après le combat contre la Bête. Ils correspondent aux sept coupes de la colère divine répandue par les sept anges sur le monde. La première provoque des ulcères malins ; la deuxième change la mer en sang ; la troisième change fleuves et sources en sang ; la quatrième multiplie l'ardeur du soleil ; la cinquième plonge dans les ténèbres le royaume de la Bête ; la sixième assèche l'Euphrate ; la septième provoque des orages qui détruisent le monde.

Hyades

AMBROSIE - EUDÔRE - CORÔNIS - POLYXÔ - PHAEÔ - DIÔNÊ AISYLÊ (ou PHAISYLÊ)

MYTHOLOGIE GRECQUE Nymphes transformées en constellation.

□ Origine : Homère, *Iliade* XVIII, 486 (IXe s. A.C.N.).

Le coucher des Hyades (du grec *huein*, « pleuvoir ») annonçait la saison des pluies : c'est à peu près tout ce qu'on peut assurer de ces étoiles dont le nombre (de deux à vingt-sept !) et les noms varient d'une tradition à l'autre. Si, aujourd'hui, une constellation appartenant au Taureau porte encore ce nom, elle n'a guère de rapports avec l'antique. La légende veut que ces nymphes, filles d'Atlas et d'Ethra, aient élevé Zeus et sauvé Dionysos en le confiant à sa nourrice Ino. Elles auraient donc été chères aux Olympiens, et, lorsque la mort de leur frère Hyas les remplit d'une douleur inapaisable, elles furent métamorphosées en étoiles.

Îles Ioniennes

KERKYRA (CORFOU) - PAXOS (ERICUSA) - ITHAKA (ITHAQUE) - KEPHALLINIA (CÉPHALONIE) - ZAKYNTHOS (ZANTE) - LEVKAS (LEUCADE) - KYTHIRA (CYTHÈRE)

GÉOGRAPHIE Groupes d'îles longeant la Grèce dans la mer Ionienne (à l'ouest de la Grèce).

□ Origine : 1147 (séparation de l'Empire byzantin).

Si les îles Ioniennes ont toujours existé et sont connues depuis la plus haute antiquité, elles ne forment un groupe que depuis leur prise par Roger de Sicile, en 1147, qui les sépara de l'Empire byzantin. Depuis, leur sort est resté lié, qu'elles soient passées sous contrôle sicilien, vénitien, français, turc ou grec. Elles formèrent un État indépendant, une République des Sept-Îles, de 1800 à 1864, sous protectorat ottoman, puis britannique. Elles furent ensuite rattachées à la Grèce. Les îles quasi mythiques qu'elles contenaient (Ithaque, Cythère) en faisaient un symbole paradisiaque.

Merveilles du monde

PYRAMIDES D'ÉGYPTE - PHARE D'ALEXANDRIE - JARDINS SUSPENDUS DE BABYLONE - ARTÉMISION D'ÉPHÈSE - MAUSOLÉE D'HALICARNASSE - ZEUS D'OLYMPIE - COLOSSE DE RHODES

HISTOIRE ANTIQUE Sept œuvres humaines reconnues dans l'Antiquité comme dignes des merveilles de la nature et des prodiges des dieux. Elles servent de référence pour les ouvrages, les paysages ou les personnalités hors du commun par leur beauté ou leur ampleur. La huitième merveille : celle qui serait digne de prendre place dans la liste antique. « Diacosia était maintenant la huitième merveille du monde, des caravanes de touristes se promenaient le long de l'enceinte, observant à travers les grilles cette humanité tellement différente de la leur » (Dino Buzzati, « La machine à arrêter le temps », *l'Écroulement de la Baliverna,* Folio 1027, p. 127).

□ Origine : Un manuscrit fragmentaire du Fayoum (IIe s. A.C.N.), *Ta hepta th...* et Antipater de Sidon (ca 100 A.C.N.) les citent en premiers. Philon de Byzance (IVe-VIe s. ¿), *Peri tôn hepta theamatôn* (« Sur les sept merveilles du monde ») est devenu leur référence privilégiée.

Theamata, dit le grec : « choses dignes d'être contemplées ». Nos merveilles du monde ont la même origine que le mot « théâtre ». Elles seraient, en quelque sorte, les ancêtres de nos guides Michelin, une liste de « trois étoiles » que le voyageur se doit d'avoir vues. Mais elles s'opposent surtout aux prodiges divins, aux phénomènes fabuleux, surnaturels ou insolites. Le mot recouvre les choses remarquables créées par les hommes ou par la nature. Dans les listes antiques, en fait, ce ne sont que des œuvres humaines qui sont recueillies. Rares et vite éliminées, les œuvres divines comme l'autel de Délos dû, dit-on, à Apollon.

Le thème des merveilles du monde n'est donc pas innocent. Il démontre que l'homme peut égaler les dieux ou la nature par la beauté ou le gigantisme. C'est ce qui ressort nettement du commentaire de Philon : les jardins suspendus sont un ouvrage « contre-nature, puisqu'il place les fruits de la terre au-dessus de la tête des hommes » ; les pyramides témoignent que « les hommes montent jusqu'aux dieux » ; avec son Zeus d'Olympie, « Phidias a pour longtemps vaincu l'Olympe » ; Rhodes, avec son colosse, « opposa un second Hélios au premier »... Qu'on stigmatise son orgueil ou qu'on loue son ambition, c'est l'homme qui est glorifié dans ses œuvres. Aussi ne faut-il pas s'étonner que la taille semble avoir servi de référence plus que l'achèvement ou la beauté. Les « merveilles » (lat. *mirabilia*) étonnent *(mirari)* avant de plaire. Juste punition de l'orgueil humain, soulignent les moralistes, une seule des sept merveilles est encore debout : les pyramides de Guizeh.

Jean-Pierre Adam et Nicole Blanc estiment que c'est à Babylone, au temps des expéditions d'Alexandre (331-327 A.C.N.), que le principe des sept merveilles aurait été conçu. Le contact de deux civilisations aussi fières de leurs réalisations aurait servi de prétexte. L'importance du nombre sept et la présence, dans les premières listes, de deux merveilles babyloniennes, plaident pour cette origine. Les milieux grecs d'Alexandrie auraient ensuite établi la liste canonique qui, à l'origine, ne comprenait pas le phare, remplacé par les remparts de Babylone. Callimaque, qui vivait dans ce milieu à cette époque, écrivit une *Collection des Merveilles de toute la Terre*, œuvre perdue dont certains croient que fut tirée notre liste. De nombreuses listes circulèrent, qui remplaçaient certains monuments, ou qui en ajoutaient - certaines contenaient jusqu'à trente noms. Le Moyen Âge ne semble pas avoir entretenu la tradition, qui se revivifie au XVIIe siècle à la découverte du manuscrit perdu de Philon (1633).

Les merveilles témoignent en tout cas d'une attitude qui s'est perpétuée jusqu'à nous : face à la multiplication d'ouvrages remarquables, l'homme a senti le besoin d'une classification qui lui évite d'étouffer sous les chefs-d'œuvre. Les itinéraires fléchés des musées, la bibliothèque idéale de Pivot ne sont que les avatars de la liste de Philon. Et les conséquences sont les mêmes : « la beauté à l'instar du soleil, empêche de voir tout ce qui l'entoure lorsqu'elle paraît », notait déjà Philon. Écrasé par la réputation d'une Joconde ou d'une Vénus de Milo, le touriste distrait ne verra plus la perfection (donc la part d'infini) d'un détail dans une œuvre par ailleurs médiocre. Le mythe des sept merveilles s'oppose alors à celui du petit pan de mur jaune proustien ou au pied surnageant du chef-d'œuvre inconnu, chez Balzac. La perfection devient assassine et appelle la destruction rédemptrice. Érostrate, qui pour immortaliser son nom brûla l'Artémision, devient le juste symbole des avant-gardes foulant les classicismes sur lesquels elles doivent construire. On connaît la suite : le temple d'Artémis fut reconstruit à l'identique, chaque avant-garde étant condamnée à devenir classique ou à disparaître. Quant à Érostrate, sa mémoire fut damnée et l'on interdit sous peine de mort de prononcer son nom : quel meilleur moyen de lui procurer l'immortalité à laquelle il aspirait ! Combien de Zoïle et de Fréron ne sont connus que par leurs destructions.

Les pyramides, élevées au cours du troisième millénaire avant notre ère, sont trop connues pour en parler encore. La plus ancienne, celle de Saqqarah (2800 A.C.N.), a été élevée par l'architecte Imhotep pour le pharaon Djéser. Celle de Khéops à Guizeh, avec ses 137 mètres, est la plus haute et mérite par là de figurer dans la liste des merveilles du monde.

Les jardins suspendus de Babylone ont été créés, dit la légende, par la mythique reine Sémiramis. Mais, plutôt qu'à Sammu-Ramat, qui régna sur Babylone au IXe s. A.C.N., on songe à Amytis, épousée vers 612 par Nabuchodonosor II. La princesse étrangère aurait regretté, dans cette capitale cernée de déserts, les jardins de sa Perse natale, qui portent le nom rêveur de paradis *(paridaiza)*. C'est donc un jardin d'Éden qu'éleva le roi pour elle, sur des terrasses surélevées et arrosées par l'eau qu'élevaient des vis d'Archimède. Dessous, s'extasie Philon, on parcourt des salles dont le toit est formé de racines entremêlées.

Le temple d'Artémis (Diane) à Éphèse est élevé au VIe s. A.C.N. par le Crétois Chersiphron et son fils Métagenès. Il se signalait par ses dimensions (115,14 m sur 55,10 m). Il fut élevé en un siècle, dura un siècle, fut reconstruit en un siècle à l'identique, et survécut ensuite jusqu'à la christianisation de la Grèce, qui lui fut fatale.

La statue chryséléphantine de Zeus à Olympie était toute d'or et d'ivoire. Elle avait été élevée par Phidias vers 433 A.C.N. pour le roi de l'Olympe, patron des jeux du stade dans sa ville olympique. Monumentale, elle représentait le dieu assis sur un trône, couronné d'olivier, tenant une statue de la Victoire en ivoire de la main droite et un sceptre de la gauche. Il était vêtu et chaussé d'or. Transportée à Constantine après l'interdiction des jeux Olympiques par les empereurs chrétiens, elle fut détruite dans l'incendie de 475.

Le mausolée d'Halicarnasse est l'œuvre de l'architecte Pythéos. Grâce à lui, l'obscur royaume de Carie, sur le golfe de Cos, en Turquie, entra dans la légende, ainsi que son roitelet Mausole (377-353 A.C.N.). Celui-ci, qui fit d'Halicarnasse (aujourd'hui Bodrum) sa capitale, y fit élever un palais et son tombeau. À sa mort, son épouse Artémise continua l'ouvrage, mais mourut à son tour avant son achèvement. Les architectes, conscients de l'ampleur de leur œuvre, l'achevèrent. Le mausolée consistait en un vaste péristyle juché sur un haut socle *(pteron)* et orné d'une multitude de statues. De nombreux artistes y travaillèrent. Il disparut en 1403, quand les chevaliers de Saint-Jean de Jérusalem s'installèrent dans la forteresse et l'agrandirent en utilisant le marbre du tombeau royal.

Le colosse de Rhodes commémore une victoire contre Démétrios, roi de Macédoine, venu assiéger Rhodes avec d'énormes machines de guerre. Le cuivre et le bronze des engins abandonnés fut refondu par Charès de Lindos, qui éleva vers 290 A.C.N. une statue de 70 coudées (31 m) dédiée à Hélios, le dieu solaire. Ce fut la première statue colossale de métal, dont s'inspirèrent plusieurs colosses postérieurs, qui dépassèrent celui de Rhodes. Quoique lesté de pierre, il s'écroula dans le tremblement de terre de 225 A.C.N., mais continua à susciter l'admiration des visiteurs. Les Arabes qui prirent Rhodes en 653 furent moins impressionnés et récupérèrent le métal. Malgré l'imagerie populaire qui le représente jambes écartées pour laisser passer les bateaux, le colosse de Rhodes était droit.

Le phare d'Alexandrie fut élevé vers 280-279 sous Ptolémée Évergète, dans l'île de Pharos, qui signalait le port d'Alexandrie. Haut d'une centaine de mètres (quoique certaines sources lui attribuent jusqu'à 225 m), il comprenait trois étages de hauteur et de largeur dégressives, construits respectivement sur des plans carré, octogonal et circulaire. Le feu qui brûlait en permanence à son sommet guidait les navires la nuit. Sur son modèle furent bâties d'autres tours appelées « phares », dans les ports d'Ostie et de Ravenne. Tombé en ruine, il servit de carrière en 1477 pour la construction du fort de Qâyt-Bay.

□ **Référence** : Jean-Pierre Adam, Nicole Blanc, *les Sept Merveilles du monde*, Paris, Perrin, 1989. (Contient une traduction du texte de Philon.)

□ **Linguistique** : **Pyramide, pyramidal** (qui a la forme des tombes royales d'Égypte : Hérodote, premier à utiliser le mot en grec, désigne ainsi les monuments égyptiens. Le mot, d'origine inconnue, est sans doute un emprunt, mais les linguistes ne croient plus à l'étymologie égyptienne *pr-m-us*, « hauteur »). **Phare** (tour surmontée d'un feu pour guider les navires, de l'île de Pharos, près d'Alexandrie, où fut construite la première). **Mausolée** (grande tombe royale, de Mausole, qui fit construire celui d'Halicarnasse).

Nains

DOC (PROF) - GRUMPY (GRINCHEUX) - HAPPY (JOYEUX) - SNEEZY (ATCHOUM) - SLEEPY (DORMEUR) - BASHFUL (TIMIDE) - DOPEY (SIMPLET)

LITTÉRATURE ENFANTINE Compagnons de Blanche-Neige. « Les araignées nichaient dans tous les coins. Les souris couinaient. Les Sept Nains rouillaient ; nul prince charmant ne réveillait plus la Belle au bois dormant » (Marc Petit, *le Nain géant*, Stock, 1993, p. 111.)

□ Origine : Frères Grimm, « Schneeweißchen » (1810) ; Walt Disney, *Snow White and the seven dwarfs* (1937).

Les nains appartiennent surtout au folklore germanique médiéval. Volontairement confondus avec les elfes et autres créatures fantastiques de petite taille, ces petits personnages, qui vivent volontiers dans les montagnes où ils forgent les armes de dieux, sont d'infatigables travailleurs, tantôt serviables, tantôt espiègles. Si le conte de Grimm ne fait qu'enregistrer sans la développer une légende ancienne, Walt Disney a su retrouver le caractère ambigu des sept nains, tour à tour emportés et attendris. C'est lui qui a personnalisé et nommé les sept compagnons de Blanche-Neige. Rappelons que cette princesse, poursuivie par la jalousie d'une belle-mère qui se veut la plus belle femme du royaume, se réfugie dans la forêt où elle est recueillie par les sept nains. Elle succombera à une pomme empoisonnée que lui donne la reine déguisée en sorcière, mais sera réveillée par le baiser du prince charmant.

Notes

LETTRE	NOM	HYMNE DE SAINT JEAN
C	Do (ut)	*Ut* queant laxis
D	Ré	*Re*sonare fibris
E	Mi	*Mi*ra gestorum
F	Fa	*Fa*muli tuorum
G	Sol	*Sol*ve polluti
A	La	*La*bii reatum
B	Si	*S*ancti *I*oannes

MUSIQUE Sons musicaux de hauteur fixe représentés par sept signes distincts à l'intérieur d'une octave.

□ Origine : École pythagoricienne (VIe s. A.C.N. ¿) ; Guy d'Arezzo, *Epistola Michaeli Monacho de ignoto cantu,* P.L. 141, col. 425 D pour le nom des notes (XIe s.).

Deux cordes de même épaisseur et de même tension, mais de dimension différente, sonneront différemment. Une corde deux fois plus courte sonnera à l'octave - ou une cloche deux fois plus légère, pour reprendre une image souvent associée à Pythagore. C'est le rapport le plus évident, qui définit les limites de la gamme. À l'intérieur de celle-ci, des rapports intermédiaires, simples ou complexes, sont privilégiés. Le plus simple est celui de 3 à 2, qui définit la quinte juste. Le *sol,* une quinte au-dessus du *do,* est une fois et demi plus aigu. Ainsi se définissent, de quinte en quinte, les douze notes de la gamme diatonique *(ré, la, mi, si, fa#...),* qui revient finalement au *do.*

Les musiques les plus anciennes n'utilisaient pas les douze notes ainsi définies. Les gammes primitives se contentaient des cinq premières (ce qu'on appelle aujourd'hui de façon restrictive « gamme chinoise ») et, à partir de l'école pythagoricienne, sans doute pour des raisons symboliques, des sept premières, obtenues par trois quintes ascendantes et trois quartes descendantes. Leur nom leur fut donné au XIe siècle par un bénédictin italien, Gui d'Arezzo, qui s'était aperçu que les six premières apparaissaient dans leur ordre sur la première syllabe de chaque hémistiche, dans un hymne dédié à saint Jean. La première strophe, citée ci-dessus, peut se traduire : « Pour que d'une voix pure, les fidèles puissent chanter les miracles de votre vie, purifie le péché de leur lèvre souillée, saint Jean. » Pour Gui, il ne s'agit que d'un procédé mnémotechnique pour se rappeler par un air « très connu » la hauteur de chaque note. Il conserve dans ses traités l'ancienne dénomination par lettres.

La note *ut,* jugée trop peu sonore, fut remplacée dans l'Italie du XVIIe siècle par *do,* d'origine inconnue. Les pays de tradition germanique ont conservé l'ancienne dénomination, fondée sur la succession des lettres de l'alphabet de A à G (et H pour le *si* bécarre, le B étant réservé au *si* bémol). De l'ancienne dénomination, nous n'avons conservé que les termes bécarre (B carre, noté par un carré) et bémol (B mol, prononcé plus « mollement », plus bas) : seule la note *si*, primitivement, pouvait avoir deux hauteurs différentes.

Les sept degrés de la gamme représentant l'harmonie céleste, ils ont souvent été utilisés, depuis Origène, pour symboliser l'élévation de l'âme sur une échelle spirituelle. Ainsi chez Béatrice de Nazareth *(les Sept Manières d'amour)* ou chez Ruusbroec *(les Sept Degrés d'amour)*.

Ordres

Ordres majeurs : [ÉPISCOPAT (évêque)] - PRÊTRISE (prêtre) - DIACONAT (diacre) - [SOUS-DIACONAT (sous-diacre)]
Ordres mineurs : ACOLYTAT (acolyte) - EXORCISTAT (exorciste) - LECTORAT (lecteur) - OSTIARIAT (portier)

RELIGION CATHOLIQUE Degrés de la hiérarchie catholique.

□ Origine : Lettre du pape saint Corneille à l'évêque Fabius d'Antioche, dans Mansius, t. I, col. 821 (251).

La tradition veut que les sept ordres aient été institués par le Christ lui-même pour assurer le gouvernement des laïques et l'exercice du culte divin. Mais on ne trouve que peu d'entre eux dans le Nouveau Testament [→ 7 Diacres]. Cela explique sans doute les variations que l'on observe dans la façon de les compter. La seule constante est la distinction entre les trois ordres majeurs et les quatre mineurs. Les clercs majeurs sont attachés au service de l'autel, à la différence des mineurs. Les acolytes, cependant, créés pour assister les diacres dans les fonctions inférieures de leur ordre, constituent un ordre intermédiaire qui peut assurer le service de l'autel.

Primitivement, on ne comprenait pas l'évêque dans le compte, puisqu'il s'agit d'un prêtre dont la dignité appartient à la hiérarchie de juridiction (pape, patriarche, évêque, curé). Mais de plus en plus, comme l'évêque a seul le droit d'administrer le sacrement de l'ordre, l'épiscopat a été considéré comme un ordre et le sous-diaconat, réuni au diaconat, pour maintenir le nombre au chiffre symbolique de sept.

La question de toute façon ne se pose plus depuis Vatican II, puisque les quatre ordres mineurs et le sous-diaconat ont été supprimés par Paul VI. On conserve depuis lors deux ministères institués (et non plus ordonnés) : le lectorat et l'acolytat, le plus souvent assumés par des laïcs. En revanche, le diaconat, qui n'était plus que la dernière étape avant l'ordination sacerdotale, a été rétabli comme un état permanent dans l'Église. Il y a donc désormais trois ordres : l'épiscopat, la prêtrise, le diaconat.

Œuvres de miséricorde

VISITO - POTO - CIBO - REDIMO - TEGO - COLLIGO - CONDO

RELIGION CHRÉTIENNE Actions charitables qui seront prises en compte lors du Jugement dernier pour le salut de l'homme.

□ Origine : Nouveau Testament, Mt 25, 35-36 (Ier s.).

« J'ai eu faim, et vous m'avez donné à manger... » Ainsi le Christ accueille-t-il les élus après le jugement des âmes. À ceux qui s'étonnent, il répond qu'il a été nourri à chaque repas donné à un affamé. Des six œuvres de miséricorde contenues dans l'Évangile, on a fait six devoirs du chrétien, qui ont été multipliés par les Pères (jusqu'à vingt chez Hermas) sans qu'on puisse y distinguer le souci d'une liste limitative. La septième œuvre (ensevelir les morts) apparaît au hasard d'une de ces listes, chez Lactance. C'est seulement au XIIIe siècle que le septénaire se fixe ; il est ratifié en 1220 par la collection canonique de Raymond de Peñafort. On le résuma en vers mnémotechniques : *visito* (visiter les malades) ; *poto* (désaltérer les assoiffés) ; *cibo* (nourrir les affamés) ; *redimo* (racheter les captifs, devenu visiter les prisonniers) ; *tego* (vêtir ceux qui sont nus) ; *colligo* (accueillir les étrangers) ; *condo* (ensevelir les morts). Le respect de ces obligations eût fait de la société chrétienne un modèle du genre. Mais, en voulant élargir ces obligations matérielles à des devoirs moraux, les théologiens les ont affaiblies : si l'on peut nourrir de paroles et désaltérer de sagesse, on s'offre bien souvent une charité à bon marché. Des associations de bienfaisance, en prenant en charge l'une ou l'autre de ces bonnes œuvres, en ont également déchargé les consciences.

Péchés capitaux

PÉCHÉS	VERTUS
Orgueil	Humilité
Envie (ou tristesse)	Charité
Colère	Patience
Avarice	Largesse
Paresse (ou acédie)	Diligence
Gourmandise	Abstinence (ou sobriété)
Luxure	Chasteté

RELIGIONS CHRÉTIENNES Disposition permanente à faire le mal.

□ Origine : Jean Cassien, *De cœnobium institutis*, ch. V à XII (Ve siècle) ; saint Grégoire le Grand (*Morales* 31, 45).

Sept péchés ou sept vices ? La tradition a hésité, ainsi d'ailleurs que les définitions des deux mots. Aujourd'hui, ils ne sont plus considérés comme des péchés en soi, mais comme des vices (tendance à commettre certains péchés). Il s'agit de tendances permanentes, et non d'actes isolés. Distinction pratiquement peu opérante, puisque l'endurcissement transforme souvent le péché en vice. Le péché « crée un entraînement au péché ; il engendre le vice par la répétition des mêmes actes. Il en résulte des inclinations perverses qui obscurcissent la conscience et corrompent l'appréciation concrète du bien et du mal » dit le Nouveau Catéchisme (§ 1865). Ils sont appelés capitaux parce que « générateurs d'autres péchés, d'autres vices » (CEC § 1866). Ils ont longtemps formé le cadre des confessions, des sermons ou des traités de morale chrétienne. La plupart des actes répréhensibles y rentraient d'une façon ou d'une autre (le meurtre ou le suicide dans la colère, le vol dans l'envie ou l'avarice...).

Les sept péchés furent d'abord huit. Tous les auteurs du haut moyen âge, de Cassien au pseudo-Bède, ajoutent la « vaine gloire » à la liste traditionnelle. Mais Grégoire le Grand, en faisant de l'Orgueil leur chef, parla des sept vices comme de ses sept lieutenants. La confusion dut alors se faire entre « orgueil » et « vaine gloire », et cette dernière disparut.

Le thème de la *Psychomachie* (bataille de l'âme) emprunté au poète Prudence (Ve siècle) fut un des plus populaires au Moyen Âge. Les principaux vices et les vertus correspondantes y apparaissent sous forme d'allégories féminines, farouches amazones qui s'entre-déchirent dans le sang. Si la prédication et le théâtre populaire ont répandu l'idée d'une antériorité des vices sur les vertus, ces dernières sont bien entendu prioritaires dans la Création, puisque l'œuvre de Dieu. C'est par jalousie que le diable crée les sept vices et les envoie sur le monde. Le combat cosmique qui en résulte, raconté par le poète Prudence, puis par le pape Grégoire, fut largement représenté, en particulier dans l'art roman. Manuscrits, fresques et chapiteaux continuent à témoigner de sa vogue. À la fin du Moyen Âge, il fut porté sur les planches dans des mystères. L'aspect repoussant des vices, qui, dans une perspective platonicienne, portent sur leurs traits la laideur de leur âme, les rend souvent plus pittoresques que les vertus dans les représentations.

D'autres divisions des péchés ont été proposées. D'abord des oppositions binaires : péché par transgression ou par omission, par excès ou par défaut (Aristote), charnels ou spirituels (saint Grégoire), mortels ou véniels... Plus souvent, des groupes ternaires : en pensée, en parole et en œuvre (saint Jérôme, bréviaire romain) ; contre Dieu, contre soi-même, contre le prochain (Pierre Lombard) ; en pensée, en fait, en persévérance (psautier)... En deux groupes de trois, Brunet Latin (*Livre du trésor* I, 11) distingue les péchés en pensée (iniquité) et les péchés en action (péché proprement dit). Les premiers comprennent la tentation, le délit, le consentement ; les second, les péchés en parole, en fait et en persévérance. La division ternaire nous a laissé la triple formule du confiteor : « mea culpa, mea culpa, mea maxima culpa ». Elle correspond au symbolisme des trois morts ressuscités par Jésus : l'un dans la maison (« en pensée », fille de Jaïre, Lc 8, 41), l'un devant la porte de la ville (« en œuvre », fils de la veuve de Naïm, Lc 7, 11), le troisième à l'extérieur (« en persévérance », Lazare, Jn 11, 38). Au péché (mort spirituelle) correspond ainsi le pardon (résurrection).

□ **Iconographie** : les psychomachies primitives représentent les vices et les vertus sous forme de soldats romains ou médiévaux (ainsi sur un chapiteau de Notre-Dame-du-Port, à Clermont-Ferrand). Mais les vices sont vite identifiés par un geste ou un attribut. En Auvergne (Ennezat, Orcival, Chanteuges…), on voit souvent l'avarice avec une bourse pendue à son cou. La colère se suicide en se jetant sur une épée (Vézelay, Clermont-Ferrand…). La luxure a des serpents, des lézards, des crapauds accrochés à ses seins (Lavaudieu, Blesle, Chanteuges, Tavant…). L'envie dispute un objet (Saint-Bertrand-de-Comminges)… L'orgueil est figuré par un paon, un lion ; la luxure, par une sirène (tenant souvent un miroir)… De nombreuses gravures les représentent, le groupe le plus célèbre étant celui de Bruegel l'Ancien.

□ **Linguistique** : *Laid comme les sept péchés capitaux* (très laid). *Se dire les sept péchés mortels* (échanger des injures). *Dire de quelqu'un les sept péchés mortels* (dire du mal de lui).

Planètes - Jours - Sphères

PLANÈTE	SYMB.	ASPECT PHYSIQUE	JOUR	MÉTAL	ARCHANGE	PLANTE
Saturne (Kronos)	♄ ♄	Phainôn (brillant)	Samedi	Plomb	Oriphiel	Affodilius
Jupiter (Zeus)	♃	Phaéthôn (splendide)	Jeudi	Étain	Zachariel	Acharon
Mars (Harès)	♂	Pyroeis (rougeoyant)	Mardi	Fer	Samaël	Arnoglosse
Soleil (Hélios)	○ ✳		Dimanche	Or	Michel	Poligonia
Vénus (Aphrodite)	♀	Phôsphoros (Lucifer) [porte-lumière]	Vendredi	Cuivre	Amaël	Pisteronia
Mercure (Hermès)	☿	Stilbôn (éclatant)	Mercredi	Mercure	Raphaël	Pentaphilon
Lune (Sélénê)	◐ ☽		Lundi	Argent	Gabriel	Chyonostates

CIVILISATION ANTIQUE Les astres mobiles visibles à l'œil nu, comprenant les deux « grands luminaires » et cinq planètes du système solaire, qui jouèrent un grand rôle dans les systèmes astrologiques et alchimiques de l'Antiquité aux temps modernes. « Les sept autres cercles, plus petits, pendus entre le jour et la nuit, représentent les sept planètes » (Patrick Carré, *les Petits Chaos de l'étudiant Liu*, Albin Michel, 1993, p. 94).

Le huitième jour : la Résurrection du Christ (Cf. CEC § 2174). Titre d'un roman d'Antonine Maillet (1986).

Parmi les « luminaires » qui éclairent la nuit, on appelait « astres errants » ceux qui traversaient le ciel, à l'opposé des « étoiles fixes » qui en formaient une carte plus stable. C'est ce qu'exprime le terme même de planète (du grec *planêtês*, errant). À l'œil nu, seuls sept étaient visibles : le Soleil, la Lune et cinq planètes du système solaire. Plusieurs classements ont été tentés, dont le plus courant, venu de l'école pythagoricienne et adopté par les astronomes en général, est celui du tableau ci-dessus. Les astres y sont classés selon leur temps de révolution, de 29, 44 ans (Saturne) à 27 jours (Lune). La tradition littéraire, à la suite de Platon, classe plutôt le Soleil en fin de liste.

La dénomination des planètes, dans la cosmologie babylonienne, a tout naturellement été tirée du panthéon, et les traducteurs grecs et latins ont fidèlement calqué le modèle oriental. Mais, derrière cette attribution symbolique des planètes à un dieu, peut-être y avait-il déjà une nomenclature physique. Jupiter est la plus grande des planètes, partout réservée au dieu principal. Mercure « accompagne » le Soleil et la Lune comme Nabou (Hermès, Mercure), le scribe divin. Mars est une planète rouge qui convient parfaitement aux dieux guerriers, Nergal, Harès, Mars. Saturne a une course lente comme le vieux dieu du Temps… Quant aux symboles ésotériques qui désignent les astres, il s'agit d'une déformation de leurs lettres initiales dans leur nomenclature grecque. On reconnaît encore le Z de Zeus dans le signe de Jupiter, le Φ de Phosphoros dans celui de Vénus, le K de Kronos dans celui de Saturne. Le Soleil et la Lune ont des pictogrammes évoquant leur forme.

Ce sont sans doute les pythagoriciens qui ont introduit cette identification en Grèce : leur théorie de l'harmonie céleste est basée sur les cinq astres mobiles et les deux luminaires. Mais, petit à petit, d'autres patronages ont été retenus et, à la période alexandrine, une grande confusion régnait dans la dénomination des planètes. Au IIIe siècle avant notre ère, les astronomes d'Alexandrie ont alors introduit une deuxième nomenclature, fondée sur l'aspect des astres. De leur effort ne nous est resté que le nom de Vénus, Phôsphoros en grec, Lucifer en latin.

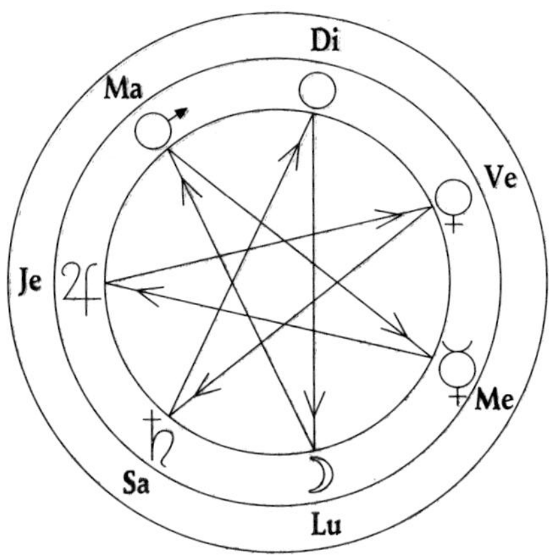

Les noms des jours dérivent des noms des planètes, l'ordre étant celui d'un heptagramme inscrit dans un cercle sur le pourtour duquel sont figurées les planètes, selon le schéma de la page 183.

Notons que certaines tentatives ont été faites pour christianiser les références païennes de l'astrologie. À Byzance, on consacra ainsi le dimanche au Christ, « Soleil de Justice » ; le lundi aux anges, qui, comme la Lune, reflètent la lumière divine ; le mardi à saint Jean, qui, en stigmatisant les pécheurs, s'identifie au dieu guerrier ; le mercredi à la Croix, qui a porté le Verbe comme Mercure est le porte-parole des dieux ; le jeudi aux apôtres, pères de l'Église comme Jupiter de l'Olympe ; le vendredi à la Vierge, image de la beauté spirituelle comme Vénus de la beauté physique ; le samedi à Dieu le père, puisque Saturne était le père des dieux...

Théophile d'Édesse tenta de justifier les noms païens par le récit de la Création dans la Genèse : chaque dieu symbolisait l'acte divin correspondant au jour qui lui fut attribué. Ainsi Hermès (Mercure), dieu de la Parole et de la Sagesse, représente le quatrième jour (mercredi), où furent créés les luminaires... Quant à la liturgie latine, elle utilise depuis Tertullien, le système juif de numérotation des jours pour éviter de nommer les dieux païens : *feria prima* désigne le dimanche, *feria secunda* le lundi... Le système n'a laissé de trace dans le vocabulaire qu'en grec moderne, où les jours sont toujours désignés par leur numéro d'ordre.

Quant au symbolisme des planètes, il est lié à la vieille conception de l'Univers selon laquelle chaque élément du monde d'en haut a son correspondant ici-bas. Les parallélismes sont innombrables. Outre les métaux, les herbes, les jours de la semaine, dont le tableau de la page 182 reprend les correspondances classiques, les planètes correspondaient aux sept directions de l'espace (les six traditionnelles et le centre), aux sept dons du Saint-Esprit, aux sept vertus théologales et cardinales, aux sept notes de la gamme... La kabbale a étendu ces correspondances ; c'est à elle que sont empruntées celles aux sept archanges dans le même tableau.

La théorie des planètes a également engendré celle des sphères célestes, concentriques, sur lesquelles les astres sont censés tourner autour de la Terre. Celles-ci sont généralement huit : sept pour les sept planètes, dont les mouvements indépendants exigent des supports différents, et la huitième pour les étoiles fixes, qui semblent tourner d'un même mouvement sur la voûte céleste. Les théologiens y ajoutèrent deux autres sphères, la dernière, l'Empyrée, correspondant au séjour des bienheureux et de Dieu. Les dix sphères pouvaient ainsi correspondre aux dix cieux. Être dans les sphères élevées, c'est donc voyager dans une dimension inaccessible au commun des mortels : « Les âmes délicates, dont la force s'exerce dans une sphère élevée, manquent de cet esprit d'intrigue, fertile en ressources, en combinaisons. » (Balzac, *la Messe d'un athée*, Seuil, Intégrale, t. II, p. 348).

Le mouvement des huit sphères était censé respecter les rapports harmoniques des huit tons, produisant une musique inouïe, la fameuse « harmonie céleste » ou « musique des sphères ». Seuls les bienheureux et les mystiques l'entendent : « Petit à petit, ils atteignent aux degrés supérieurs, à des états où ce ne sont plus seulement les abstractions les plus rapprochées qui les émeuvent, mais la respiration infinie des sphères. » (Italo Calvino, *le Chevalier inexistant*, Seuil, 1962, p. 161). « Le soleil résonne sur le monde antique dans le chœur harmonieux des sphères » (Goethe, *Faust*, Prologue).

□ **Références** : F. Cumont, « Les noms de planètes et l'astrolâtrie chez les Grecs », dans *l'Antiquité classique*, t. IV, 1935, pp. 5-43 ; *Catalogus codicum astrologorum Graecorum*, t. IV, p. 99 et t. V, I p. 235. CHE.

Pléiade

gr. *Pleiadès* ; lat. *Vergiliæ*
Étoiles : MAÏA - ÈLECTRE - TAYGÈTE - ASTÉROPE - MÉROPE - ALCYONE - CELÆNO
Poètes grecs : LYCOPHRON - THÉOCRITE - ARATOS - NICANDRE - HOMÈRE - APÔLLONIOS DE RHODES - CALLIMAQUE
Poètes français : RONSARD - DU BELLAY - PONTUS DE TYARD - JODELLE - BELLEAU - BAÏF - DORAT

HISTOIRE CULTURELLE 1. Groupe de sept étoiles dans la constellation du Taureau (M45) et les sept filles d'Atlas qu'y a vues la mythologie grecque. 2. Groupe de sept poètes alexandrins plusieurs fois imités par des poètes français. 3. Assemblée d'hommes illustres, grand nombre d'objets ou d'événements.

□ Origine : Homère, *Iliade*, XVIII, 486 ; *Odyssée*, V, 272 (IXe s. A.C.N.) [étoiles]. Ronsard, *Élégie* (1556) et Florent Chrestien, *Apologie ou Deffense d'un homme chrestien pour imposer silence aux sottes répréhensions de M. Pierre Ronsard, soy disant non seulement poète, mais aussi maistre des poétastres*, 1564. Claude Binet, *Discours sur la vie de Ronsard*, 1586 [poètes français].

Les Pléiades désignent à l'origine une constellation en forme de chariot qui se lève en mai et se couche fin octobre. Elles annonçaient donc le retour du printemps, d'où leur nom latin (*ver*, printemps), et la saison idéale pour les navigateurs, d'où leur nom grec (*plein*, naviguer). Mais, dès Hésiode (VIIIe s. A.C.N.), on y vit la métamorphose de sept sœurs, filles de Pléioné et d'Atlas (d'où leur surnom d'Atlantides). À la mort de leur père, selon la légende la plus répandue, elles se suicidèrent de désespoir et Zeus en fit des étoiles. Six d'entre elles s'étaient données à des dieux : de Zeus, Èlectre conçut Dardanos ; Maïa, de Zeus également, engendra Hermès, et Taygète, toujours grâce au maître de l'Olympe, fut mère de Lacédémon. Poséidon donna Yrieus à Alcyone, et Leucos à Celæno. Avec Arès, Astérope enfanta Œnomaôus. Seule Mérope se maria à un mortel,

Sisyphe, et sa métamorphose ne fut pas complète : c'est pour cela qu'elle est à peine visible dans le groupe des sept étoiles.

Au IIIe siècle, sept poètes alexandrins, sur les noms desquels les auteurs antiques ne s'entendent pas, prirent leur nom. Leur exemple fut suivi par des poètes français entre le XIVe et le XVIIe siècle. Une seule de ces pléiades françaises resta célèbre, celle constituée autour de Ronsard. Son existence est cependant problématique. Ronsard appelait en effet *Brigade* le groupe de poètes réunis autour de lui, et leur nombre, comme leurs noms, varia. Dans trois listes qu'il établit en 1553, 1555 et 1556, il semble cependant avoir été séduit par le nombre sept, et sans doute sous l'influence des alexandrins. Rémi Belleau, écrit-il en 1556, est venu « dans la brigade / Des bons, pour accomplir la septième Pléiade ». Mais cette comparaison est la seule apparition du mot dans l'œuvre des sept poètes.

Ce sont leurs adversaires, et notamment protestants, qui le leur appliquèrent (Chrestien, Estienne). Quant aux sept poètes aujourd'hui connus sous ce nom, leur liste est fournie après la mort de Ronsard par Claude Binet. Il semble que le « prince des poètes » ait considéré sa brigade comme celle des disciples de Dorat, qui n'apparaît pas dans sa liste. C'est la critique romantique, à la suite de Sainte-Beuve, qui a répandu l'idée d'une école poétique consciemment constituée. Il y eut plus probablement un cercle aux contours variables autour d'un noyau de poètes défendant les mêmes idées (utilisation de la langue maternelle, inspiration conçue comme une fureur divine, imitation des Anciens...).

□ **Référence** : Yvonne Bellenger, *La Pléiade : la poésie en France autour de Ronsard*, Paris, Nizet, 1988.

Portes de Thèbes

PORTE	CHEF ASSIÉGEANT	CHEF DÉFENDANT
Proitides	Tydée	Mélanippe
Èlectres	Capanée	Polyphonte
Néiste	Étéoclos	Mégarée
Athèna Onka	Hippomédon	Hyperbios
Borée	Parthénopée	Actôr
Homolôïdes	Amphiaraos	Lasthène
[Apollon]	Polynice	Étéocle

MYTHOLOGIE GRECQUE Les entrées de la ville assiégées par Polynice et les chefs argiens, après la mort d'Œdipe. « Or le peuple septuple et la septuple armée, / Tous deux épouvantés de la même épouvante, / Comme on regarderait le Hadès mis en vente, / Considéraient la porte obstinément fermée » (Péguy, *les Sept contre Thèbes*).

□ Origine : Pindare, *Néméennes*, IX, v. 42 (475 A.C.N.) ; Eschyle, *les Sept contre Thèbes*, vv. 375 ss. (467 A.C.N.).

C'est à la tragédie d'Eschyle qu'on emprunte les noms des portes et des assiégeants de Thèbes. Après la mort d'Œdipe, victimes de sa malédiction, ses fils Polynice et Étéocle se disputent le pouvoir. La scène où s'organise la défense est restée célèbre. Le messager annonce à Étéocle, resté à Thèbes, les noms de chacun des chefs et de la porte qu'il assiège, et, à chacun, Étéocle oppose un héros thébain. La septième porte n'a pas de nom, mais on apprendra qu'elle est consacrée à Apollon, à l'origine de la malédiction familiale. Polynice lui-même l'assiège, et Étéocle la défendra en personne ; les deux frères s'entre-tueront. Outre le sonnet où il prend plaisir à énumérer en quatorze vers les vingt et un noms, Péguy écrivit un long poème *(les Sept contre Paris),* où les villes de banlieue, sept par sept, assiègent Paris avant de se faire absorber. La première vague est constituée par Auteuil, Grenelle, Bercy, Montmartre, Passy, Vaugirard et la Villette.

Rois de Rome

ROMULUS - NUMA POMPILIUS - TULLUS HOSTILIUS - ANCUS MARTIUS - TARQUIN L'ANCIEN - SERVIUS TULLIUS - TARQUIN LE SUPERBE

HISTOIRE ROMAINE Les premiers rois, en partie légendaires, qui ont dirigé Rome.

□ Origine : Cicéron, *République*, livre II (Ier s. A.C.N.).

La mémoire de Rome, dans les premiers siècles de son existence, s'est transmise oralement avant d'être écrite par les premiers historiens des IIe-Ier siècles. Cela explique le fort apport légendaire que l'on retrouve dans les événements attribués au règne de ces rois et dans le symbolisme du nombre sept. Romulus, roi fondateur, fit du village romain un lieu sacré qui se peupla de bannis et de brigands ; il leur donna des femmes grâce à l'enlèvement des Sabines et s'allia au Sabin Tatius. Il fut divinisé à sa mort sous le nom de Quirinus. La royauté étant élective, on connut ensuite trois rois sabins, puis trois étrusques. Numa Pompilius fut le législateur, grâce aux conseils de la nymphe Égérie. Il structura la vie religieuse (vestales, prêtres saliens, temple de Janus...). Tullus Hostilius fut un roi guerrier ; l'épisode des Horaces et des Curiaces se situe sous son règne. Ancus Martius fut le roi constructeur. Tarquin l'Ancien inaugura la période étrusque - en fait, une invasion de la confédération des Sept Collines. C'était un usurpateur, qui s'empara du trône à la faveur de la confiance d'Ancus Martius. Les fils de l'ancien roi, écarté du trône (devenu donc dynastique), le mirent à mort. Son gendre Servius Tullius lui succéda, vite assassiné par Tarquin le Superbe, fils de l'Ancien. Après le suicide de

Lucrèce, violée par un neveu du roi, les Tarquins furent chassés de Rome et la République instaurée. Depuis les travaux de Dumézil, on a reconnu l'importance d'une reconstruction légendaire structurée par les trois fonctions indo-européennes, notamment pour la série des rois sabins [→ 3 Fonctions].

□ **Références** : Raymond Bloch, *les Origines de Rome*, P.U.F. 1946 (coll. Que sais-je ?) ; Jacques Poucet, *les Origines de Rome*, Bruxelles, 1985.

Sacrements

BAPTÊME - CONFIRMATION - EXTRÊME-ONCTION - MARIAGE - COMMUNION - PÉNITENCE - ORDRES

RELIGION CATHOLIQUE « Septénaire dans lequel est reconnue l'intervention directe du Christ comme médiateur de la grâce divine » (Dict. Spir.). « Il avait renoncé aux fastes de la cour pontificale pour porter les derniers sacrements jusque sur le champ de bataille » (Italo Calvino, *le Château des destins croisés*, Seuil, 1976, p. 52). Le huitième sacrement : ce qu'il y a de plus sacré pour l'homme. « Tu te souviendras : ceci [le mélange de sang de deux personnes] est le huitième sacrement » (Montherlant, *la Ville dont le prince est un enfant*, II, 4, dans T.L.F.).

□ Origine : Pierre Lombard, *Sentences*, IV, II, 1 (vers 1155-1158).

S'ils n'ont été clairement définis que par le droit canon du XIIe siècle, les sacrements existent depuis bien plus longtemps dans l'Église catholique. Deux d'entre eux sont tirés des Évangiles : le baptême et la communion. Pour cette raison, ce sont les deux seuls que les protestants reconnaissent. D'autres ont sans doute pris le relais de rites juifs (comme l'ordination) ou de cérémonies civiles (comme le mariage, que l'Église mettra plusieurs siècles à revendiquer comme un sacrement). Les deux sacrements évangéliques correspondent aux principaux rites de l'Église chrétienne et ont explicitement pris la place des rites imposés par l'Ancien Testament (le baptême, celle de la circoncision ; l'eucharistie, celle du sacrifice). Les autres sacrements correspondent aux principales étapes de la vie humaine.

Sages

THALÈS DE MILET - PITTACOS DE MITYLÈNE - BIAS DE PRIÈNE - SOLON D'ATHÈNES - CLÉOBULE DE LINDOS - CHILON DE LACÉDÉMONE - PÉRIANDRE DE CORINTHE

HISTOIRE ANTIQUE Groupe de politiciens et de penseurs grecs antérieurs à l'ère des philosophes et respectés pour leur sagesse dans l'Antiquité. « Tous ces usages des festins, ce ne sont pas les Sept Sages de la Grèce qui les ont inventés, c'est moi (la Folie) pour le bonheur humain. » (Érasme, *Éloge de la folie*, trad. Pierre de Nolhac, § 18). « Bref, le clavier de la Calculatrice est une stèle où sont gravés les signes les plus anciens, ceux des sages grecs comme des apôtres, des magiciens, des alchimistes. » (Régine Detambel, *Graveurs d'encre*, Bourgois, 1993, p. 163).

□ Origine : Platon, *Protagoras*, 343a (IVe s. A.C.N.) - La liste classique est donnée par Démétrios de Phalère (IVe-IIIe s. A.C.N.) dans Stobée, *Anthologie*, III, 79.

Des Milésiens, raconte Diogène Laërce *(Vie des philosophes, Thalès)*, avaient acheté à un pêcheur le contenu de son filet, quel qu'il fût. Au lieu de poisson, celui-ci retira un trépied que les clients, perplexes, soumirent à l'oracle de Delphes. Sur les conseils d'Apollon, ils voulurent offrir leur prise à l'homme le plus sage et choisirent leur compatriote Thalès. Mais le vieux philosophe déclina cet honneur et envoya le présent à un confrère, qui s'en débarrassa à son tour sur un autre... Le trépied arriva ainsi entre les mains de Solon, qui décréta que le plus sage était le dieu de Delphes, où fut enfin renvoyé l'objet.

Ainsi se serait constituée cette chaîne de « sages » contemporains, qui vécurent au VIe siècle avant notre ère, à une époque donc où l'on ne parlait pas encore d'ami de la sagesse *(philosophos)*, mais de sage *(sophos)*. Les sept sages effectivement se distinguent des philosophes de la Grèce classique sur plusieurs points. D'abord, ce sont des hommes d'action qui participent à la vie publique. Si Thalès est mathématicien et philosophe, et si le mystérieux Cléobule semble avoir été poète, Bias était avocat et les quatre autres, d'importants hommes d'État. Solon et Chilon exercèrent les plus hautes fonctions dans leurs démocraties respectives ; Périandre et Pittacos furent tyrans. C'est pour cette raison, d'ailleurs, que Périandre, dont la cruauté a été légendaire, est souvent omis de la liste et remplacé par Myson de Chène (chez Platon) ou par Anacharsis le Scythe (chez Plutarque). Phérécyde de Syros et Épiménide de Crète, ajoute Diogène (9, 13), sont parfois ajouté à la liste, et Plutarque ira jusqu'à nommer dix-sept sages *(Banquet des sept sages)*...

Surtout, les sept sages sont connus pour avoir préféré des sentences lapidaires aux longs traités de métaphysique. Quoiqu'un seul, Chilon de Sparte, soit originaire de Laconie, ils sont vantés par Socrate pour leur discours « laconique ». Leurs sentences avaient été gravées sur le fronton du temple de Delphes. Trois sont restées célèbres pour avoir été inscrites par

Chilon sur une colonne du temple (Diodore de Sicile, 9, 10) : « Connais-toi toi-même » (*Gnôthi séauton*, Thalès), « Rien de trop » (*Mêden agan*, Solon), « Une promesse, et la ruine est proche » (*Eggua, para d'ata*, Chilon). Cléobule - et les sept sages en général - passe pour le promoteur de cet idéal de « juste milieu » qui définit la sagesse grecque. On lui attribue le proverbe : « la mesure est la meilleure chose » *(Metron ariston)*. Loin des considérations métaphysiques sur les fins de l'homme et l'origine du monde, ils sont les témoins d'une « sagesse au quotidien », d'un pragmatisme humaniste à l'aube du classicisme grec.

□ **Iconographie** : Les sept sages ont été peints par Rubens.

Les mots et les expressions

semaine : période de sept jours *(septimana)*.

septante : soixante-dix. Les Septante : les traducteurs de la Bible en grec.

septembre : septième mois de l'année romaine (neuvième de la nôtre).

septennat : un mandat présidentiel en France (sept ans).

septentrion : le nord. Primitivement, « les sept bœufs » *(septem triones)*, nom des sept étoiles de la Grande Ourse, qui indiquent le nord.

septime : à l'escrime, ligne d'engagement.

septuagénaire : de soixante-dix à soixante-dix-neuf ans.

G7 : les sept pays les plus industrialisés du monde occidental (USA, France, Italie, Japon, Allemagne, Grande-Bretagne, puis Canada). Réunis au sommet de Rambouillet (15 novembre 1975), ils sont sept depuis le second sommet, à Porto-Rico, le 27 juin 1976.

De sept à soixante-dix-sept ans (par référence au journal *Tintin,* destiné aux jeunes de 7 à 77 ans) : pour tous publics, sans restriction d'âge.

La guerre de Sept Ans : guerre qui opposa la France et l'Autriche à l'Angleterre et la Prusse (1756-1763).

Sept ans de malheur : malédiction qui frappe, selon les esprits superstitieux, celui qui brise un miroir.

Le chandelier à sept branches : instrument liturgique devenu symbolique de la religion juive, d'après l'Ancien Testament, Ex 25, 31s.

Être au septième ciel : être au comble de la béatitude, surtout dans un sens érotique. Le septième ciel était la résidence de Dieu : « S'il faut choisir entre un aveugle et un adulte pour s'envoyer au septième ciel, il est logique qu'on ne choisisse pas l'aveugle » (Paul Emond, *Plein la vue*, Jacques Antoine, p. 104). [Voir, dans la même collection, *les Allusions bibliques*].

Sept d'or : récompense attribuée chaque année par les gens de télévision aux meilleurs d'entre eux.

Les sept Églises : les premières Églises chrétiennes d'Asie, auxquelles Jean envoie des lettres au début de l'Apocalypse : Éphèse, Smyrne, Pergame, Thyatire, Sardes, Philadelphie, Laodicée.

Les sept espèces : (judaïsme) Produits agricoles considérés comme des dons particuliers de Dieu à la Terre sainte : orge, figue, miel, grenade, olive, blé, vigne.

Le jeu des sept familles : sorte de jeu de cartes au cours duquel il faut regrouper les cartes par familles.

Le juste tombe sept fois : allusion biblique (Pr 24, 16) signifiant qu'on essaie en vain de faire trébucher l'homme juste, car il se relève, et le méchant est précipité dans le malheur.

Tourner sept fois sa langue dans sa bouche avant de parler : réfléchir longuement pour ne pas dire de bêtises. « À ma gauche la guérison, à ma droite l'infirmité, carrousel des méninges sept tours dans chaque sens » (Paul Emond, *Plein la vue*, Jacques Antoine, p. 9).

Les bottes de sept lieues : bottes magiques de l'ogre dans *le Petit Poucet* de Perrault. Au figuré, ce qui permet de faire rapidement un grand trajet, ou d'accélérer un processus. « Vous persiflez ? Vous avez tort. Des millions de créatures ont baisé mes bottes de sept lieues » (Raoul Vaneigem, *Lettre de Staline à ses enfants enfin réconciliés avec l'ouest*, Manya, 1992, p. 30).

Les sept mers : dans la géographie antique, désigne l'ensemble des lagunes du delta du Padus (Pô).

Les sept paroles du Christ : celles qu'il a prononcées sur la Croix : Mt 27, 46 ; Lc 23, 43.46 ; Jn 19, 26.27.28.30.

Les sept saveurs : douce, grasse, aigre *(austeros)*, acerbe *(struphnos)*, âcre *(drimus)*, salée, amère (Théophraste, *De causis plantarum*, VI, 1).

Les sept sceaux de l'Apocalypse : Ceux qui scellent le livre des révélations, dans l'Apocalypse de Jean, et dont l'ouverture correspond à l'anéantissement du monde. « Mon ami, les siècles écoulés sont pour nous le livre aux sept sceaux ; ce que vous appelez l'esprit des temps n'est au fond que l'esprit même des auteurs, où les temps se réfléchissent » (Goethe, *Faust*, « La nuit »). *Le Septième Sceau* : film d'Ingmar Bergman.

Les sept vaches grasses et les sept vaches maigres : allusion biblique (Gn 41, 1-36). Pharaon vit en rêve sept vaches grasses et sept maigres. Joseph comprit qu'il allait y avoir sept années de misère après sept années de prospérité, et fit faire des provisions aux Égyptiens, les sauvant ainsi de la famine et méritant la confiance de Pharaon. Les années de vaches maigres symbolisent encore la misère.

Les sept voyelles (grecques) : α, ϵ, η, ι, ο, υ, ω. Elles ont une valeur mystique. On les trouve gravées sur des pierres talismaniques des premiers siècles de notre ère.

La Mort et la jeune fille

Hans Baldung Grien

Kunstmuseum, Bale

LE · SYMBOLISME · 8 DU NOMBRE

8

Le huit a bénéficié, à l'inverse du six, de l'attraction du nombre sept. Au-delà du cycle temporel achevé en sept commence l'éternité. Sa valeur est nettement ressentie par Raban Maur et Hugues de Saint-Victor. C'est l'éternité après le changement, dit celui-ci ; c'est le jour de la Résurrection de Dieu et de tous les saints, ajoute celui-là. Il y a huit rescapés au Déluge : Noé, sa femme, leurs trois fils et leurs trois belles-filles. Le huitième jour est surtout le dimanche de Pâques, celui de la Résurrection. C'est le « premier jour de la semaine » que les saintes femmes, se rendant au tombeau, voient le Christ ressuscité. Un cycle s'achève et une nouvelle ère commence. Si sept est le nombre sacré de l'Ancien Testament, huit est par excellence celui du Nouveau.

Et, précisément, huit est le nombre du Christ, puisque l'addition des valeurs numériques des lettres formant le nom grec de Jésus donne 888 : I = 10 ; η = 8 ; σ = 200 ; ο = 70 ; υ = 400 ; ς = 200. De la même façon que la Trinité infernale (666) n'atteint pas la perfection septénaire, la Trinité christique la dépasse. Et, si la lyre des Anciens avait sept cordes, l'instrument sacré qui accompagne les psaumes en compte huit (Ps 8, 1). Si l'on ajoute aux sept sphères sur lesquelles se meuvent les planètes celle des étoiles fixes, on obtient les huit sphères de l'harmonie céleste, correspondant aux huit tons du chant grégorien.

Puisque le nombre huit dépasse la perfection pour atteindre l'éternité, est-ce un heureux hasard s'il a été choisi par les mathématiciens pour symboliser l'infini (∞) ⸮

•

Béatitudes

PAUVRES EN ESPRIT - DOUX - AFFLIGÉS - AFFAMÉS DE JUSTICE - MISÉRICORDIEUX - CŒURS PURS - PACIFIQUES - PERSÉCUTÉS

CHRISTIANISME Sources de félicité éternelle révélées par le Christ (Sermon sur la montagne). « Mais au fond, tout va bien - Beati pauperes spiritu, Et je m'y connais ! » (Goscinny, *Astérix en Hispanie*, 1969, p. 15).

□ Origine : Nouveau Testament, Mt 5, 3-10 (Ier s.).

Devant une foule de fidèles et de curieux, le Christ déclara *beati* (« bienheureux ») neuf groupes de personnes, auxquels il promet un bonheur différé (presque tous les verbes sont au futur) en récompense de ce qu'on peut ressentir comme un malheur présent. La neuvième béatitude (« bienheureux ceux qu'on insulte… ») est considérée comme une amplification de la huitième. Saint Augustin considérait même la huitième comme un résumé des sept précédentes, et ne comptait que sept béatitudes correspondant aux dons de l'Esprit [→7 Dons]. La première des béatitudes est devenue proverbiale, pour le quiproquo qu'elle entraîne et qui a longtemps fait traiter les chrétiens de « pauvres d'esprits ». Le vocabulaire en garde la trace dans les mots « crétin » (chrétien) et « benêt » (béni). Les pauvres en esprit sont, pour certains, ceux qui, riches ou pauvres, se moquent des richesses. Pour d'autres, ce sont les « vrais pauvres », ceux qui acceptent la misère dans leur esprit et sans se révolter, à l'opposé des « faux pauvres, ceux qui mentent à leur profession et en récusent les privilèges » (D. Buzy). S'il s'agit de prouver aux riches qu'ils peuvent rester riches et aux pauvres qu'ils n'ont qu'à rester pauvres, les deux interprétations ne sont pas fondamentalement différentes. Le principal est que soit préservé l'ordre social. La mystique médiévale avait poussé plus loin l'analyse de la pauvreté intérieure, qui consiste pour maître Eckhart en un dépouillement total de tout désir et de toute volonté.

□ **Iconographie** : Les béatitudes sont représentées sur un chapiteau de Moissac par huit personnages baignés par des rayons tombés du ciel. L'iconologie classique en a fait des allégories féminines. La simplicité regarde le ciel, la douceur porte un agneau, l'affligée pleure, l'affamée de justice tient une balance, le cœur pur porte un cœur, la pacifique un rameau d'olivier, la miséricordieuse fait l'aumône, la persécutée se lamente devant ses enfants morts.

□ **Référence** : Denis Buzy dans Dict. Spir. t. I, col. 1300.

Chemins de la délivrance

sanskrit *aryastangamarga*
VUE CORRECTE - INTENTION CORRECTE - PAROLE CORRECTE - ACTION CORRECTE - VIE CORRECTE - EFFORT CORRECT - ATTENTION CORRECTE - RECUEILLEMENT CORRECT

BOUDDHISME Embranchements du chemin menant à la libération de la douleur.

□ Origine : Discours du parc des Cerfs, près de Bénarès (VIe s. A.C.N.), [*Vinayapitaka*, I, 10].

Le fondement de la doctrine bouddhiste est contenu dans les « quatre nobles vérités » révélées à Bénarès : tout est douleur ; le désir est l'origine de la douleur ; le nirvana est la fin de la douleur ; un chemin octuple mène à la délivrance. Cette quatrième vérité est développée dans plusieurs textes fondamentaux, dont trois ont été traduits par Jean Eracle (*Paroles du Bouddha*, Seuil, Points Sagesse, 1991, pp. 27, 138, 159). Le sermon de Srâvastî développe un peu plus longuement ces huit chemins. Dans la pratique, ils sont souvent résumés en trois éléments de base : moralité, concentration et sagesse.

Modes

	FINALE	MODE AUTHENTE (ET SA TENEUR)	MODE PLAGAL (ET SA TENEUR)
Protus	ré	dorien = 1er (la)	hypodorien = 2e (fa)
Deutérus	mi	phrygien = 3e (do)	hypophrygien = 4e (la)
Tritus	fa	lydien = 5e (do)	hypolydien = 6e (la)
Tétrardus	sol	mixolydien = 7e (ré)	hypomixolydien = 8e (do)

MUSIQUE Répartition des intervalles dans les différentes échelles musicales.

□ Origine : Aristoxène, *Éléments harmoniques* (IVe s. A.C.N.). Adaptation au chant grégorien à partir de l'anonyme *Alia musica* (IXe s.).

La musique, une des branches du prestigieux *quadrivium* qui couronne le cycle traditionnel des études [→ 7 Arts], est au Moyen Âge une science théorique d'une grande complexité. On le comprend : chargée d'expliquer l'harmonie du monde, c'est elle qui s'approche le plus des plans divins. L'utilisation de plusieurs nomenclatures ne contribue pas à en faciliter l'approche. La première, venant de Byzance, utilise les numéraux ordinaux grecs vaguement latinisés (protus, deutérus, tritus, tétrardus). La seconde, héritière des tons psalmodiques, numérote les modes sans distinction d'authentes et de plagaux. À partir du IXe siècle, on désigna ces modes par les noms des anciens « modes » grecs, en se trompant - hélas - dans leur répartition, ce qui embrouilla définitivement la nomenclature. Le dorien grec est ainsi un mode de mi, devenu dans le chant grégorien un mode de ré.

Sans entrer dans la complexité de son explication, on comprend que la théorie modale est étroitement liée au symbolisme des nombres, et en particulier du sept et du huit. La base de la théorie est la gamme pythagoricienne de sept notes [→ 7 Notes], sur lesquelles sont construits les modes grecs. L'élargissement à huit tons n'est pas sans rapport avec celui des sept planètes aux huit sphères [→ 7 Planètes]. Ainsi, la musique divine qu'engendre le mouvement des huit sphères célestes peut-elle correspondre à la structure définie par les théoriciens, qui semblent avoir percé les mystères de Dieu.

Les mots et les expressions

in-octavo : livre pour lequel chaque feuille a fourni huit pages.

octave : dans la liturgie, le huitième jour qui suit une fête ; en musique, intervalle de huit tons.

octobre : le huitième mois de l'année romaine (dixième de la nôtre).

octogénaire : de quatre-vingts à quatre-vingt-neuf ans.

Un huit : chignon en forme de huit.

En huit : dans une semaine : « lundi en huit ».

Faire des huit : dessiner des boucles en forme de 8, au patin à glace.

Les deux (-) huit, les trois (-) huit : répartitions de la journée de travail par périodes de huit heures.

Huit de chiffre : bandage où les bandes se croisent ; compas en forme de huit ; accessoire pour les carrossiers.

Donner ses huit jours : congédier (une femme de ménage).

Un huit-reflets : un haut de forme particulièrement brillant, sur lequel on peut distinguer huit reflets.

Le Parnasse

Andrea Mantegna

Musée du Louvre

LE · SYMBOLISME · DU NOMBRE 9

Neuf, comme six, a développé une symbolique ambiguë. Dans l'Antiquité - peut-être en rapport avec les neuf mois de gestation ? - c'est la mesure du temps. Léto, poursuivie par la jalousie d'Héra, attendit neuf jours l'arrivée d'Ilithye, déesse de l'Accouchement, et souffrit tout ce temps comme une parturiante. Déméter courut la terre pendant neuf jours en cherchant sa fille Perséphone, avant que le Soleil, pris de pitié, ne lui révèle le nom du ravisseur. Dernier d'une série, il représente l'attente, la souffrance qui précède un nouveau cycle (celui des dizaines).

Aussi le nombre est-il lié à la mort : celle du Christ, avant tout, qui expira à la neuvième heure, et Raban Maur le considère à cause de cela comme un nombre néfaste. Hugues de Saint-Victor explicite ce symbolisme avec sa théorie des manques : de même que le six n'atteint pas la perfection du septénaire, de même le neuf est en deçà du dénaire. Les neuf chœurs d'anges restent incomplets après la chute de la dixième légion et jusqu'au Jugement dernier, où les hommes complèteront le dénaire. Les 99 brebis du troupeau ne sont rien tant que la centième est égarée (Mt 18, 12). Aussi le neuf finit-il par prendre une valeur néfaste, et on rappelle que le lit d'Og, roi de Basan, incarnation du diable, était de neuf coudées (Dt 3, 11)...

Mais il y a un autre neuf, le cube de trois et non plus l'unité précédant la dizaine. Tout ce qui s'organise en trois groupes de trois est porteur d'un symbolisme positif. À commencer par les neuf chœurs d'anges qui, malgré l'attente du dixième, sont proches du Seigneur. Les neuf Preux sont répartis par groupes de trois, comme les neuf Muses, qui, selon une légende tardive, étaient primitivement trois. Le symbolisme chrétien rejoint ici le symbolisme romain, qui voyait dans les séries de neuf la multiplication des trois tribus primitives - les neuf augures en sont l'exemple le plus fameux. À l'image de l'au-delà dantesque qui contient neuf enfers et neuf cieux, le nombre neuf pourra véhiculer des images contradictoires.

•

Cercles de l'enfer

LIMBES - LUXURE - GOURMANDISE - AVARICE et PRODIGALITÉ - COLÈRE et ACÉDIE - HÉRÉSIE - VIOLENCE - FRAUDE - TRAHISON (cercle des glaces)

LITTÉRATURE Niveaux de l'enfer de Dante, qui servent métaphoriquement de degrés dans la déchéance humaine : « ils sont tracés ils le sentent ils retombent frileux en attente neuvième cercle giudecca glacée personnages rectomés avalés broyés... » (Philippe Sollers, *Paradis*, Seuil, 1981, p. 141.). « Le roulement de l'écho accompagna la clameur jusqu'au septième cercle de glace. » (Hubert Haddad, *la Cène*, Albin Michel, 1975, p. 199).

□ Origine : Dante, *Divine Comédie* (ca 1307-1321).

Les cercles de l'enfer sont calqués sur les neuf cieux que parcourt Dante avant d'arriver à l'Empyrée [→ 7 Planètes]. Les neuf gradins de la montagne du Purgatoire complètent la vision. Le choix du nombre (les cieux vont par sept, huit ou dix) correspond à la structure trinitaire de l'œuvre. L'enfer est un grand entonnoir dirigé vers le centre de la Terre : le poète et son guide tombent de cercle en cercle jusqu'au centre, où réside Lucifer. Il faut remonter dans l'autre sens pour parvenir à la montagne du Purgatoire.

Les limbes, premier cercle de l'enfer, sont le séjour des âmes vertueuses qui n'ont pas eu la foi, des sages antiques et des enfants morts sans baptême. C'est un cercle sans supplice, sinon les lamentations des sages qui reconnaissent leur erreur ; les poètes y jouissent d'un sort privilégié, dans un palais protégé par un dôme de feu. C'est le cercle réservé à Virgile, guide du poète. Les péchés capitaux et les punitions qu'ils exigent forment une bonne partie des huit autres [→ 7 Péchés]. La descente dans les cercles inférieurs suit une progression dans la gravité des crimes et la rigueur des châtiments. Le second cercle est vents et tempêtes ; le troisième, pluies et neiges ; dans le quatrième, les avares poussent des rochers ; le cinquième est un marais glacé ; le sixième un vaste brasier ; le septième, une rivière de sang bouillant. Le huitième contient plusieurs bouges où l'on fouette les séducteurs, où l'on plonge les flatteurs dans l'ordure, où l'on enterre les simoniaques tête en bas, et autres réjouissances de ce genre. Le neuvième cercle, lui aussi divisé en zones, est le plus connu : c'est le cercle des glaces, qui emprisonnent les traîtres envers leurs parents, leur patrie, leurs amis, leurs hôtes…

Chœurs (légions) des anges

SÉRAPHINS - CHÉRUBINS - TRÔNES - DOMINATIONS - VERTUS - PUISSANCES - PRINCIPAUTÉS - ARCHANGES - ANGES

THÉOLOGIE Degrés de la hiérarchie céleste. Le dixième chœur : celui de Lucifer, déchu, qui sera remplacé par les élus après le Jugement dernier.

□ Origine : Saint Jean Chrysostome, *Commentaires sur la Genèse,* chap. I, IV, 5 (IVe s.) ; Pseudo-Denys l'Aréopagite, *De cælesti hierarchia* VI, 2 (Ve s.).

Le nombre des anges a suscité des controverses passionnées aux débuts de l'ère chrétienne. En se référant à la parabole de la brebis égarée plus chère que les quatre-vingt-dix-neuf autres, on conclut que les anges étaient quatre-vingt-dix-neuf fois plus nombreux que les hommes, symbolisés par cette brebis (Hilaire, Ambroise, Cyrille de Jérusalem…). Mais la proportion était de un à neuf si l'on considérait plutôt la parabole du sou perdu plus cher que les neuf restés dans la bourse. Est-ce de là que vint le nombre neuf finalement retenu pour les légions célestes ? En tout cas, de là naquit l'idée, répandue par saint Augustin, que l'homme était amené à prendre place à côté des anges après le Jugement, comme le sou réintégrera la bourse quand il sera retrouvé (*Cité de Dieu*, 22, 1). Le nombre neuf était facilement atteint : on connaissait déjà les anges, les archanges, les chérubins qui soutiennent le trône de Dieu chez Ézéchiel et les séraphins qui chantent ses louanges chez Esaïe. Les cinq autres furent pêchés chez saint Paul (Éph 1, 21 et Col 1, 16).

Le problème, c'est que les gnostiques avaient créé toute une hiérarchie d'anges, ce qui rendait les Pères méfiants face à toute tentative de structuration. Des listes de 7, 8, 9, 10 voire 11 légions d'anges circulent (Grégoire de Naziance ajoutait aux neuf traditionnelles les Splendeurs et les Élévations), jusqu'à ce qu'un texte attribué à Denys l'Aéropagite impose son autorité. Ce faux du Ve siècle était en effet signé d'un disciple de saint Paul.

Les neuf chœurs sont regroupés en trois hiérarchies, mais tous les esprits célestes sont de même nature et ne diffèrent que par la place qu'ils occupent. Selon que l'on considère l'aspect guerrier de la milice céleste ou sa fonction de héraut divin (« les cieux chantent la louange de Dieu »), on parle des neuf légions ou des neuf chœurs d'anges.

D'autres regroupements de ces chœurs ont été proposés. Hildegarde de Bingen les répartit par exemple en trois couronnes. Deux légions entourent cinq légions qui entourent deux légions. Ces couronnes se dédoublent elles-mêmes pour correspondre au corps terrestre et au corps spirituel de l'homme. Les deux légions extérieures sont le corps et l'âme qui tendent vers Dieu par l'intelligence et la raison. Ils enclosent les cinq sens rachetés par les cinq plaies du Christ [→ 5 Sens]. À l'intérieur sont l'amour de Dieu et l'amour du prochain, guidés par la chasteté (abandon des voluptés charnelles) et la foi (espoir des choses éternelles). Le chemin initiatique de l'homme en quête de Dieu passe donc par la voie mystique du repli sur soi : corps et âme, par l'intermédiaire des cinq sens, découvrent l'amour de Dieu et l'amour des hommes (*Scivias,* I, 6).

Muses

lat. *Musae,* gr. *Mousai*

NOM	RACINE	DOMAINE	ATTRIBUTS
Clio	Gloire	Histoire	Rouleaux
Calliope	Belle voix	Éloquence	Tablettes
Melpomène	Chant	Tragédie	Masque tragique
Thalie	Fleurir	Comédie	Masque comique
Euterpe	Charmant	Musique	Flûte double
Terpsychore	Danse plaisante	Danse	Lyre
Érato	Amour	Élégie	Cithare
Pol(h)ymnie	Nombreux souvenirs	Poésie	Menton en main
Uranie	Céleste	Astronomie	Globe

MYTHOLOGIE ANTIQUE 1. Chez les Grecs, déesses qui président aux différentes formes de la poésie. « Son hélicon, séjour des muses, était la réplique de celui que Pétrarque avait longtemps habité à Vaucluse » R. Swennen, *le Roman du linceul*, Gallimard, 1991, p. 89). 2. Déesses qui président aux arts libéraux. « Les muses devraient se taire en temps de guerre » (Baptiste-Marrey, *le Maître de Stammholz*, Bourin, 1992, p. 39). *L'Almanach des Muses*. 3. Au figuré : les Muses, ou la Muse : la poésie. *La muse française* (journal qui parut en 1823-1824). *La muse frondeuse*, *La muse au cabaret* (recueils de Raoul Ponchon). 4. L'inspiration. « L'inspiration, la Muse jouent aussi parfois à cache-cache » (Félix Roulin, *Conversation avec France Borel*, Tandem, 1992, p. 51). « La muse verte » (l'absinthe). 5. La femme aimée qui inspire les poèmes. *Alma Mahler, muse de tous les génies* (livre de Karen Monson). 6. La dixième muse : un bas-bleu (George Sand fit des émules). « Aussi vit-on alors beaucoup de Dixièmes Muses en France, jeunes filles ou jeunes femmes détournées d'une vie paisible par un semblant de gloire » (Balzac, *la Muse du département*, ch. XII, Seuil, l'Intégrale, t. III, p. 222). 7. Chaque muse peut faire allusion à l'art qu'elle préside. « Que Messieurs les Savans que le bon sens honore / Pour bien juger Euterpe appellent Terpsicore » (Jean-François Rameau, *la Raméide*, 1766) [une bonne musique doit être dansante]. « En m'insultant, Monsieur, vous insultez Thalie ! » (Edmond Rostand, *Cyrano de Bergerac*, acte I, sc. 4).

□ Origine : Homère, *Odyssée*, I, 1 et passim (IXe s. A.C.N.) ; Hésiode, *Théogonie*, 75 ss. (VIIIe s. A.C.N., fixation du nombre, des noms, des caractères).

Filles de Zeus et de Mnémosyne, déesse de la Mémoire, les Muses résident traditionnellement sur l'Hélicon, là où coule la fontaine d'Hippocrène, qui donne l'inspiration aux poètes. Mais elles s'attardent également au Parnasse, séjour d'Apollon, leur conducteur, ou au mont Piéros, où elles vainquirent les Piérides. Simple chœur divin qui réjouit Zeus de ses chants et célèbre la gloire des dieux, elles sont invoquées comme filles de la Mémoire par les poètes pour leur rappeler les faits anciens et les dynasties de héros. Elles président alors aux différentes formes de l'écriture poétique et donnent l'inspiration à l'écrivain selon le genre qu'il veut utiliser. Ainsi Horace demande-t-il tour à tour le concours d'Euterpe et de Polhymnie (Ode I, 1), puisqu'il cultive la poésie lyrique et les hymnes.

Leur nombre n'est pas fixé chez Homère, mais, dès Hésiode, elles sont nommées et dénombrées. Si on peut en rencontrer sporadiquement trois, quatre ou sept [→ 3 Muses], elles sont presque toujours neuf, et Zeus les aurait engendrées en s'unissant à Mnémosyne pendant neuf nuits consécutives. Les premières fêtes qui furent instituées en leur honneur, au Ve siècle A.C.N., duraient neuf jours, et plusieurs ouvrages furent écrits en neuf volumes pour se placer sous leur protection.

Neuf, cube du nombre sacré, est souvent celui des collèges de prêtres (Agretai, Augures). Les neuf Muses qui chantent les louanges des dieux pour divertir l'Olympe ont, dans la hiérarchie céleste, des fonctions cultuelles évidentes et rappellent les neuf chœurs des anges chrétiens [→ 9 Chœurs]. Dans une optique « rationaliste », elles représentent la musique des sphères célestes, manifestation de l'harmonie universelle [→ 7 Planètes]. C'est pour cela que la huitième s'appelle Uranie (la huitième sphère, après les sept planètes, est celle des étoiles fixes) et que la neuvième, séparée des autres par Hésiode, est « la première de toutes » : Calliope, « la belle voix », symbolise l'harmonie parfaite des huit autres (Macrobe, *Commentaires*, 2, 3, 1). Ainsi s'explique leur lien avec Apollon, le Soleil, qui « dirige » les sphères célestes comme il conduit les Muses sous le nom d'Apollon Musagète (« conducteur des Muses »). Ainsi s'explique également leur lien avec les Sirènes, celles-ci aussi incarnant depuis Platon l'harmonie du monde [→ 3 Sirènes].

Les attributs et les fonctions des Muses sont restés longtemps arbitraires et ne se sont fixés que lentement. Jusqu'aux premiers siècles de notre ère, dans la Grèce et la Rome classiques, on peut encore trouver des variations dans les représentations. À Clio, chargée de donner la gloire *(kleos)* aux rois et aux héros, est dévolue l'histoire ; elle tient le rouleau de papyrus sur lequel s'écrivent les œuvres importantes. Euterpe, dont le nom signifie « charmante » *(euterpès)*, préside à la musique, mais aussi au chant et à la danse qui l'accompagnent ; elle joue de la flûte double. Thalie, qui évoque la croissance des fleurs *(thallô)*, préside aux mascarades champêtres *(kômos)* et, plus largement, à la comédie ; elle porte le masque comique et la houlette. Melpomène (*melpô*, chanter) est la muse du chant par excellence, la tragédie ; elle se distingue par son air grave et son masque tragique. Terpsychore (*terpsis*, « charme » ; *choréia*, « danse ») patronne la danse et la poésie qui la soutient, accompagnée à la lyre qui lui sert d'attribut (poésie lyrique). Érato (*érôs*, « amour ») inspire les poésies amoureuses (élégies) accompagnées à la cithare (lyre avec caisse de résonance). Polhymnie (*polys*, *hymnos*, « nombreux hymnes »), ou Polymnie (*polys*, *mneia*, « nombreux souvenirs »), est la plus proche de sa mère Mnémosyne : méditative, drapée dans une grande cape, le menton dans la main ou un doigt sur la bouche, elle inspire surtout des hymnes nostalgiques ; Horace lui donne un barbitos (espèce de luth), mais elle se reconnaît plus souvent par son attitude. Uranie (*Ourania*, la céleste) fut sans doute inventée en l'honneur d'un poète astronome et devint, avec sa sphère et son compas, la muse de l'astronomie. Calliope, avec sa « belle voix » *(kalè - ops)*, préside à l'épopée et à l'éloquence ; elle tient les tablettes de cire qui servent d'aide-mémoire à l'orateur. C'est, pour Hésiode, la muse des rois, qui ont besoin de son art pour convaincre.

Chaque époque a conçu ses Muses selon ses rapports avec la culture. Il est paradoxal que leur culte se soit développé d'abord en Macédoine et en Béotie, les deux nations dont les Grecs méprisaient l'inculture… Il faut dire qu'elles étaient encore, à l'époque, des nymphes des monts et des eaux. En en faisant les déesses de la Mémoire et les gardiennes du passé, les Anciens trahissaient leur conception de la littérature, à fonction essentiellement commémorative. L'inspiration qu'apportent les Muses ne permet pas d'inventer, mais garantit au contraire la fidélité de la mémoire. Le rapprochement avec la musique des sphères rappelle la conception platonicienne, puis chrétienne, de l'art comme reflet de la beauté divine. L'art classique se veut maître de l'inspiration et, loin de « courtiser » les Muses, le poète tâcheron les dompte. « Enfin Malherbe vint, et le premier en France / Fit sentir dans les vers une juste cadence : / D'un mot mis en sa place enseigna le pouvoir, / Et réduisit la Muse aux règles du devoir » (Boileau, *Art poétique*, I, v. 131-134). Cette muse bridée n'est paradoxalement jamais autant chantée. C'est alors qu'elle s'impose comme une abstraction qui, au singulier, désigne l'inspiration poétique. Confidente de Musset dans la « Nuit d'octobre », elle incarne à l'époque romantique le mythe de la grâce poétique, du don du ciel. Bourgeoisement, elle rappelle que ce don du ciel peut être voluptueusement incarné par une maîtresse. Après s'être adaptée à toutes les formes de poésie, la Muse s'est peu à peu éteinte avec son art.

□ **Iconographie** : L'iconographie des Muses est considérable. Elles se retrouvent avec leurs attributs (encore variables) sur plusieurs sarcophages (Louvre), des fresques de Pompéi (Louvre), un groupe de statues du Vatican, dans *le Parnasse* de Raphaël... On trouve même des allusions aux Muses en dehors des arts plastiques. Le café de l'Olympe, ouvert en 1817, avait donné aux dames de comptoir des noms de Muses : la « gracieuse Polymnie » présidait au salon de musique, et la « folâtre Terpsichore » au salon de danse...

□ **Linguistique** : **Musique** (« mousikè », art des Muses, poésie, culture, philosophie, musique) ; **Musée** (« mouseion », sanctuaire des Muses ; le plus connu fut celui d'Alexandrie, où se trouvait la célèbre bibliothèque, ancêtre du « musée » moderne) ; **Mosaïque** (allusion au pavage des « musées »).
Les Muses sont aussi appelées **Piérides** (allusion au mont Piéros, une de leurs résidences), **Olympiades** (elles résident aussi sur l'Olympe), **Libethrides** (du nom d'un sanctuaire sur le mont Piéros), **Ardalides** (*ardô,* « arroser »), **Camènes** (nom des nymphes latines auxquelles elles ont été assimilées).

Preuses

SÉMIRAMIS - TOMYRIS - DÉIPHILE - CRÉUSE (ou TANQUA) - MÉNALIPPE - LAMPÉDO - ORITHYE - PENTHÉSILÉE - HIPPOLYTE

MYTHOLOGIE MÉDIÉVALE Groupe de reines mythiques formé tardivement à l'imitation des neuf Preux. La dixième preuse : Jeanne d'Arc.

□ Origine : *Inventaire du duc de Berry,* 1417 (GDF, t. VI, p. 398c). Première énumération dans le manuscrit Fr 24381 de la B.N. de Paris, fol. 187v°-188 (XVe s.).

La plupart des Preuses étaient des reines des Amazones : tel est le cas de Lampédo, de Penthésilée, d'Orithye (Oreithyia) et d'Hippolyte. Sémiramis est la légendaire reine d'Assyrie ; Créuse, la femme d'Énée ; Tomyris, une reine des Massagètes ; Ménalippe (ou Mélanippe), la fille d'Éole ; Déipyle (Déiphile), la mère de Diomède, roi d'Argos. L'orthographe et les noms des neuf Preuses ont varié. On y trouve également Déifemme et Tanqua.

Les neuf Preuses apparaissaient dans les cérémonies médiévales (surtout les entrées solennelles de rois) pour faire pendant aux neuf Preux. Elles donnaient une image de la femme à laquelle nos sociétés étaient peu habituées. Exaltées pour leurs qualités guerrières, elles savaient se montrer stoïques ou cruelles. Les Amazones se mutilaient un sein pour tirer à l'arc ; Tomyris fit noyer Cyrus dans une cuve de sang, Sémiramis aurait mené la guerre jusqu'aux Indes…

□ **Iconographie** : Elles ont été peintes par Jacques Iverny au château de la Manta, Piémont (1420). Viollet-le-Duc les a représentées sur la cheminée de la grande salle, au château de Pierrefonds, sous les traits de l'impératrice Eugénie et des grandes dames de la cour (maréchale Canrobert, princesse Murat, duchesse de Malakoff…) ; la cheminée est inspirée de celle qui figurait au château de Coucy (XIVe s.), dont nous ne connaissons plus que le dessin d'Androuet du Cerceau (*les Plus Excellens Bastiments de France*, 1576). Luce (*Comptes rendus de l'Académie des Inscriptions*, 1890, p. 323) signale un groupe de dix Preuses (dont Jeanne d'Arc) peint au XVIe s. dans l'hôtel de ville de Hondschoote, près de Dunkerque.

Preux

3 païens : ALEXANDRE DE MACÉDOINE - HECTOR DE TROIE - JULES CÉSAR
3 juifs : JOSUÉ - DAVID - JUDAS MACCABÉE
3 chrétiens : ARTHUR DE BRETAGNE - CHARLEMAGNE - GODEFROI DE BOUILLON

MYTHOLOGIE MÉDIÉVALE Neuf héros qui symbolisaient à la fin du Moyen Âge le summum de la vaillance. Parmi les neuf preux, on distingue parfois les « quatre soldats du Christ », Judas Maccabée, Charlemagne, Godefroi de Bouillon, Arthur, quoique le premier ne l'ait jamais connu…

□ Origine : Jacques de Longuyon, *les Vœux du Paon* (1303-1312), B. N. de Paris, ms Fr. 791, fol. 162.

C'est dans la littérature du XIIIe siècle qu'il faut chercher l'origine des neuf Preux. Charlemagne, Arthur et Hector dominent par leur personnalité les trois grandes « matières » qui structuraient la littérature : la française, la bretonne et l'antique. Quant à Alexandre, héros d'un cycle romanesque suffisamment célèbre pour avoir imposé un type de vers (l'alexandrin), il formait à lui seul une quatrième source d'inspiration. César, qui reste le modèle de l'empereur, et Godefroi de Bouillon, modèle du croisé (fin du XIe siècle), sont plutôt empruntés à l'historiographie. Les trois juifs viennent de l'Ancien Testament : Josué, héritier de Moïse, fit pénétrer les Hébreux en Terre sainte ; David symbolise la stabilité et l'éclat de la monarchie d'Israël ; Judas Maccabée, la révolte contre les Séleucides. On peut y voir une réaction ecclésiastique contre l'exaltation de la puissance temporelle, telle qu'on la trouve par exemple chez Joinville (*Vie de Saint Louis,* chap. CIX, 374C). Celui-ci opère une subtile distinction entre l' « homme preux » et le « prud'homme » (preu home et preudome...), qui joint la foi à la vaillance. Peut-être s'est-on aussi souvenu des trois preux de David, Ishbosheth, Eléazar et Shamma (2Sa 23, 8-11).

Quoi qu'il en soit, le thème des neuf Preux est essentiellement profane et politique. Dans les textes, on insiste sur leurs faits d'armes, le nombre de peuples conquis et de rois tués. On leur invente des armoiries symboliques. Tous rois ou princes, ils apparaissent dans les cérémonies publiques avec des costumes somptueux : barbes d'or, robes à manches de satin, tailladées et ornées de paillettes d'or, chargées d'orfèvreries... C'est un costume caractéristique, que l'on retrouve notamment dans les rois des cartes à jouer. Sur leur modèle, on crée des troupes d'élite ou des ordres de chevalerie : le roi Jean, dans les statuts de l'Ordre de l'Etoile, prévoit une table pour les neuf meilleurs chevaliers. On veut par là copier les sept sages et les douze apôtres, pour donner au nouvel ordre (chevalerie) des références prestigieuses, qui lui manquent encore.

Contrairement à la liste des Preuses, celle des neuf Preux est immédiatement fixée, quoiqu'on y rencontre exceptionnellement Pompée, Ogier ou Roland. Le dixième preux, Bertrand du Guesclin, apparaît dans le *Triomphe des neuf preux*, édité à Abbeville en 1487 chez Pierre Gérard. En rêve, l'auteur voit le célèbre connétable lui apparaître et demander que ses faits soient ajoutés à ceux des neuf Preux. Il est déjà réputé tel dans le public, plaide-t-il. Symbole, comme plus tard la dixième preuse, Jeanne d'Arc, du nationalisme français contre l'ennemi anglais, il témoigne d'une récupération politique du thème littéraire.

Les mots et les expressions

neuvaine : cycle de prières qui dure neuf jours.

neuvième : intervalle de neuf tons.

nonagénaire : de quatre-vingt-dix à quatre-vingt-dix-neuf ans.

nonante : quatre-vingt-dix.

nones : heure canonique, la neuvième du jour (15 heures).

novembre : le neuvième mois de l'année romaine (onzième de la nôtre).

novemdiales : les neuf jours pendant lesquels sont dites des messes à la mémoire d'un pape défunt.

Preuve par neuf : preuve qui permet de vérifier le résultat d'une multiplication. On additionne les chiffres du multiplicateur, et on ôte neuf à la somme, autant de fois qu'il est possible. On effectue la même opération avec le multiplicande. Les deux nombres ainsi obtenus sont multipliés et doivent correspondre à la somme des chiffres du résultat, dont on a également soustrait neuf (ou ses multiples). Ainsi, 343 x 478 = 163 954. Pour vérifier, (3+4+3−9) x (4+7+8−9) = 10 = 1+6+3+9+5+4−18.

Les neuf agretai : jeunes filles choisies chaque année à Cos pour le culte de Pallas.

Les neuf augures : devins officiels de la Rome antique. Ils étaient primitivement 3, puis 6, puis 9 en 300 A.C.N., dont cinq places étaient réservées aux plébéiens. Ils seront enfin 16 sous l'Empire.

Neuf chances sur dix (ou **neuf fois sur dix**) : une forte probabilité.

Les neuf ouvertures du corps : narines, oreilles, yeux, bouche, sexe, anus.

Les neuf Piérides : filles de Piéros, roi de Macédoine, qui voulurent se comparer aux Muses et furent transformées en pies au terme d'un concours de chant. Les Muses depuis ont repris le nom de Piérides.

Chat à neuf queues : martinet à neuf lanières.

Eſcoutez Iſrael
I
Ie ſuis le Seigneur uoſtre
dieu qui uous ay tirez de
la terre dEgipte, de la
Maiſon de ſeruitude. Vous
naurez point dautres
Dieux deuant ma face
Vous ne Vous ferez point
dIdole ny dImage taillée,
ny aucune figure, pour
les adorer,
II
IV
V
tuerez point.
VI
VII
rez point.
VIII
IX
X
ſon aſne,

Moïse présentant les Tables de la Loi

Philippe de Champaigne

Musée de Picardie, Amiens

LE SYMBOLISME DU NOMBRE 10

Dix est un des plus anciens et des plus constants symboles de la perfection. Il représente la rectitude dans la foi parce que c'est le premier nombre « en extension » (de deux chiffres), de même que cent et mille, explique Hugues de Saint-Victor. Somme des quatre premiers nombres (1 + 2 + 3 + 4), il symbolise la totalité de l'Univers, de Dieu (1) à la matière (4). Cet ensemble est représenté par la tetraktys, un triangle de dix points alignés en nombre décroissant (∴).

Mais dix est aussi l'addition des deux nombres sacrés, trois et sept, telle qu'elle apparaît dans le livre de Job : sa richesse primitive, qui sera en partie doublée au sortir de ses épreuves, consiste en trois filles et sept fils, sept mille moutons et trois mille chameaux, cinq cents paires de bœufs et cinq cents ânesses. Les trois filles seront interprétées comme les vertus qui mènent les frères à la perfection dénaire [→ 3 Vertus].

Nombre de la force et de la perfection, dix prend un caractère divin dans le Décalogue ou les plaies de l'Égypte : c'est la puissance de Dieu qui se manifeste en lui, ici constructrice et là destructrice. Aussi est-ce sur la harpe à dix cordes qu'on chante les louanges du Seigneur (Ps 33, 2).

•

Commandements (Décalogue)

1. ADORATION D'UN DIEU UNIQUE
2. NE PAS INVOQUER SON NOM EN VAIN
3. OBSERVATION DU SABBAT (devenu DU DIMANCHE)
4. RESPECT DES PARENTS
5. INTERDICTION DU MEURTRE
6. INTERDICTION DE L'ADULTÈRE
7. INTERDICTION DU VOL
8. INTERDICTION DU FAUX TÉMOIGNAGE (puis, DU MENSONGE)
9. INTERDICTION DE LA LUXURE (HORS MARIAGE)
10. INTERDICTION DE DÉSIRER LES BIENS DU PROCHAIN

HISTOIRE SAINTE Les dix paroles données par Dieu à Moïse sur le mont Sinaï. « Je dois encore vous raconter la vie de sainte Marie l'Égyptienne, celle qui faute d'argent a payé, dit-on, le passeur d'eau en nature, pour ne pas pécher contre le septième commandement » (Paul Emond, *Plein la vue*, Jacques Antoine).

□ Origine : Ancien Testament, Ex 34, 28 ; Dt 4, 13 ; 10, 4 (ca 600 A.C.N.).

Gravés par Yahvé en lettres de feu dans les deux tables de pierre remises à Moïse, les dix commandements furent plus probablement composés dans les milieux prophétiques du VIIe siècle d'après d'anciennes listes à usage liturgique. Les deux traditions du Deutéronome et de l'Exode remonteraient indépendamment à cette rédaction perdue.

Les listes de commandements varient bien évidemment selon les traditions : les Églises chrétiennes ne pouvaient retenir le premier, qui rappelle purement et simplement l'élection du peuple d'Israël. Aussi leurs listes commencent-elles au deuxième, et un commandement est-il dédoublé pour ajuster la liste. Il s'agit du deuxième, dans les Églises orthodoxes qui suivent la liste de Philon, et du dixième, dans les Églises latines, qui suivent saint Augustin. Dans les textes hébreux, un seul commandement suffit en effet pour interdire de convoiter la femme ou les biens de son prochain. La substitution du mot « commandement » au mot « parole » (que rappelle pourtant le mot *décalogue*, « dix paroles », en grec) justifie cette évolution : la première parole en effet n'est pas un commandement.

L'observation des commandements se confond, pour l'Église catholique, avec toutes les autres obligations de l'homme : avec la loi naturelle, puisque « le Décalogue contient une expression privilégiée de la loi naturelle » (CEC § 2070) ; avec la conscience, puisque « les dix commandements sont gravés par Dieu dans le cœur de l'être humain » (CEC § 2072) ; avec la raison, puisque c'est elle (avant son obscurcissement) qui les a engendrés (CEC § 2071) ; avec la loi politique, puisqu'une loi contraire à l'ordre moral n'oblige pas les consciences (CEC § 1903). Aussi l'Église est-elle parvenue à résumer dans leur cadre tous les crimes et mauvaises actions qu'interdit sa morale.

Des correspondances sont plus difficiles à établir entre des éléments qui se présentent par dix, mais certaines furent tentées. Pour Hildegarde de Bingen, par exemple, les dix cordes de la harpe de David (Ps 33, 2) ont été tendues en l'honneur du décalogue. Et, à Saint-Savin (Hautes-Pyrénées), on vous explique que les dix colonnes engagées du portail vous font pénétrer dans l'église grâce au respect des dix commandements.

Plaies d'Égypte

EAUX DU NIL CHANGÉES EN SANG - INVASION DE GRENOUILLES - INVASION DE VERMINE - INVASION DE MOUCHERONS - PESTE DES TROUPEAUX - PUSTULES SUR LES HOMMES - GRÊLE - SAUTERELLES - TÉNÈBRES - MORT DES PREMIERS-NÉS

HISTOIRE SAINTE Dix calamités envoyées par Dieu sur les Égyptiens pour les convaincre de laisser partir les Hébreux. « Elle en fut accablée car elle avait compris au moment de la lettre, qu'il n'augurait pour nous aucune des plaies d'Égypte » (Patrick Chamoiseau, *Texaco*, Gallimard, 1992, p. 29).

□ Origine : Ancien Testament, Ex 7, 14 – 12, 30 (IXe-IVe s. A.C.N.).

Devenus esclaves de Pharaon, les Hébreux furent ramenés par Moïse dans la terre de leurs ancêtres. Comme les Égyptiens ne voulaient pas les laisser partir, Moïse et son frère Aaron accomplirent avec l'aide du Seigneur dix miracles que les magiciens de la cour ne purent reproduire, à l'exception des trois premiers. On a cherché à ces dix plaies des explications naturalistes ou symboliques (voir, dans la même collection, *les Allusions bibliques*).

Séphiroth

KÉTHER (COURONNE) - HOCHMAH (SAGESSE) - BINAH (INTELLIGENCE) - HÉSED (MISÉRICORDE) - GEBOURAH (RIGUEUR) - TIPHÉRETH (BEAUTÉ) - NETSACH (VICTOIRE) - HOD (SPLENDEUR) - YESOD (FONDATION) - MALCHOUTH (ROYAUME)

KABBALE Les puissances créatrices de Dieu, à ses différents niveaux d'émanation. La onzième séphirah : Daath (la Connaissance).

□ Origine : *Sefer Yetsira (Livre de la Création)*, I, 5 (IIIe-VIe s.).

Les séphiroth (pluriel de séphirah) sont issues des spéculations juives sur l'origine du monde. Lors de la Création, le rayon divin issu de l'Aïn Sof Or (Lumière sans fin) pénètre le vide (Aïn) à dix niveaux distincts d'émanation. Ces dix principes, ces idées-mères par l'intermédiaire desquelles Dieu a créé le monde, sont considérés comme les paroles, les mains, les outils, les puissances… de Dieu. À partir de cette explication de la création du monde se construit un système mystique, qui permet au simple mortel de rejoindre l'homme divin, l'Adam Kadmon, la figure qui domine le char d'Ézéchiel. Les séphiroth ont engendré un système complexe résumé dans « l'arbre séphirothique » : elles y sont réparties sur trois colonnes, trois niveaux et quatre principes, définissant entre elles vingt-deux relations correspondant au nombre de lettres de l'alphabet hébraïque.

Sibylles

PERSIQUE (ou CHALDÉENNE : SAMBÉTHÉ) - LYBIQUE (ELISSA) - DELPHIQUE (DAPHNÉ) - CIMMÉRIENNE (CARMENTA) - ÉRITHRÉENNE (HÉROPHILE ou ARTÉMIS)- SAMIENNE (THYTO) - CUMANE (DÉMO) - HELLESPONTIENNE (HÉROPHILE) - PHRYGIENNE (CASSANDRE ou TARAXANDRA) - TIBURTINE (ALBUNÉA)

TRADITION CHRÉTIENNE Prophétesses inspirées par Apollon, annonçant souvent des malheurs, sous une forme obscure. « Et par le traître écho des horizons plongeurs, / Et par l'antique appel des sybilles lointaines, / Et par les au-delà mystérieux des plaines, / Un soir, se sont sentis hélés, les voyageurs » (Émile Verhaeren, « Les voyageurs », dans *les Soirs*). Au figuré : femme inspirée. La sibylle du Rhin : Hildegarde de Bingen.

□ Origine : Héraclite d'Éphèse (VIe s. A.C.N.) parle le premier d'une sibylle. Les dix sibylles sont énumérées par Varron (Ier s. A.C.N.), connu par Lactance (IVe s.), *Institution divine* I, 6.

À Cumes, près de Naples, on visite encore l'antre de la plus célèbre sibylle antique. Elle avait sept cents ans, lorsque Énée la consulta pour descendre à sa suite aux enfers, et il lui restait encore trois cents ans à vivre. Selon la légende, en effet, la sibylle avait obtenu d'Apollon, amoureux d'elle, de vivre autant d'années qu'elle pouvait tenir de grains de sable dans sa main. Le dieu lui avait même proposé l'éternelle jeunesse, pourvu qu'elle se donne à lui, mais la vierge farouche préféra la décrépitude au déshonneur. Aussi vieillit-elle et se racornit-elle, au point, raillaient les Romains, qu'elle n'habitait plus qu'un bocal suspendu dans son antre.

Elle avait encore forme humaine, cependant, quand elle rencontra un des deux Tarquins, roi de la Rome primitive. Elle portait dans ses bras les neuf livres contenant la sagesse du monde, qu'elle lui proposa pour la forte somme de cent philippes d'or. Le roi hésita, et la sibylle jeta incontinent trois livres dans le feu, offrant les six restants pour le même prix. Tarquin marchanda encore, et trois autres livres furent brûlés. Le roi se hâta de donner les cent pièces pour les trois derniers, qui furent pieusement conservés au Capitole. Après l'incendie du Capitole, en 83 A.C.N., on parcourut les sibylles du monde antique pour reconstituer les oracles sibyllins.

Et la sibylle continua de vieillir, dit-on, au point de n'être plus qu'une voix sans corps. Apollon lui avait fait cette dernière faveur, à condition qu'elle ne revoie jamais sa terre natale, Érithrée. Ses compatriotes hélas lui envoyèrent une lettre scellée à l'antique, avec de la glaise séchée. À la vue de la terre, la sibylle rejoignit à jamais le néant.

Au départ, en effet, il ne devait y avoir qu'une sibylle, et l'absence d'étymologie convaincante au mot suggère qu'il se soit d'abord agi d'un nom propre. Mais cette sibylle primitive, déjà, était revendiquée par deux villes d'Asie Mineure, Érithrée (entre Smyrne et Éphèse) et Marpessos, près de Troie (Hellespont), ce qui explique que le même nom, Hérophile, soit porté par les deux sibylles. D'autres villes voulurent ensuite avoir leur sibylle, qu'il s'agisse, comme à Cumes, de l'Érithréenne exilée, ou de prophétesses locales élevées au rang de sibylles. Plusieurs groupes se constituèrent alors, qui vont de quatre à douze (on ajoute, dans ce cas, l'Européenne et la sibylle Agrippa). Le plus souvent, cependant, on s'en tient à l'énumération de Varron.

Dans le monde occidental, les sibylles sont surtout connues par leur christianisation, qui dut se produire au IIe-IIIe siècle. Origène (IIIe s.) parle des *sibyllistes*, qui voyaient en elles des prophétesses ayant annoncé la naissance du Christ. Virgile n'avait-il pas rapporté de troublantes révélations de la Cuméenne, annonçant le retour d'une Vierge et la naissance d'un enfant céleste (quatrième bucolique) ? L'idée se répandit alors que les oracles sibyllins paraissaient obscurs aux Anciens parce qu'ils n'avaient pas la foi. Des prophéties furent donc rédigées pour chaque sibylle. La plus connue est rapportée (et peut-être écrite) par saint Augustin (*Cité de Dieu*, 18, 23) pour l'Érithréenne : dans un long acrostiche sur le nom du

Christ (Iesous Chreistos Theou Uios Sôtêr), elle décrit une fin du monde qui marqua durablement l'imaginaire médiéval. C'est à elle que fait allusion le *Dies irae* que l'on chante encore à la messe des morts, et qui officialisa le rôle de prophétesse de la sibylle : « Dies iræ dies illa / Solvet sæclum in favilla / Testis David cum Sibylla » (Jour de colère que ce jour-là ; le monde sera réduit en cendres, témoin David avec la Sibylle).

Les sibylles sont peu identifiées, excepté les plus connues d'entre elles. Celle de Cumes (mais parfois la Phrygienne) apparaît vieille et décrépite. Elle porte souvent le livre vendu à Tarquin. L'Érithréenne porte un globe et une épée, par allusion à la destruction du monde qu'elle a prédite. La Lybique est jeune et exaltée. La Tiburtine (de Tivoli) montre un soleil : elle expliqua en effet aux sénateurs (ou à Auguste) un rêve où ils avaient vus neuf soleils - le quatrième était la Vierge porteuse du Christ. Notre-Dame de Ara Cœli, à Rome, est selon la tradition construite sur le lieu de cette apparition.

□ **Iconographie** : Des groupes de sibylles apparaissent fréquemment dans les voussures des porches de cathédrales. On en trouve à Amiens, à Pavie, à Auxerre... Michel Ange en a représenté cinq à la chapelle Sixtine ; Raphaël quatre à Santa Maria della Pace à Padoue...

□ **Références** : Antoine Boxler dans le *Dictionnaire apologétique de la Foi catholique*, fasc. 19, 1923 ; Jourdain et Duval, *les Sibylles, peintures murales de la cathédrale d'Amiens*, Amiens, 1846.

□ **Linguistique** : **Sibyllin** (obscur comme les oracles des Sibylles : un discours sibyllin).

Les mots et les expressions

décan : dix degrés, dans un signe du zodiaque.

décembre : dixième mois de l'année romaine (douzième de la nôtre).

decemvirs : à Rome, dix magistrats chargés en l'an 304 (449 A.C.N.) de rédiger les lois des douze tables.

décennie : période de dix ans.

décimal : système métrique adopté à la Révolution française.

décimer : à l'origine, tuer une personne sur dix (punition des armées mutinées).

décimètre : dans le système métrique, dizième du mètre, par opposition au décamètre (dix mètres).

décupler : multiplier par dix.

décurion : à Rome, chef de dix curies.

denier : à l'origine, pièce de dix as *(denarius)*.

dizeau : groupe de dix gerbes appuyées les unes sur les autres.

dizenier : chef d'une dizaine d'hommes, dans la garde bourgeoise médiévale.

Le dix : l'anus (argot), par allusion à la pièce de dix sous, ou comme dixième ouverture du corps.

Conseil des dix : dans la Venise des doges, tribunal suprême composé de dix nobles.

Piquer le dix : parcourir sa cellule… en faisant des huit (par allusion au dixième, la promenade) [argot].

Les dix académiciens : ceux de l'Académie des Goncourt (par opposition aux quarante).

Se mettre à dix contre un : accabler par le nombre une victime isolée.

Dix de der : à la belote, gratification de dix points que l'on obtient en faisant la dernière levée.

Un dix-heures : collation entre le petit déjeuner et le déjeuner.

Les dix ouvertures du corps : autre façon de les dénombrer, en comptant le nombril comme une ouverture [→ 9 Ouvertures].

Une de perdue, dix de retrouvées : proverbe pour consoler un amoureux d'une déception sentimentale.

Mériter dix sur dix : être parfait, par allusion à la notation scolaire.

Les dix vierges de l'Évangile : cinq vierges sages et cinq vierges folles, dans la parabole de Matthieu (25, 1-13).

La Résurrection du Christ

Piero Della Francesca

Musée di Borgo San Sepolcro

LE SYMBOLISME DU NOMBRE 11

Onze, comme huit par rapport à sept, est le nombre du dépassement. Mais un dépassement conçu comme une transgression, non comme un accomplissement. Au-delà des dix commandements, il y a le péché. Onze, disait saint Augustin, est « l'armoirie du péché » (CHE), et Raban Maur comme Hugues de Saint-Victor rappellent ce symbolisme. Le psaume 11 (numérotation de la Vulgate) demande effectivement le châtiment des méchants. Les spéculations théoriques sur le nombre confirment cette valeur. Sa somme théosophique (somme des nombres de 1 à 11) est de 66, qui multiplie onze par le nombre symbole du mal, le diabolique 6 ; par l'addition des deux chiffres qui le composent comme par sa lecture en chiffres romains (II), il rappelle le 2, nombre de la division et de la corruption.

Aussi, dans la culture occidentale, n'a-t-il guère engendré d'expressions ou de mots collectifs. Il apparaît par excès (la onzième séphirah) ou par défaut : on parle, en effet, des Onze pour désigner les apôtres après la trahison de Judas (Mc 16, 14). La onzième heure est toujours la mauvaise, qu'elle dénonce un événement tardif (ouvrier de la onzième heure) ou prématuré (bouillon d'onze heures)...

Les expressions

Un onze : une équipe de football. Le onze tricolore : l'équipe de France.

Les onze : Tribunal d'Athènes. De création antérieure au VIe siècle A.C.N., il comprenait dix magistrats et un greffier. Ceux-ci faisaient la police d'Athènes, instruisaient et jugeaient parfois les flagrants délits de vol et veillaient aux exécutions capitales. (Aristote, *Constitution d'Athènes*, 29, 4 ; 35, 1 ; 52, 1).

Prendre le train onze : rentrer à pied (par comparaison entre le chiffre 11 et les deux jambes).

Le bouillon d'onze heures : le poison (qui avance l'heure de la mort, si on compare la vie d'un homme au tour du cadran).

Les ouvriers de la onzième heure (allusion biblique) : ceux qui s'engagent à la dernière minute et qui retirent le même profit que ceux qui ont travaillé toute la journée (Mt 20, 9). [Voir, dans la même collection, *les Allusions bibliques*].

Hercule et l'hydre

Antonio Pollaiolo

Galerie des Offices, Florence

LE SYMBOLISME DU NOMBRE 12

12

Comme le sept qui additionne 3 et 4, le douze, qui les multiplie, s'est enrichi de la symbolique complexe de ses éléments constitutifs. Divisible par 2, 3, 4 et 6, c'est le nombre de l'universalité, et le système de numérotation duodécimal, qui facilite les opérations de base grâce au grand nombre de diviseurs de la base douze, a laissé des traces dans notre système décimal.

Douze est donc avant tout le nombre de l'élection. Les douze fils de Jacob, qui déterminent les douze tribus d'Israël, constituent la totalité du peuple élu. Les douze apôtres sont choisis par le Christ comme les douze dieux de la cour de Zeus, les douze pairs de Charlemagne, les douze chevaliers de la Table ronde, les douze compagnons de saint François... À la fin des temps, la Cour céleste sera composée de vingt-quatre vieillards (les douze patriarches et les douze apôtres), et le nombre des élus sera de 144 000 (mille fois le carré de douze). Aussi le nombre douze est-il la marque du triomphe, du couronnement, de la sacralisation. Les pierres précieuses vont par douze sur le pectoral d'Aaron, sur la couronne de la Vierge, dans les assises de la Jérusalem céleste... Toute la description de cette dernière, dans l'Apocalypse, est marquée par ce nombre, celui de l'Église triomphante et de l'achèvement spirituel.

De toute antiquité, le douze est le nombre des cycles temporels. Les douze mois de l'année, les signes du zodiaque, les heures du jour et de la nuit en ont fait un symbole d'achèvement temporel. C'est un nombre solaire, que l'on retrouve lié aux personnages lumineux (Hercule, Christ...).

•

Apôtres

Voir le tableau ci-contre.

RELIGION CHRÉTIENNE 1. Les douze disciples du Christ. « Et si j'accepte, vous poserez pour moi ¿ Vous avez une tête d'apôtre - avec une barbe, ce qui est rare chez un prêtre » (Baptiste-Marrey, *le Maître de Stammholz,* Bourin, 1992, p. 40). « Judas est peut-être le personnage le plus important de l'Évangile, on l'oublie toujours. Le treizième homme : celui qui porte malheur » (Baptiste-Marrey, *le Maître de Stammholz,* Bourin, 1992, p. 59). « À ce Judas, le plus complexe, le plus énigmatique, le plus désespéré des douze apôtres - donc, le plus proche de lui -, Martin pouvait donner les traits qu'il voulait » (Baptiste-Marrey, *le Maître de Stammholz,* Bourin, 1992, p. 178). 2. Au figuré : compagnon zélé. « Dieu (François Mitterand) faisait devant ses apôtres les commentaires suivants » (*le Canard enchaîné,* 11 avril 1990). 3. Celui qui annonce une nouvelle ou défend une théorie (se faire l'apôtre de). « Il pleurnichait, furieux d'être malheureux, lui qui avait été l'apôtre de la fin de cet esclavage, le mariage » (François Coupry, *l'Enfant qui lisait dans le ciel,* Laffont, 1993, p. 140). 4. Bon apôtre : homme de bien (ironique). « Bon apôtre, Philippe la brancha incontinent sur Bouillon et Magali sympathisa avec le vieux monsieur... » (Patrick Carré, *les Petits Chaos de l'étudiant Liu,* Albin Michel, 1993, p. 151).

□ Origine : Nouveau Testament, Mt 10, 2-4 ; Ac 1, 13 (Ier s.).

Apôtre : en grec, « envoyé ». Mais le mot, de sens plus général dans la Bible, désigne aujourd'hui les douze compagnons que le Christ a choisis pour répandre la « Bonne Nouvelle ». Ce sont en ce sens des « témoins », qui ont connu le Christ et se portent garants de l'authenticité du message. Aussi, lorsqu'il s'agira de remplacer Judas, Paul insistera-t-il sur sa conversion, sur le chemin de Damas, où il a vu le Christ qu'il n'a pas connu de son vivant.

Apôtres (ordre du Bréviaire romain)

NOM	ATTRIBUT	PIERRE	RÉGION ÉVANGÉLISÉE	ARTICLE DU SYMBOLE
1. Pierre	coq, clés	jaspe	Rome (Antioche, Alexandrie)	« Je crois en Dieu, le père tout-puissant, Créateur du Ciel et le terre ;
3. André	croix en sautoir (X)	saphir	Achaïe, Scythie	Et en Jésus-Christ, son Fils unique, notre Seigneur ;
4. Jacques le Majeur	coquille, bourdon de pélerin	calcédoine	Espagne	Qui a été conçu du Saint-Esprit, est né de la Vierge Marie ;
5. Jean	calice imberbe	émeraude	Asie Mineure	A souffert sous Ponce Pilate, a été crucifié, est mort et a été enseveli ;
6. Thomas	équerre	béryl	Parthes (Bactriane ¿) Inde ultérieure	Est descendu aux enfers ; le troisième jour est ressuscité des morts ;
7. Jacques le Mineur	massue, bourse, bâton, glaive	topaze	Jérusalem, Palestine	Est monté aux cieux, est assis à la droite de Dieu le père tout-puissant ;
8. Philippe	croix	sardoine	Galatie, Phrygie	D'où il viendra juger les vivants et les morts ;
9. Barthélemy	couteau, bâton peau écorchée	cornaline	Inde citérieure (Médie, Arménie ¿)	Je crois au Saint-Esprit ;
10. Matthieu	pique, hachette, lance, équerre	péridot chrysolite	Parthes (Hyrcanie ¿) Éthiopie	La sainte Église catholique ; la communion des saints ;
11. Simon	scie, croix	hyacinthe	Perse	La rémission des péchés ;
12. Jude (Thaddée)	palme, épée, branche, massue	chrysoprase	Perse (Mésopotamie ¿) Arabie	La résurrection de la chair ;
Judas *remplacé (Ac 1. 26) par :*				
13. Mathias	hache, épée	améthyste	Éthiopie orientale, Judée	La vie éternelle. »
souvent omis en faveur de l'« Apôtre des Nations » :				
2. Paul	épée, front dégarni		Illyrie (et Nations)	

Les apôtres ont résumé tout le symbolisme du nombre douze. Raban Maur (*Commentaires sur Matthieu,* III, 10) les rapproche notamment des douze fils de Jacob (Gn 35, 23-26), des douze princes d'Israël (Nb 1, 5-15), des douze sources d'Elîm (Ex 15, 27), des douze pierres sur le pectoral d'Aaron (Ex 28, 17-20), des douze pains propitiatoires (Lv 24, 5), des douze conducteurs du peuple (Dt 1, 23), des douze émissaires (Jos 3, 12), des douze pierres qu'ils prennent dans le Jourdain et des douze stèles qu'ils dressent (Jos 4, 1-9), des douze préfets de Salomon (1 R 4, 8-19), des douze bœufs de la mer d'airain, des douze lions du trône de Salomon (1 R 10, 20), des douze étoiles qui couronnent la femme de l'Apocalypse (Ap, 12, 1), des douze portes et des douze assises de la Jérusalem céleste (Ap 21, 19-21), des douze mois de l'année (Ap 22, 2) et des douze heures du jour...

□ **Iconographie** : L'iconographie des apôtres est abondante. Toutes les églises en fourmillent, dans les ébrasements des portails, sur les piliers de la nef, dans les vitraux... Leurs attributs (voir tableau p. 231) apparaissent assez tardivement (XIIIe-XVIe s.). Aux statues traditionnelles, on peut d'ailleurs ajouter des symboles qui les désignent de manière cryptique. Les fonts baptismaux de Saint-Barthélemy, à Liège, sont ainsi soutenus par douze taureaux répartis par groupes de trois qui font allusion à ceux qui soutiennent la mer d'airain (1 R 7, 25), identifiés par saint Grégoire le Grand aux douze apôtres (*Epist.* I, 9, 25). Dans les églises coptes du Caire, douze colonnes symbolisent volontiers les apôtres. Parfois, une colonne de couleur différente (de grès rouge) représente Judas, le traître roux. Celui-ci, dans les Cène, se reconnaît à la couleur de ses cheveux, à l'absence d'auréole, à ses traits disgracieux, à la bourse qu'il cache ou à la main qu'il met au plat en même temps que le Christ (Mt 26, 23). Jean se reconnaît à ses traits adolescents et à sa familiarité avec le Christ (le « disciple aimé »).

□ **Linguistique** : **Apostolat** : charge ou mission qui demande un grand désintéressement et le goût du sacrifice. **Apostolique, apostoliquement** : qui concerne les apôtres, qui est conforme à leur enseignement, ou qui émane du Saint-Siège (le nonce apostolique : l'ambassadeur du Vatican).

Césars

JULES CÉSAR - AUGUSTE - TIBÈRE - CALIGULA - CLAUDE - NÉRON - GALBA - OTHON - VITELLIUS - VESPASIEN - TITUS - DOMITIEN

HISTOIRE ROMAINE Les douze premiers empereurs de Rome, réunis par Suétone. « Le petit bâton de plastique doré, pris entre les glaçons de mon verre, moulé par un bout au profil d'un empereur indéterminé (lequel des douze Césars maltraités par Suétone ¿), portait sur le manche le nom des lieux où César avait étendu son empire en Amérique » (Michel Braudeau, *le Livre de John*, Seuil, 1992, p. 176).

□ Origine : Suétone, *la Vie des douze Césars* (ca 120).

Publiées juste après les *Histoires* et les *Annales* de Tacite, les vies des douze Césars donnaient un autre ton à l'histoire. Auteur déjà d'un livre sur les hommes illustres de Rome, Suétone met l'accent sur les hommes et sur l'influence qu'ils ont eue sur l'histoire. Cette vision dut faire prendre conscience du changement de régime qui s'était opéré en douce, les empereurs respectant officiellement les institutions républicaines.

Le livre eut un grand succès de scandale, puisque la reconstitution des personnalités se faisait à travers les anecdotes scabreuses pêchées dans les pamphlets, voire les graffiti récoltés sur les murs de Rome. Le but de l'histoire n'est plus de tirer une leçon morale ou de porter un jugement, mais de témoigner sur un homme.

Figures

FIGURES	CŒUR	CARREAU	TRÈFLE	PIQUE
Valets	La Hire	Hector	Lancelot	Ogier
Dames	Judith	Rachel	Argine	Pallas
Rois	Charlemagne	César	Alexandre	David

JEUX Les valeurs élevées des cartes à jouer, figurées par de jeunes gens (valets), des femmes (dames) et des hommes âgés (rois).

□ Origine : L'habitude de donner des noms aux figures date du XIVe siècle ; la liste ne s'est fixée que dans les jeux du XVIIe siècle.

Les trois listes des valets, des dames et des rois sont très connotées. Les rois sont empruntés aux neuf Preux [→ 9 Preux], mais de façon à incarner les quatre grandes monarchies (hébraïque, grecque, romaine, française). Les dames, selon la tradition, portent les surnoms donnés aux principales dames entourant Charles VII : Argine est un anagramme de Regina (en latin, la reine), et désignerait sa femme, Marie d'Anjou. Pallas, la déesse armée, serait Jeanne d'Arc, qui lui rendit son trône. Rachel, épouse préférée de Jacob, serait Agnès Sorel, sa maîtresse. Judith, la terrible veuve qui décapita Holopherne, serait Marie d'Anjou, la reine mère, qui s'était alliée avec les Anglais. Quant aux valets, ce seraient des chefs militaires du même roi. Hector de Galard était capitaine de Charles VII, La Hire de Vignolles, un compagnon de Jeanne d'Arc. Ils auraient pris la place de héros de romans : Lancelot (chevalier de la Table ronde), Ogier et Roland (qui remplace parfois La Hire), Hector (de Troie) sont les héros des trois grandes « matières » de la littérature : bretonne, française et antique [→ 9 Preux]. Si la liste n'est définitivement constituée qu'au XVIIe siècle, elle renvoie manifestement à la cour de France du XVe. Par la suite, des jeux fantaisistes multiplièrent les noms des figures. La Révolution par exemple fit des rois, des reines et des valets, les sages, les libertés et les héros romains.

□ Références : R. Merlin, *Origine des cartes à jouer*, Paris, 1869. André François, *Histoire de la carte à jouer*, Paris, Fréal, 1974.

Fruits de l'esprit

CHARITÉ - JOIE - PAIX - PATIENCE - LONGANIMITÉ - BONTÉ - BÉNIGNITÉ - MANSUÉTUDE - FIDÉLITÉ - MODESTIE - CONTINENCE - CHASTETÉ

CATHOLICISME « Perfections que forme en nous le Saint-Esprit comme des prémices de la gloire éternelle » (CEC § 1832).

□ Origine : Nouveau Testament, Ga 5, 22-23 (Ier s.).

Imams

'ALÎ IBN ABÎ TÂLIB - AL-HASAN - AL-HUSAYN - 'ALÎ ZAYN AL-'ABIDIN - MUHAMMAD AL-BÂQIR - JA'FAR AS-SÂDIQ - MÛSÂ AL-KÂZIM - 'ALÎ AL-RIDÂ - MUHAMMAD AL-JAWÂD - 'ALÎ AN-NÂQÎ - HASAN AL-'ASKARÎ - MUHAMMAD AL-MAHDÎ (l'imam caché)

ISLAM Les douze intercesseurs privilégiés pour le chiisme duodécimain.

□ Origine : « Occultation majeure », an 329 de l'hégire (940).

Dans sa conception la plus restrictive, l'imam est l'intermédiaire privilégié entre les hommes et Dieu. Pour les chiites, il devait être de la descendance d'Ali, gendre de Mahomet. Le douzième imam ayant disparu à l'âge de quatre ans, en 260 de l'hégire (873), à la mort de son père, il n'eut pas de successeur et il fut réputé vivant. Jusqu'en 329/940, il y eut quelques apparitions miraculeuses à des médiateurs qui firent connaître sa pensée. Mais, lorsque le dernier médiateur ne désigna pas de successeur, commença l' « occultation majeure » : le douzième imam restera caché jusqu'à la fin des temps. On lui adresse des messages déposés sur les tombes ou jetés dans des puits. Les élus voient son visage à leur mort.

Pour les ismaéliens (chiites septimains), la succession des Alides s'est arrêtée plus tôt. Le sixième imam, en effet, Ja'far as-Sâdiq, avait désigné son fils Ismaël (Ismâ'îl) pour successeur. Mais celui-ci mourut avant lui, marquant pour les septimains la fin d'un cycle. Certains pensent en outre qu'un autre cycle de sept imams a recommencé avec Mahomet, fils d'Ismaël. Les ismaéliens ont engendré des mouvements qui firent parler d'eux, comme celui des Assassins popularisé par Marco Polo, ou celui des Druzes, que la guerre du Liban a mis sur le devant de la scène. Les chiites duodécimains sont surtout connus depuis qu'ils ont mené la révolution iranienne.

Mois

JANVIER - FÉVRIER - MARS - AVRIL - MAI - JUIN - JUILLET - AOÛT - SEPTEMBRE - OCTOBRE - NOVEMBRE - DÉCEMBRE

MÉTÉOROLOGIE Division de l'année en périodes de 28 à 31 jours.

□ Origine : Tombeau de Ensath à Assiout (Égypte, Ve dynastie) ; *Enûma elis* (poème de la Création), V, 4 (Babylonie, XIIe s. A.C.N.).

La répartition des 360 (+5) jours de l'année en douze mois de trente jours n'est pas une évidence : les Aztèques et les Mayas ont ainsi dix-huit mois de vingt jours. Mais elle est traditionnelle en Occident : l'année lunaire, dans l'Orient et la Grèce primitive, compte douze mois de vingt-neuf ou de trente jours (354 jours) ; l'année solaire, d'origine égyptienne, douze mois de trente jours (360 jours). Il faut ajouter des jours à certains mois et, régulièrement, des jours ou des périodes complémentaires. Il n'y a donc qu'une différence de perspective entre les deux types d'années : le calendrier lunaire est construit sur le mois (qu'on multiplie par douze pour obtenir l'année) et le calendrier solaire sur l'année (divisée en douze pour obtenir le mois).

Les mois étaient au départ simplement numérotés. Nous avons conservé cette tradition dans les quatre derniers mois, respectivement septième (septembre), huitième (octobre), neuvième (novembre) et dixième (décembre) de l'année romaine. Le cinquième *(Quinctilis)* et le sixième *(Sextilis)* furent rebaptisés à la fin de la République romaine pour être dédiés à Jules César (juillet) et à Auguste (août). Les six autres mois portent des noms religieux, correspondant au cycle des saisons (février, mois des purifications, *februum* en sabin ; avril, mois de « l'ouverture », *aperire* en latin) ou à des noms de dieux (Janus en janvier, Mars en mars, Maia en mai, Junon en juin). Les dénominations actuelles portent donc les traces des diverses conceptions de l'année, religieuse, rationnelle ou somptuaire.

□ **Iconographie** : Les travaux des mois sont un thème fréquent de l'iconologie médiévale, avec les signes du zodiaque leur correspondant. Chaque mois est symbolisé par une activité spécifique, qui peut varier selon les régions. L'homme est à un banquet en janvier, se chauffe au feu en février, taille la vigne en mars, chasse en avril, courtise en mai, fauche en juin, moissonne en juillet, bat le blé en août, vendange en septembre, sème en octobre, mène le porc au bois en novembre et l'abat en décembre. On les trouve souvent sur les portails des églises, les calendriers et les livres d'heures. Un des plus beaux cycles se trouve dans les *Très Riches Heures du duc de Berry*.

Pairs

ROLAND et OLIVIER - BERENGER et OTON - ANSEÏS et SAMSON - GÉRIN et GÉRIER - IVORIE et IVON - GÉRARD DE ROUSSILLON - ENGELER DE BORDEAUX

HISTOIRE ET LITTÉRATURE FRANÇAISES Les douze compagnons de Charlemagne, tenus pour ses égaux, d'où leurs noms de « pairs ». « Tu te souviens qu'au Village on t'a dit ; / Que ton Maistre est nommé pour coucher par écrit / Les faits d'un Roy plus grand en sagesse, en vaillance, / Que Charlemagne aidé des douze Pairs de France » (Boileau, *Épître* XI, vv. 23-26).

□ Origine : *Chanson de Roland*, v. 262 et passim (fin XIe siècle).

« Un jour, dit la *Karlamagnussaga*, comme Charles était entouré de ses chevaliers, il leur annonça qu'il voulait choisir douze d'entre eux comme champions contre les païens, ainsi que Dieu avait choisi douze apôtres pour répandre sa parole dans le monde. » Dès l'origine, les compagnons de Charlemagne sont assimilés aux disciples du Christ. La plupart ne firent pas grand bruit dans la littérature, puisque la première chanson de geste les fait mourir tous les douze dans le guet-apens de Roncevaux. Deux sont historiques, Roland et Gérard de Roussillon. Les autres ont été choisis par couples d'amis sur le modèle de Roland et d'Olivier. Des allitérations ont manifestement contribué au choix de certains noms.

Pierres précieuses

De l'Apocalypse : JASPE - SARDOINE - TOPAZE - SAPHIR - SARDE - CHRYSOPRASE - CALCÉDOINE - CHRYSOLITE - HYACINTHE - ÉMERAUDE - BÉRYL - AMÉTHYSTE
Du pectoral d'Aaron : SARDOINE - TOPAZE - ÉMERAUDE - ESCARBOUCLE - SAPHIR - JASPE - LIGURE - AGATE - AMÉTHYSTE - CHRYSOLITE - ONYX - BÉRYL

CHRISTIANISME Répartition mystique des pierres précieuses selon les références bibliques. Il en existe trois séries : celles de la couronne de la Vierge [→ 24 Fleurons], celles des assises de la cité céleste dans l'Apocalypse et celles que Moïse fit mettre sur le pectoral d'Aaron.

□ Origine : Ancien Testament, Ex, 39, 10-13 (IXe-IVe s. A.C.N.) ; Nouveau Testament, Ap 21, 19-20 (Ier s.).

Prophètes (petits)

OSÉE - JOËL - AMOS - ABDIAS - JONAS - MICHÉE - NAHOUM - HABAQUQ - SOPHONIE - AGGÉE - ZACHARIE - MALACHIE

HISTOIRE SACRÉE Prophètes de l'Ancien Testament ainsi qualifiés parce que leur œuvre est moins abondante que celle des « grands prophètes » [→ 4 Prophètes].

□ Origine : Ancien Testament, livres prophétiques (VIIIe-IIe s. A.C.N.).

À part Jonas, dont l'aventure avec la baleine fut de tout temps extrêmement populaire, les petits prophètes ne sont guère connus. Dans l'économie des livres hébraïques, ils comptent pour une unité, ce qui permet de limiter à vingt-deux livres le nombre des livres bibliques, correspondant aux lettres de l'alphabet hébreu. On croit que, pour atteindre le nombre symbolique de douze, on a ajouté aux prophéties le livre de Jonas, qui constitue plutôt une vie de prophète. La religion chrétienne n'avait retenu de leur œuvre que ce qui annonçait le caractère messianique du Christ. Ils apparaissent souvent tenant un phylactère avec leur prophétie sur des portails d'église ou dans les Bibles des pauvres qui circulent à partir du XIVe siècle. Michée (5, 1) prophétise ainsi la naissance à Bethléem ; Zacharie (9, 9), l'entrée à Jérusalem sur un ânon ; les trois jours que Jonas passe dans le ventre du monstre marin préfigurent ceux qui séparent la Passion de la Résurrection...

Symbole des Apôtres

Voir tableau annexé p. 231

THÉOLOGIE Les douze articles de la Foi qui devinrent le nœud du Credo. « Credo in unum Ubum factorem clinaminis et in unum collegium pataphysicum visibile et occultum et in institutiones barbaras et in et cetera. Amen » (Robert Florkin, *Ubu pape*, éd. Temps Mêlés, 1989, p. 125).

□ Origine : Marcien (déb. IIe s., première allusion) ; Rufin d'Aquilée (IVe s., première formulation).

Une légende remontant aux premiers siècles veut qu'après la Pentecôte les douze apôtres se soient réunis une dernière fois pour composer un acte de foi regroupant les principaux points de leur croyance. Chacun aurait composé un des articles, dont la somme devait constituer la base de leur enseignement. Jusqu'au XVe siècle, la légende fut une évidence. Mais, au premier concile œcuménique, en 1437, on s'aperçut que l'Église grecque n'avait jamais entendu parler de ce symbole. La critique s'attacha alors à en trouver l'origine. Il semble établi qu'il a été composé aux alentours de l'an 100, et que la version actuelle *(textus receptus)* dut être composée dans les Gaules aux Ve-VIe siècles. C'est au VIIIe siècle qu'elle se généralisa dans l'Église occidentale. À la même époque, on s'inquiéta d'attribuer à chacun des douze apôtres la paternité d'un article. Mais la répartition varia, selon les références des listes d'apôtres retenues (Mt 10, 2-4 ; Ac 1, 13 ; Bréviaire romain). Les seules constantes sont les places attribuées à saint Pierre (toujours le premier) et à saint Matthias (toujours le dernier). On attribue souvent à saint Thomas l'affirmation de la résurrection, comme amende honorable de son incrédulité.

Titans

gr. *Titênès*
OKÉANOS (OCÉAN) - TÊTHYS - KOIOS - KRÉIOS - HYPÉRION - IAPÉTOS (JAPET) - THÉIA - THÉMIS - MNÊMOSYNE - PHOIBÊ (PHÉBÉ) - RHÉA - KRONOS

MYTHOLOGIE GRECQUE Première race divine qui a précédé les Olympiens. Au figuré : géants, hommes d'une puissance extraordinaire. Un travail de titan.

□ Origine : Homère, *Iliade*, VIII, 478 (IXe s. A.C.N.). Hésiode, *Théogonie*, vv. 133 ss. et 208, pour le nombre et les noms (VIIIe s. A.C.N.).

Issus de l'union primitive entre le Ciel (Ouranos) et la Terre (Gaia), les Titans représentent la race pré-olympienne. De peur d'être renversé par ses fils, Ouranos les rejetait dès leur naissance dans les flancs de la Terre, jusqu'à ce que celle-ci encourage la révolte de ses fils. Kronos (assimilé à Saturne et au Temps, *chronos*) renverse et châtre Ouranos et règne à son tour sur le monde. Mais, pour éviter la même révolte chez ses enfants, il les dévore dès leur naissance. Sa femme et sœur, Rhéa, lassée à son tour, lui donne à manger une pierre à la place du dernier, Zeus, qui renversera son père et lui fera rendre gorge. Ainsi sont nés les douze olympiens, sur le modèle desquels, sans doute, Hésiode construisit la légende des douze Titans. La légende fut d'ailleurs contaminée par celle des géants, qui escaladèrent le ciel en accumulant des montagnes [→ 2 Aloades]. Hésiode raconte ainsi la révolte des Titans, qui tentèrent pendant dix ans de retrouver leur empire perdu. Ils furent précipités dans le Tartare, mais eurent une innombrable postérité. Parmi celle-ci, Prométhée, fils de Japet, fut le père du genre humain, ce qui explique bien des choses…

□ **Linguistique** : **Titanesque, titanique** (démesuré, gigantesque).

Travaux d'Hercule

gr. *tou Herkuleous Athloi* - lat. *aerumnae Herculi(s)*
LION DE NÉMÉE - HYDRE DE LERNE - BICHE DE CÉRYNIE - SANGLIER D'ÉRYMANTHE - ÉCURIES D'AUGIAS - OISEAUX DE STYMPHALE - TAUREAU DE CRÈTE - CAVALES DE DIOMÈDE - CEINTURE D'HIPPOLYTE - BŒUFS DE GÉRYON - POMMES D'OR DU JARDIN DES HESPÉRIDES - CHIEN CERBÈRE

MYTHOLOGIE GRECQUE Épreuves insurmontables avec des forces humaines, imposées au demi-dieu Hercule et auxquelles on compare volontiers des tâches surhumaines. *Les douze travaux d'Astérix, d'Hercule Poirot.* On peut faire allusion à un travail en particulier : « On l'attendait au huitième travail d'Hercule, à la corrida champêtre avec matador venu de l'extérieur, à l'affiche : Thésée contre Minotaure » (Antoine Blondin, *Un singe en hiver*, La Table Ronde, 1959, p. 147). Mais, la numérotation étant fluctuante, on préfère alors une allusion plus directe.

Le treizième travail d'Hercule : une tâche impossible. « Après un tirage de la force de deux chevaux, un vrai treizième travail d'Hercule, il se déclare un hiatus de deux pouces » (efforts pour attacher la robe de Caroline, dont la taille a forci, dans Balzac, GDU).

□ Origine : Homère, *Iliade*, VIII, 368 (un travail) [IXe s. A.C.N.] ; Métopes du temple de Zeus à Olympie (Ve s.) et Théocrite, *Idyllion*, XXIV, 81, pour le cycle des douze travaux.

La vie d'Hercule, fils de Zeus et de la mortelle Alcmène, est dominée par un affrontement avec Héra. Officiellement, la jalousie de l'épouse trompée du roi de l'Olympe explique la haine dont celle-ci poursuit le héros. Pour ce faire, elle retarde la naissance d'Hercule et avance celle d'Eurysthée. Tous deux descendent de Persée. Or un serment imprudent de Zeus enchaîne le cadet des héritiers à son aîné, donc Hercule à Eurysthée. Dans sa vie de mortel, cet esclavage est imposé à Hercule par l'oracle de Delphes, en expiation d'un accès de fureur au cours duquel il a tué ses enfants (thème célèbre de l'Hercule furieux).

Ce mythe de l'enchaînement d'un être vigoureux à la volonté d'un humain sans envergure par la volonté d'une déesse puissante a reçu diverses interprétations. On y a vu l'affrontement de deux dieux nationaux, respectivement dorien et argien, et leur fusion en un même mythe. L'explication qui a longtemps prévalu est néanmoins celle d'un mythe solaire : Hercule représenterait le soleil triomphant des ténèbres et des dangers du ciel (Héra) pour le bien des faibles mortels (Eurysthée). Si ce thème est très ancien puisqu'il apparaît chez Homère, le choix, parmi les multiples exploits du héros, de douze travaux accomplis par ordre d'Eurysthée et non par la volonté propre d'Hercule, est relativement récent.

Quoi qu'il en soit, ces douze exploits obéissent aux ordres d'Eurysthée pendant la période d'esclavage du dieu. En grec comme en latin, ils portent un nom spécifique qui les distingue des autres hauts faits du demi-dieu. Le nombre et le choix de ces épreuves ont varié jusqu'au IIe siècle

A.C.N. : on adopta alors définitivement les douze travaux représentés depuis longtemps sur le temple d'Olympie. Ils formèrent un épisode à part dans la biographie d'Hercule, puisqu'ils sont censés avoir été accomplis en huit ans et un mois. Divers rapprochements, notamment avec les signes du zodiaque, ont ensuite été faits par les mythologues antiques.

On considère généralement que les douze travaux symbolisent la bataille du soleil contre les ténèbres, ou des exploits humains devenus légendaires. Le lion de Némée (le seul lion connu en Grèce !), invulnérable, et qu'Hercule dut étouffer à bras le corps, personnifierait les grondements de l'orage, ou d'un torrent impétueux qu'il aurait canalisé. L'hydre de Lerne, aux neuf têtes, dont une immortelle, et au souffle mortifère, symboliserait un marais pestilentiel qu'il aurait épuré. Les têtes repoussant au fur et à mesure qu'il les coupait, Hercule dut faire appel à son cocher et neveu Iolaos, qui cautérisait le cou à chaque blessure. La biche de Cérynie, aux cornes et aux pieds d'airain, qu'il dut attraper à la course, figurerait la poursuite de la lune par le soleil. La biche était en effet consacrée à Artémis.

Le monstrueux sanglier d'Érymanthe, qu'il fait tomber dans un piège rempli de neige, serait un torrent ou des nuages. Il le captura vivant et le ramena à Eurysthée, qui d'effroi se cacha dans une citerne. Hercule ensuite dut nettoyer en un jour les écuries d'Augias, négligées depuis trente ans. Il détourna deux fleuves, le Pénée et l'Alphée, qui emportèrent toutes les ordures. Peut-être faut-il y voir la victoire du jour sur la nuit : Augias a en effet une fille aux pouvoirs lunaires et douze taureaux brillants qui évoquent les étoiles. Les oiseaux anthropophages de Stymphale, aux becs et aux serres d'airain, furent dénichés par des castagnettes fournies par Athéna et abattus par les flèches d'Hercule. On y voit également des nuées d'orage. Ce sixième travail est souvent placé en cinquième position, pour regrouper les épisodes arcadiens du cycle.

Hercule captura ensuite un taureau de Crète rendu furieux par Neptune parce que le roi Minos avait refusé de le lui sacrifier. Il s'agirait encore des fureurs d'un orage ou d'un torrent. Les cavales de Diomède, nourries de chair humaine, représenteraient les vagues meurtrières qui précipitent les vaisseaux sur la côte thrace. Le soleil apaise la mer comme Hercule dompte les chevaux carnivores. La ceinture d'Hippolyte, reine des Amazones, représente peut-être l'arc-en-ciel que le soleil arrache à la pluie.

Les bœufs de Géryon, géant à trois têtes qui habite au delà de l'océan, symbolisent peut-être les eaux libérées des nuages (Géryon signifie le hurleur, l'orage), ou les beaux jours du printemps arrachés à l'emprise de l'hiver. Au bord occidental du monde, également, Hercule rapporte trois pommes d'or du jardin des Hespérides. Ces symboles de la fécondité et de la vie éternelle avaient été donnés par la Terre à Héra, à l'occasion de son mariage avec Zeus. Cet avant-dernier travail prélude à l'immortalité accordée à Hercule : ce vol de pomme dans un jardin céleste n'est pas sans rappeler le thème chrétien du péché originel. Le dernier travail, enfin, symbolise avec évidence la victoire sur la mort : Hercule descend aux Enfers délivrer Thésée et ramène à Eurysthée le chien Cerbère, monstre à trois têtes qui garde l'entrée des Enfers.

Divers épisodes ont tardivement été rattachés au cycle : pour franchir l'océan et rencontrer Géryon, le héros doit ainsi ouvrir la Méditerranée (les colonnes d'Hercule désignaient le détroit de Gibraltar). En rentrant, il se fait voler le troupeau par Cacus, qu'il doit tuer dans son antre. Pour cueillir les pommes d'or, Hercule eut besoin d'Atlas et il prit sa place un moment pour soutenir la voûte céleste. Sur le mont Érymanthe, il fut hébergé par un centaure ; une dispute fut prétexte à un combat célèbre... Ce sont probablement des épisodes indépendants qui furent intégrés au cycle pour simplifier la biographie du héros.

Les échos chrétiens des deux derniers travaux expliquent sans doute la sévérité du christianisme à l'égard d'Hercule. Son mythe ne fut pas récupéré au Moyen Âge. Tout au plus le lexique de Suidas (Xe siècle) en fait-il l'allégorie du philosophe, dont les attributs sont une peau de lion (celle du lion de Némée), une clé (héritière de la massue antique ?) et trois pommes d'or (celles des Hespérides). Vêtu de prudence (peau de lion), le philosophe tue avec la constance d'âme (clé) le dragon de la cupidité (hydre de Lerne ou gardien du jardin des Hespérides) et vole les trois vertus (pommes) : renonciation à la colère, à l'avarice et à la volupté. C'est surtout la Renaissance qui retrouva le mythe d'Hercule : il symbolise désormais la force de l'homme triomphant des forces naturelles et de la colère divine. Encore lui fallut-il montrer patte blanche : Guillaume Budé (*De studiis*, l. 1505) suggère que la fable d'Hercule aurait été copiée de la Bible : l'aîné devant obéir à son cadet suite à une ruse de la mère rappelait l'histoire de Jacob et d'Ésaü. Il faut dire qu'on estimait alors qu'Homère avait pu lire le Pentateuque.

□ **Iconographie** : Les travaux, séparément, ont été très souvent représentés. Dans leur ensemble, mis à part des sarcophages et bas-reliefs antiques, ils ont inspiré peu de cycles. Dix toiles de Zurbarán, onze de Delacroix, treize gravures d'après Poussin... mêlent certains travaux à d'autres épisodes de la vie d'Hercule.

□ **Linguistique** : **L'hydre** de Lerne a eu une descendance biologique (elle désigne un petit polype d'eau douce qui, comme le monstre mythique, a la faculté de régénérer les parties de son corps mutilé) et symbolique (l'hydre représente le mal absolu, aux multiples têtes et toujours renaissant). « L'hydre au casque pointu » (les Prussiens, d'après la chanson « Le rêve passe ») ; « l'hydre de l'anarchie » (V. Hugo, *les Misérables*), « l'hydre nazie »... **Cerbère** : le chien qui garde l'entrée des Enfers désigne aujourd'hui un concierge grincheux.

Tribus et patriarches d'Israël

RUBEN - SIMÉON - [LÉVI] - JUDA - ISSACHAR - ZABULON (fils de Léa) -
JOSEPH (Éphraïm et Manassé) - BENJAMIN (fils de Rachel) -
DAN -NEPHTALI (fils de Bilha, servante de Rachel) - GAD -
ASER (fils de Zilpa, servante de Léa)

HISTOIRE SACRÉE Familles descendant des douze fils de Jacob (Israël), auxquelles un territoire fut attribué en Terre promise.

□ Origine : Ancien Testament, Gn 36, 23-26 (IXe-IVe s. A.C.N.).

Les douze tribus d'Israël sont en fait treize : sur son lit de mort, Jacob adopta ses deux petits-fils, nés de Joseph tandis qu'il était en Égypte, et leur donna une part entière d'héritage (Gn 48, 5-6). Pour conserver le nombre symbolique, on parle donc de deux demi-tribus, mais des variations demeurent dans l'énumération des tribus : les élus de l'Apocalypse, par exemple, sont 12 000 par tribu ; mais Gad n'est pas mentionné pour intégrer Joseph et Manassé.

Lorsque Josué conquit la Terre promise, on tira au sort les territoires des tribus descendant des douze fils d'Israël. Peut-être la répartition des tribus est-elle consécutive à celle des territoires : on croit que Benjamin, « fils de la droite », désignait au départ les populations du Sud (à droite quand on regarde l'Orient). Les Lévites (issus de Lévi), préposés aux fonctions sacerdotales, n'ont pas de territoire en propre, mais des villes de résidence et des communaux pour leurs troupeaux : Yahvé est pour eux le seul héritage. C'est parmi eux que naîtront Moïse et Aaron ; les Aaronides, prêtres par excellence, sont parfois distingués des autres Lévites (1 Ch 27, 17). Ils sont parfois omis du compte des tribus, pour les amener à douze.

Les douze tribus structurent symboliquement l'Ancien et le Nouveau Testament. C'est sans doute sur leur modèle que furent constitués les douze apôtres. Dans l'Apocalypse, les vingt-quatre vieillards de la cour céleste sont interprétés comme l'union des douze patriarches et des douze apôtres, de l'Ancien et du Nouveau Testament. Les 144 000 élus et les douze portes de la Jérusalem céleste correspondent aussi aux douze fils d'Israël.

Zodiaque

SIGNE	MOIS DU DÉBUT	SYMB.	ORGANE CORRES-PONDANT	RÉGION CORRESPONDANTE	ORIGINE LÉGENDAIRE
Bélier	03	♈	Tête	Perse, Arabie, Palestine	Celui de la Toison d'or
Taureau	04	♉	Cou	Arménie, Caucase	Zeus enlevant Europe
Gémeaux	05	♊	Bras	Égypte	Castor et Pollux
Cancer	06	♋	Poitrine	Orient	Pique Hercule
Lion	07	♌	Flancs	Inde mineure, Morée	Celui de Némée
Vierge	08	♍	Ventre	Euphrate, Canaries	Astrée ou Dicé
Balance	09	♎	Fesses	Grèce, Rome	Celle de Thémis
Scorpion	10	♏	Org. génitaux	Arabie	Orion
Sagittaire	11	♐	Cuisses	de l'Éthiopie à l'Inde	Chiron ou Crotos
Capricorne	12	♑	Genoux	Éthiopie	Amathée
Verseau	01	♒	Jambes	Égypte	Ganymède
Poissons	02	♓	Pieds	Nord	Monture de Poséidon

ASTROLOGIE Constellations qui jouent un grand rôle dans l'astrologie. « [Les prédicateurs] commencent par une invocation, usage appris des poètes ; puis, s'ils ont à parler sur la charité, ils tirent leur exorde du Nil, fleuve d'Égypte ; s'ils racontent le mystère de la Croix, ils ont recours avec à-propos au dragon Bel de Babylone ; s'il s'agit du jeûne, ils rappellent les douze signes du Zodiaque » (Érasme, *Éloge de la folie*, trad. Pierre de Nolhac, § 54).

□ Origine : 419 A.C.N. (texte cunéiforme énumérant les douze signes).

Si le groupement des étoiles en constellations est très ancien, le choix, parmi celles-ci, de douze signes privilégiés correspondant aux douze mois de l'année est beaucoup plus récent. Si les premiers signes, en effet, apparaissent dès le XIIe siècle A.C.N. sur une stèle de Nabuchodonosor Ier, des zodiaques à dix-huit ou à quinze signes ont précédé le système actuel. On attribue à Eudoxe (IVe s. A.C.N.) ou à Anaximandre (Ve s. A.C.N.) la première division en douze de la sphère céleste ; Cléostrate de Ténédos ou Callippe (IVe s. A.C.N.) aurait donné leur nom aux douze signes, peut-être d'après des signes babyloniens existant auparavant. Ces traditions antiques, transmises notamment par Pline l'Ancien (*Histoires naturelles*, II, 31), ne reposent sur aucun texte conservé des astronomes grecs. La présence du zodiaque dans des civilisations très éloignées, de l'Asie à l'Amérique, plaide d'ailleurs pour un héritage ancien.

À l'époque du pseudo-Ératosthène, déjà, on se disputait sur l'origine légendaire de ces signes. Le Bélier serait celui qui sauva Phrixos et l'emmena en Colchide, où Jason déroba sa toison d'or. Le Taureau, celui dont Zeus prit la forme pour enlever Europe. Les Gémeaux, Castor et Pollux [→ 2 Dioscures]. Le Cancer (ou écrevisse), le seul animal qui prit parti pour l'hydre de Lerne en piquant Hercule qui la combattait [→ 12 Travaux]. La Vierge, Astrée (ou Dicé), fille de Zeus et de Thémis (la Justice) : elle vivait avec les mortels à l'âge d'or [→ 3 Âges] et remonta au ciel quand les hommes pervertirent la vertu. La Balance est l'attribut de Thémis, déesse de la Justice. Le Scorpion est Orion, métamorphosé par Artémis qu'il avait poursuivie, ou l'insecte qui piqua Orion à la demande de la déesse. Le Sagittaire, Chiron, le centaure qui éleva Achille et d'autres héros, ou Crotos, fils d'Euphène, nourri par les Muses et inventeur de l'art de tirer à l'arc. Le Verseau, Ganymède, enlevé par Zeus pour être l'échanson des dieux. Les Poissons seraient les dauphins, montures d'Amphitrite et de Poséidon, ou, pour Ératosthène, les fils d'une autre constellation, le Grand Poisson (qui sauva Dircéto tombée à la mer). Le pseudo-Ératosthène et Christophe Cattan *(Géomancie)* détaillent ces légendes.

Une autre piste a été ouverte par la psychanalyse dans l'origine du zodiaque. Pour Young, il s'agirait des archétypes de l'inconscient collectif, qui correspondent aux réactions de l'individu aux saisons, aux variations de lumière, d'énergie solaire. Le Taureau correspondrait par exemple à l'énergie créatrice et féconde du printemps ; le Scorpion, à la mort (poison), à la chute des feuilles, au déclin de l'automne…

Dès l'Antiquité, les signes du zodiaque sont utilisés à des fins divinatoires : prédire l'avenir, dresser l'horoscope des nouveau-nés, définir l'influence de ces signes sur les organes du corps humain… La religion chrétienne primitive combattra l'influence des astrologues : le nom des signes véhicule des relents de paganisme, et on se méfie du déterminisme que peut entraîner le pouvoir des astres. Mais l'intérêt pour l'astrologie est trop puissant, surtout après sa revivification sous l'influence arabe : dès le XIIIe siècle, elle sera justifiée dogmatiquement dans des limites de plus en plus larges. Les astrologues jouirent longtemps de la faveur des rois et la prise en compte du zodiaque en médecine fut officialisée au XVe siècle. C'est l'époque des Lumières (XVIIe-XVIIIe s.) qui donna le coup le plus rude au système astrologique fondé sur le zodiaque, qui ne fut jamais totalement réhabilité par la science.

□ **Référence** : Otto Neugebauer, *les Sciences exactes dans l'Antiquité* (1957), Actes Sud, 1991.

Les mots et les expressions

dodécaphonisme : système musical utilisant les douze notes de la gamme (les sept traditionnelles et les cinq altérations).

douzain : dans le Berry et en Anjou particulièrement, cadeau de noces qui consistait en douze pièces d'or ou d'argent (douze douzaines ou douze centaines, selon les fortunes...). « Il ne faut plus penser au douzain. Quand je te marierai, ce qui sera bientôt, je te trouverai un futur qui pourra t'offrir le plus beau douzain dont on aura jamais parlé dans la province. » (Balzac, *Eugénie Grandet*).

duodécimal : se dit d'un système arithmétique de base douze.

duodénum : portion de l'intestin, qui mesure douze doigts.

L'Europe des douze : celle du Marché commun élargi (Allemagne, Belgique, Danemark, Espagne, France, Grande-Bretagne, Grèce, Irlande, Italie, Luxembourg, Pays-Bas, Portugal).

Un corps douze : taille de base d'un caractère d'imprimerie, correspondant à un cicero.

Le comité des douze : conseil révolutionnaire fondé en 1793.

Je vous dis et vous douze : je vous certifie, par jeu de mots sur dix et douze. « Je vous dis et vous douze que tous ces médecins n'y feront rian que de l'iau claire... » (Molière, *le Médecin malgré lui*, II, 1).

Faire un douze : commettre un impair (argot) : à la passe anglaise, c'est le coup qui fait perdre la mise.

Les douze boucliers des Saliens : dans la Rome antique, boucliers sacrés que l'on disait tombés du ciel sous Numa Pompilius, et confiés à douze prêtres appelés Saliens.

Douze balles dans la peau : le peloton d'exécution. « Douze balles dans la peau, ce serait trop facile. C'est ce qu'ils souhaitent, comprends-tu ? » (Sartre, *Morts sans sépulture*, IV, 1).

Les douze frères arvales : dans la Rome antique, les douze fils d'Acca Larentia, devenus prêtres de Dea Dia, déesse agraire (*arva*, « les sillons »). L'un d'eux étant mort, Romulus prit sa place pour qu'ils restent douze. Les prêtres qui les remplacèrent gardèrent le titre de *arvales fratres*.

La loi des douze Tables : loi des décemvirs romains, promulguée en 451-449 A.C.N. et gravée sur douze tables d'airain.

La Dernière scène

Thierri Bouts

Église Saint Pierre, Louvain

LE SYMBOLISME DU NOMBRE 13

Le nombre treize, qui s'est chargé pour nous du symbolisme le plus néfaste, n'a pas toujours été ressenti aussi négativement. Les cours célestes ou terrestres étant souvent de douze, le treizième homme était tout naturellement le chef, le dieu suprême, l'empereur... C'est le Christ, c'est Zeus, c'est Ulysse parmi ses compagnons, Salomon parmi ses douze préfets... Il convient, dit Raban Maur, à la plénitude de la Loi et à la foi en la Trinité. Et de citer comme référence la profondeur de la porte du Temple futur, qui sera de treize coudées (Ez 40, 11). Nombre lui aussi du dépassement, treize a gardé longtemps, dans la conscience populaire, cette impression de richesse, de surplus. C'était « la belle douzaine », celle que donnaient les marchands pratiquant le « treize à la douzaine »...

Tout se complique bien sûr lorsque le treizième homme, de chef, devient victime. Par orgueil, parfois, comme Philippe de Macédoine, qui avait fait ajouter sa statue à celle des douze dieux majeurs, lors d'une procession, et qui fut assassiné peu après (CHE). Et, pour l'Europe occidentale, treize reste le nombre de la Cène, qui porta malheur au Christ. Depuis, il est dangereux de se retrouver « treize à table ». La crucifixion s'étant accomplie un vendredi 13 (du mois de nisan), comme d'ailleurs, assure-t-on, le péché originel, qui eut lieu en outre le treizième jour de la Création, cette date fut d'autant plus redoutée. Une superstition qu'un virus informatique a revivifiée ces derniers temps.

Pour entériner cette nouvelle valeur du nombre, le tarot fit de la mort sa treizième carte. Et il fallut bien tenir compte de ces superstitions : on trouve rarement de chambre treize dans les hôtels.

Les expressions

Un treize : une équipe de rugby (plus souvent : quinze).

Vendredi treize : Dieu s'étant reposé le septième jour de la Création, le premier samedi (sabbat des Juifs) tomba ce jour-là. La semaine suivante il y eut donc un vendredi 13, jour du péché originel à n'en pas douter, puisqu'il fut racheté un autre vendredi 13, celui de la mort du Christ. La Pâque juive se situe en effet le 14 du mois de nisan, et on a longtemps soutenu que la Crucifixion avait eu lieu la veille du sabbat de Pâque. Il n'en fallait pas plus pour faire du vendredi 13 un jour néfaste.

Être marié au treizième arrondissement : vivre avec une maîtresse (du temps où Paris n'avait que douze arrondissements).

Treize à la douzaine : en abondance (par allusion à l'ancienne coutume des marchands, de donner une pièce gratuite à l'achat de douze).

Treize à table : pour les superstitieux, par référence à la dernière Cène du Christ, présage d'une mort dans l'année. « Dieu ! mes amis, nous sommes treize à table / Et devant moi le sel est répandu ! / Nombre fatal ! Présage épouvantable ! La mort accourt ; je frissonne éperdu » (Béranger, « Treize à table »).

Observation astronomique

Donato Credi

Pinacothèque vaticane

DE 14 À L'INFINI · DE 14 À L'INFINI ·

14

14

• **Béatitudes de saint Anselme et de saint Bernard** : les sept dons du corps (beauté, agilité, force, liberté, santé, volupté, longévité) et les sept dons de l'âme (sagesse, amitié, concorde, honneur, puissance, sécurité, joie) promis aux croyants dans la vie éternelle. Elles sont représentées sur la cathédrale de Chartres (voussures de la baie centrale, portail méridional).

• **Stations du chemin de croix** : prières récitées à chaque étape de la Passion du Christ (Condamnation à mort ; Chargement de la Croix ; Première chute ; Rencontre de la Vierge ; Simon de Cyrène ; Véronique ; Deuxième chute ; Femmes de Jérusalem ; Troisième chute ; Jésus dépouillé de ses vêtements ; Attaché à la Croix ; Mort ; Descente de Croix ; Mise au tombeau). Aux XIVe-XVe siècles, les Franciscains, gardiens des lieux saints chargés de diriger les pèlerins sur la via Dolorosa de Jérusalem, les symbolisent par des tableaux qui permettent à ceux qui ne peuvent faire le pèlerinage de suivre dans l'église de leur paroisse le chemin du Christ jusqu'au Golgotha. Le nombre des stations varie jusqu'au XVIIIe siècle et est fixé à quatorze par Clément XII et Benoît XIV. En 1958, une quinzième est ajoutée à Lourdes pour intégrer le culte marial : « Avec Marie dans l'espérance de la résurrection ». Jean-Paul II en supprima certaines apocryphes (comme la rencontre avec Véronique), mais les quatorze stations sont restées populaires.

• **Upanishad** : textes anciens appartenant à la littérature sacrée des hindous. Le mot signifie « S'asseoir auprès de quelqu'un pour écouter son enseignement ». Plus de deux cents autres ont été ajoutés, qui n'ont pas la même autorité.

• **C'est reparti comme en quatorze** : expression qui indique, avec ironie, l'élan plein de fougue marquant le début ou la répétition d'une entreprise (par allusion au départ euphorique des soldats pour la guerre 1914-1918) [→ 40].

• **Chercher midi à quatorze heures** : chercher des difficultés où il n'y en a pas ; chercher partout une chose évidente. « Dites-moi, inspecteur, que croiriez-vous que j'aille, allasse ou même, simplement, irais chercher au fond de ce cloaque ¿ - Midi à quatorze heures, fit Joseph » (Marc Petit, *le Nain géant*, Plon, 1993, p. 120).

15

• **Mystères du Rosaire** : méditations sur la vie de la Vierge comptées sur un chapelet à quinze grains. Il y a cinq mystères joyeux (Annonciation, Visitation, Nativité, Présentation au Temple, Jésus chez les docteurs) ; cinq douloureux (Agonie au jardin des Oliviers, Flagellation, Couronnement d'épines, Portement de Croix, Crucifixion) ; cinq Glorieux (Résurrection, Ascension, Descente du Saint-Esprit, Assomption, Couronnement de la Vierge).

• **Un quinze** : une équipe de rugby.

• **Les Quinze-Vingts** : hospice pour aveugles fondé à Paris par Saint Louis en 1254 et pouvant accueillir trois cents personnes. Le mot est un vestige de l'ancien système vicésimal (numérotation par vingt).

19

• **Martyres de Gorcum** : prêtres hollandais pendus par les calvinistes en 1572.

20

• **Vingt ans après** : allusion au roman d'Alexandre Dumas (1845).

• **Vingt dieux !** : juron familier exprimant l´étonnement, la surprise.

• **Vingt fois sur le métier remettez votre ouvrage** : conseil de persévérance emprunté à Boileau (*Art poétique*, I, 172).

21

• Nombre des conciles œcuméniques (le 21e est Vatican II).

22

• **Nombre de lettres dans l'alphabet hébreu** : on les répartit en 3 mères (correspondant aux niveaux du monde, ciel, atmosphère, terre) ; 7 doubles (correspondant aux sept planètes) ; douze simples (correspondant aux signes du zodiaque).

• **Nombre des polygones réguliers inscriptibles dans un cercle euclidien** : 3, 4, 5, 6, 8, 9, 10, 12, 15, 18, 20, 24, 30, 36, 40, 45, 60, 72, 90, 120, 180, 360 (ce sont vingt-deux des vingt-quatre diviseurs de 360, les deux premiers, 1 et 2, ne définissant pas de polygones). Base de la géométrie plane, et de nombreuses spéculations. On justifie par là l'importance symbolique du nombre sept [→ 7], ou les valeurs des vingt-deux lettres de l'alphabet hébreu (pour Abellio).

• **Nombre des livres bibliques** (hébreux et protestants) : ce nombre est obtenu en intégrant Ruth aux Juges et les Lamentations à Jérémie [→ 24]. Le nombre correspond ainsi à celui des lettres dans l'alphabet hébreu. Flavius Josèphe (*Contre Apion*, I, 8, Ier s.) est le premier à avoir proposé une répartition en vingt-deux livres.

• **Vingt-deux !** : cri d'alerte. Les typographes s'avertissaient ainsi de l'arrivée du chef d'atelier. Le nombre est obtenu par addition des valeurs numériques de chaque lettre du mot « chef » : c (3) h (8) e (5) f (6). « 22 ! les frangines, visez la mocheté ! / Barrons-nous en catimini, / V'la Ducon-le-Capucin. » (Jean Alexandre, *les Fables de La Fontaine en argot*, Nigel Gauvin, 1992, « Le Lièvre et les Grenouilles »).

23

• **Nombre des dogmes catholiques** : douze contenus dans le symbole des apôtres et onze définis au cours des âges. Le dernier est celui de l'Assomption (1950). Ils sont énumérés dans le *Quid* 1993 p. 486.

24

• **Fleurons à la couronne de la Vierge**, comprenant six fleurs (lys, crocus, violette, rose, tournesol, camomille), six étoiles (Vénus, Bouvier, l'étoile marine, le Soleil, la Lune, Orion), douze pierres précieuses (topaze, sarde, calcédoine, saphir, agate, jaspe, escarboucle, émeraude, améthyste, chrysolite, chrysoprase, béryl) [Pseudo Hildefonse, *Libellus de Corona Virginis*, P.L. 96, col. 287-316]. D'autres listes existent dans une vision de sainte Françoise (XVIe s.) et dans un manuscrit anonyme du XIIIe siècle. Les pierres sont empruntées à l'Apocalypse et au Pectoral d'Aaron [→ 12 Pierres].

• **Heures** : divisions de la journée en périodes égales. Les heures sont d'origine égyptienne, mais l'heure équinoxiale (60 minutes), est grecque. Chez les Égyptiens et les Romains, la longueur des heures variait selon la saison. **Les 24 heures du Mans** : course automobile qui dure 24 heures.

« Jacques de Bavière s'est penché par la vitre baissée. Il a crié : - Vous vous croyez aux Vingt-Quatre Heures du Mans ¿ » (Patrick Modiano, *Un cirque passe*, Gallimard, 1992, p. 71). **De la vingt-cinquième heure** : se dit de quelqu'un, quelque chose, hors du temps, en retard sur l'époque présente.

• **Livres bibliques** (hébreux et protestants) : ce nombre est obtenu en comptant pour un seul livre les douze petits prophètes, ainsi que les Juges, les Rois, Esdras, les Chroniques (chacun étant généralement divisé en deux livres). C'est le décompte du *Talmud* de Babylone. Le nombre vingt-quatre est symbolique [→ 22].

• **Vieillards de l'Apocalypse** : rois qui constituent la cour céleste du Christ à la fin des temps, dans l'Apocalypse attribuée à Jean (4, 4).

• **Vingt-quatre heures sur vingt-quatre** : sans cesse. « J'ai pensé qu'il fallait prendre mes distances sinon nous risquerions de l'avoir sur le dos vingt-quatre heures sur vingt-quatre » (Patrick Modiano, *Un cirque passe*, Gallimard, 1992, p. 25).

30

• **Degrés de l'échelle de Climaque** : saint Jean Climaque (de *climax*, échelle), moine du Sinaï au VIIe siècle, a décrit les trente degrés de la perfection chrétienne et de l'union avec Dieu.

• **Deniers de Judas** : prix donné à Judas pour trahir le Christ. C'est le prix auquel les Hébreux avaient estimé Yahvé et payé son prophète (Za 11, 12). Jorge-Luis Borges en a tiré l'origine de « La secte des Trente » *(le Livre de sable)*.

• **Glorieuses** : trente années de croissance économique (1945-1975) qui tirent leur nom des « trois glorieuses ».

31

• **être sur son trente et un** : être très bien vêtu. Peut-être par corruption de « se mettre sur son trentain » (drap de luxe, dont la chaîne était faite de trente fois cent fils). On a également proposé le jeu du trente et un, gagné lorsqu'on marque ce point, ou le trentain, collier de trente pièces gardé pour la dot d'une fille (mais seul le douzain est attesté dans ce sens).

• **Le trente et un** : jeu de cartes où chaque joueur s'efforce de totaliser trente et un points.

32

• **Trente-deux dents** : sourire de la tête de mort. « Tandis que dans la nuit noire / Luisaient en des cris stridents / Trente-deux dents » (Verlaine, « Cauchemar », *Poèmes saturniens*).

• **Docteurs de l'Église** : théologiens auxquels l'Église reconnaît une autorité particulière de témoins de la doctrine. La liste est donnée dans *Théo, Nouvelle encyclopédie catholique*, Droguet et Ardant, Fayard, 1989, p. 23. Il y a trente hommes et deux femmes (Catherine de Sienne et Thérèse d'Avila, qui dut attendre 1970 pour être reconnue docteur de l'Église), un docteur laïc (Catherine de Sienne), un qui écrivit en français (François de Sales). Il ne faut pas confondre les docteurs de l'Église, dont la liste est officielle et arrêtée, avec ceux de la Foi, théologiens auxquels la tradition a donné des surnoms de docteurs, mais qui n'ont pas été reconnus par le canon de l'Église [→ 4 Docteurs].

33

• **Dites 33** : ordre du médecin à son patient, qui permet à celui-ci l'auscultation des voies respiratoires.

36

• **Voir trente-six chandelles** : être étourdi. Sans doute par l'impression de tournoiement que provoque l'étourdissement, et d'une démultiplication des points lumineux par perte de la fixité du regard.

• **Être dans le trente-sixième dessous** : être très abattu. « Tu entends, Obélix ¿ Il y a quelqu'un dans le XXXVIe dessous. - Tu es sûr que c'est le pays des monts, ici ¿ » (René Goscinny, *Astérix chez les Helvètes*, 1970, p. 32).

• **Tous les 36 du mois** : à date indéterminée ; rarement : être payé tous les trente-six du mois.

40

• **Immortels** (Académiciens) : membres de l'Académie française. « Comment ! disait-il (Jules Vallès), Goncourt se moque de l'Académie des quarante et il veut fonder l'Académie des dix !... » (A. Albalat, *Souvenirs de la vie littéraire*, Armand Colin, 1993, p. 44).

• **Martyrs de Sébaste** : soldats chrétiens de la XIIe légion exposés nus une nuit d'hiver dans l'espoir qu'ils abjureraient, en l'an 320. Leur liste est donnée dans les AASS au 10 mars.

• **C'est reparti comme en quarante** : var. de « **c'est reparti comme en quatorze** » [→ 14].

• **S'en moquer comme de l'an quarante** : n'attacher aucune importance à quelque chose. On a longtemps cru qu'il s'agissait de « l'an 40 » de la Révolution, expression des royalistes après l'adoption du calendrier républicain : le régime ne durerait pas jusque-là. La découverte par Pierre Enckell d'un exemple datant de 1790 a ruiné cette explication. On pense aujourd'hui qu'il s'agit d'une déformation de « s'en moquer comme de l'Alcoran ». Le mot « Coran » ayant remplacé au XVIIIe siècle l'ancien « Alcoran » *(al-qorân)*, l'expression n'aurait plus été comprise.

• « **Soldats, du haut de ces pyramides, quarante siècles vous contemplent** ». Allusion au mot de Bonaparte devant les pyramides de Guizeh, lors de l'expédition en Égypte de 1798. « L'instant critique est arrivé, instant solennel où l'on peut appliquer à la France cette parole, que quarante siècles la contemplent, non quarante siècles de passé, mais quarante siècles d'avenir... » (Michel Chevalier, *Des intérêts matériels en France*, LAR).

• **Quarante jours** : ceux du Déluge : la pluie tombe pendant 40 jours. C'est une période que l'on retrouve fréquemment dans la Bible (Moïse reste 40 jours sur le Sinaï, Jésus se retire 40 jours dans le désert, l'Ascension tombe 40 jours après Pâques...). Quarante marque l'attente ou l'épreuve. La traversée du désert dure quarante ans, temps de renouvellement d'une génération.

41

• **Le quarante et unième fauteuil** : ironiquement, celui des grands écrivains qui n'ont jamais fait partie de l'Académie française. Par la force des choses, c'est le plus prestigieux, puisqu'il échut entre autres à Descartes, Pascal, Molière, Rousseau, Diderot, Beaumarchais, Balzac...

50

• **Les cinquante étoiles** : la bannière américaine, qui compte autant d'étoiles que d'États membres de l'Union. La cinquantième est Hawaii, devenue membre en 1959.

• **Néréides** : (mythologie grecque) filles de Nérée, dieu marin, et de Doris, qui personnifient les vagues. Peu d'entre elles sont nommées. Les plus connues sont Amphitrite, épouse de Poséidon ; Galatée, amante du cyclope Polyphème, et Thétis, mère d'Achille.

55

• **Grains du chapelet** : cinq dizaines d'Ave séparées par un grain pour un Pater (et souvent un gloria). Le rosaire comprend trois chapelets, 150 Ave consacrés respectivement aux cinq mystères joyeux, aux cinq mystères douloureux et aux cinq mystères glorieux [→ 15 Mystères].

69

• Dans un rapport sexuel, position où les partenaires sont tête-bêche.

72

• **Races issues de Noé** : elles sont énumérées au chapitre 10 de la Genèse. Il y a quinze descendants par Japhet, trente par Cham, vingt-sept par Sem. La liste est arbitraire puisque les descendants de Péleg ne sont pas pris en compte, et que les pères sont comptabilisés en même temps que leurs fils. Mais c'est sur ce décompte qu'a prévalu au Moyen Âge l'opinion selon laquelle il y avait 72 langues et 72 races. 72 est devenu un nombre néfaste dans les apocryphes de l'Ancien Testament, qui parlent des 72 morts *(Testament d'Abraham)* ou des 72 maladies *(Vie d'Adam et Ève)*.

80

• « **les quatre-vingts chasseurs** » : allusion à une chanson d'étudiants. « Messieurs, dans le lit de la Marquise, / C'était moi les 80 chasseurs » (Jacques Brel, « La. la. la. »).

• **Le tour du monde en 80 jours** : allusion au roman de Jules Verne (1873), qui a inspiré une épreuve de voile.

89

• **Quatre-vingt-neuf** : allusion à la Révolution française de 1789. « Car comme le prouvent les événements / Quatre-vingt-neuf tue la noblesse » (Jacques Brel, « La dame patronnesse »).

93

• **Quatre-vingt-treize** : la seconde Terreur. Au figuré, massacre injustifiable. « Je les renie (les romantiques) : ils ont fait un quatre-vingt-treize de la langue, et encore n'y a-t-il pas un Danton parmi eux » (phrase de Chateaubriand citée dans la *Correspondance* de Béranger, LAR).

95

• **Nombre des départements en France métropolitaine** : il correspond au nombre de diocèses (répartis en 9 régions apostoliques et en 19 archidiocèses), quoique leurs délimitations ne coïncident pas... Les départements ont été établis le 8 janvier 1790 ; il y en avait alors 83. Le nombre de 89, obtenu en 1795, a longtemps prévalu, mais au prix de multiples adaptations. Les 95 actuels datent de la loi de 1964 qui a réaménagé la région parisienne. Quoiqu'ils aient le statut de département et des plaques minéralogiques qui leur attribuent une place dans la liste, on ne compte généralement pas les départements d'outre-mer (Réunion, Guyane, Martinique, Guadeloupe depuis 1946 ; Saint-Pierre-et-Miquelon depuis 1976). En tenant compte de la division de la Corse en deux départements, il faudrait en compter 101 en France.

• **Les 95 thèses** : thèses de Luther affichées sur les portes de l'Église de Wittenberg le 31 octobre 1517. C'est l'événement fondateur du protestantisme.

99

• **Nombre de grains dans le chapelet des musulmans** : il correspond aux 99 noms et attributs divins. Le centième nom, secret, ne sera révélé qu'au

Ciel, quoique les élus l'entendent à leur mort. Les cent noms sont énumérés dans Jacques Jomier, *Pour connaître l'Islam*, Cerf, 1988, pp. 51-52.

100

• **La déesse aux cent bouches** (ou **voix**) : expression littéraire empruntée à l'Antiquité, désignant la renommée.

• **Être à cent lieux de** : être très loin de (var. **être à cent mille lieux de**).

• **Les cent yeux d'Argus** : (mythologie grecque) ce géant pouvait dormir de cinquante yeux en en gardant cinquante ouverts. Héra l'avait préposé à la garde de la génisse Io. Il reste synonyme de surveillant vigilant.

• **Le donner en cent** : affirmer avec certitude.

• **Le Père 100** : fête donnée par les conscrits cent jours avant leur démobilisation. On s'y procure un mètre-ruban dont un centimètre sera coupé chaque jour jusqu'à la quille.

• **La guerre de Cent Ans** : guerre entre la France et l'Angleterre qui dura de 1337 à 1453.

• **Être aux cent coups** : être tout affolé. « Un jour, en montant le courrier, Lucrezia avait trouvé Mme del Desiderio aux cent coups » (Félicien Marceau, *la Terrasse de Lucrezia*, Gallimard, 1993, p. 37).

• **Les 100 jours** : second règne de Napoléon, du 20 mars au 22 juin 1815. Ils se terminèrent à la défaite de Waterloo.

• **Faire les cent pas** : patienter en marchant.

101

• **Les 101 Dalmatiens** : film de Walt Disney, d'après D. Smith (1961).

102

• **Nombre de vices de la femme**, énumérés par Alvarus Pelagius, *De planctu ecclesiae*, Ulm, 1474, L. II, Ch. 45.

107

• **Cent sept ans** : expression désignant un temps trop long.

114

• Nombre de sourates dans le Coran.

318

• Nombre divin, car il s'écrit en grec TIH, soit la croix (T) et les deux premières lettres de Jésus (ΙΗΣΟΥΣ).

365

• **Nombre de jours dans l'année**, excepté les années bissextiles. Ils sont devenus un chiffre astrologique symbolique (nombre de cieux pour certains gnostiques, nombre d'années que vécut Hénoch...).

400

• **Les 400** : le Sénat d'Athènes, qui comptait 400 membres dans l'Antiquité.

• **Faire les 400 coups (les 119, les 419 coups)** : faire la fête. En 1622, Louis XIII fait tirer 400 coups de canons afin de montrer sa force aux assiégés de Montauban. On considère que l'expression vient de cette débauche d'artillerie.

600

• **Franchimontois** : héros de l'histoire liégeoise, qui tentèrent un coup de force contre les armées de Charles le Téméraire en 1467.

613

• **Nombre de commandements divins** *(mitzvoth)*, contenus dans la Bible et respectés par la religion hébraïque.

666

• **Dans l'Apocalypse attribuée à saint Jean, c'est le chiffre de la Bête.** Les lettres hébraïques et grecques correspondant à des chiffres, le nombre désigne de façon cryptique un homme. Mais les interprétations divergent sur le nom ainsi déguisé (César-Néron, Trajan...). Le chiffre de la Bête est surtout symbolique : 7 étant le chiffre parfait, 777 est la triple perfection ; 888 (chiffre du Christ) la dépasse et 666 ne l'atteint pas.

1000

• **Terreur de l'an Mil** : peur de la fin du monde après les mille ans de délai prévus par l'Apocalypse (20, 2) pour la bataille cosmique. Il s'agit surtout d'un mythe d'historien qui semble avoir été assez peu ressenti à l'époque, sinon a posteriori par des chroniqueurs comme Raoul Glaber. Le mythe est revivifié à l'approche de l'an 2000.

• **Le donner en mille** : affirmer de façon certaine (cf. **le donner en cent**).

• **Des mille et des cents** : une forte somme d'argent (var. **des cents et des mille**).

• **Souffrir mille maux** : être au supplice. « Le gus quitte alors le château par une porte dérobée et, souffrant mille maux et échappant à mille morts, il cherche à s'embarquer pour douce France. » (Paul Emond, *Plein la vue*, Jacques Antoine, p. 114).

1001

• **Les Mille et Une Nuits** : recueil de contes arabes dont on a trace à partir du Xe siècle et qui fut traduit en français par Antoine Galland au début du XVIIIe. Le roi Chahriyar faisant étrangler ses épouses le lendemain de ses noces, Schéhérazade parvient à retarder la sentence en lui racontant des contes qui restent inachevés au lever du jour. Le roi remet de jour en jour l'exécution pour connaître la fin du récit de la veille. Schéhérazade tient ainsi pendant mille et une nuits, et le roi renonce à l'exécuter.

1003

• **« Les mille e tre »** : nombre de femmes de don Juan. En fait, dans le *Don*

Giovanni de Mozart, elles sont déjà 1003 en Espagne (air de Leporello, acte I, sc. 6).

3000

• **Océanides** : (mythologie grecque) nymphes des fonds inaccessibles de la mer, filles de Têthys et de l'Océan.

5490

• **Nombre de plaies du Christ**, révélé à Ludolphe de Saxe, *Vita Iesu Christi*, II, ch. 58 (XIVe s.). Avant lui, on n'en comptait que 5 475, correspondant aux prières du rosaire récitées pend ant un an (15 x 365). Mais cela ne suffisait pas pour les années bissextiles. Le nouveau nombre en outre se justifiait symboliquement : 5 000 est le nombre de la perfection suprême (1 000) multiplié par le nombre de sens (5) ; 400, celui de la perfection évangélique (100) multiplié par celui des évangélistes (4) ; 90 rendait hommage aux 9 chœurs des anges.

7107

• **Îles Philippines.** Pour se moquer de leur archipel éparpillé dans l'océan, les Philippins prétendent qu'il est né lorsque le Seigneur secoua ses doigts pleins de boue, après la Création. Ils ajoutent gravement qu'il y a 7 110 îles à marée basse.

10000

• **La retraite des 10 000** : défaite de dix mille mercenaires grecs (en fait, 13 600) à Cunaxa (401 A.C.N.). Xénophon, qui la relate dans l'*Anabase*, reconduisit les soldats jusqu'à la mer après une marche de sept mois. Leur cri de « Thalassa ! Thalassa ! » (« la mer ! la mer ! ») à la fin de leur calvaire est resté célèbre.

11000

• **Sainte Ursule et les onze mille vierges** : martyres honorées depuis le IXe siècle à Cologne, sur base d'une épigraphe mal interprétée (XI M pouvait se lire « onze martyrs » ou « onze mille »). Leur légende fut immédiatement rédigée et populaire ; un cimetière proche leur fournit des reliques. Elles auraient été martyrisées par les Huns pour s'être refusées à eux, Ursule ayant pour sa part repoussé Attila.

36000

• **Envoyer aux trente-six mille diables** : renvoyer brutalement quelqu'un.

• **Faire les trente-six mille volontés** : faire tous les caprices de quelqu'un.

399920004

• **Nombre des anges,** selon Martinus Borrhaus (Job, ch. II, p. 25) : 9 ordres de 6 666 légions de 6 666 anges.

2665866746664

• **Nombre de diables,** pour Feyerabend *(Theatrum diabolorum).*

INDEX

DU MÊME AUTEUR

ROMANS

La Faute des femmes, Les Éperonniers, 1989
Prix Rossel 1989

Le Troisième Testament, Les Éperonniers, 1990
Prix Marcel Lobet 1991

Écrit en la secrète, Apologues
Les Éperonniers, 1992

Le Dit des béguines, Denoël, 1993
Prix Thyde Monnier de la S.G.D.L., 1993

ESSAIS

Histoire de la pudeur, Orban, 1986
Prix des Jeunes Talents de la Province de Liège 1986
Prix Thérouanne de l'Académie française 1986

La Naissance interdite, Orban, 1988

Les Allusions littéraires, Larousse, 1989

Les Allusions bibliques, Larousse, 1991

Histoire morale et culturelle de nos boissons
Laffont, 1991

Du flambeau au bûcher,
Magie et superstition au Moyen Âge
Plon, 1993

Histoire des cafés et des cafetiers
Larousse, 1993

PHOTOCOMPOSITION SG Production

MAME Imprimeurs, 37000 Tours
Dépôt légal mars 1994 - N° série éditeur 17939
Imprimé en France. (Printed in France) 330032 mars 1994